성경, 예수,
그리고
기업가정신

성경, 예수, 그리고 기업가정신

초판인쇄 2018년 10월 22일
초판발행 2018년 10월 22일

지은이 박동운
펴낸이 채종준

펴낸곳 한국학술정보(주)
주 소 경기도 파주시 회동길 230(문발동)
전 화 031-908-3181(대표)
팩 스 031-908-3189
홈페이지 http://ebook.kstudy.com
E-mail 출판사업부 publish@kstudy.com
등 록 제일산-115호(2000. 6. 19)

ISBN 978-89-268-8587-1 13230

기독교가
세계종교가
되는 데 기여한
성경 속 10대
CEO

성경, 예수, 그리고 기업가정신

박동운 지음

이담
Books

발간에 부쳐

성경은 인류 역사상 가장 많이 읽히는 책이다. 성경은 기독교인들만 읽는 책이 아니다. 그만큼 성경은 우리의 삶에서 길잡이가 되는 책이다.

나는 『성경과 함께 떠나는 시장경제 여행』(FKI미디어, 2009)이라는 책을 쓴 적이 있다. 이 책에서 나는 성경이 시장경제 교과서임을 밝히려고 애썼다. 그 후 나이가 들어감에 따라 성경 이야기를 쓰고 싶은 생각이 더해갔다. 그래서 나는 앞에서 언급한 책을 큰 폭으로 수정 · 보완하고, 여기에다 4복음서를 중심으로 '예수는 왜 이 세상에 오셨는가?'를 정리하여 추가했다.

나는 신학 배경이 없기 때문에 목사들이나 신학자들처럼 성경 말씀으로부터 어떤 영적 교훈을 끌어낼 수 있는 자격이나 능력이 없다. 그래서 나는 성경 말씀을 가능한 한 '한 자도 왜곡하지' 않으려고 노력하면서 『성경, 예수, 그리고 기업가정신』을 썼다. 나는 하나님을 믿지 않는 주변 사람들에게 작은 선물로 주기 위해 이 책을 썼다. 나는 이 책에서 성경이 재미있는 책이라는 것을 밝히려고 나름대로 노력하면서, 외람되게 '기독교는 어떻게 세계종교가 되었는가?'를 주요 주제로 다뤘다.

이 책은 3장으로 구성되어 있다.

1장은 구약과 신약을 중심으로 '성경은 어떻게 우리의 삶을 인도하는가?'를 다뤘다. 이와 관련하여 8개 주제를 선정하여 모두 63개 이야기를 마련했다.

2장은 '예수는 왜 이 세상에 오셨는가?'를 다뤘다. 예수는 '하나님나라 선포하심, 가르치심, 병 고치심, 먹이심' 등을 통해 이 세상에 오신 이유를 분명히 밝히셨다. 이와 관련하여 5개 주제를 선정하여 모두 40개 이야기를 마련했다.

3장은 '기독교는 어떻게 세계종교가 되었는가?'라는 질문을 놓고, 기독교가 세계종교가 되는 데 기여한 구약과 신약에 등장하는 10대 CEO(Chief Executive Officer; 최고경영자)를 다뤘다. 기독교는 아브라함 시대부터 현재까지 줄곧 밖으로 뛰쳐나가려는 정신, 곧 전도정신(傳道精神)이 강한 종교다. 이런 정신은, 위험을 무릅쓰고 기업을 성공의 길로 이끌려는 CEO의 기업가정신과 다르지 않다. 이와 관련하여 3개 〈부록〉 포함 모두 13개 이야기를 마련했다.

이 책의 이야기는 몇 개의 〈부록〉만 제외하고 그 양이 모두 1~2장은 2쪽, 3장은 4쪽으로 제한되어 있다. 아무 데나 펴서 읽으면 무난할 것이다.

이 책에서 사용된 성경 텍스트는 일상 언어와 가깝다고 생각되는 『새번역성경』(대한성서공회, 2007)을 기본으로 하고, 필요에 따라 다른 성경도 참조했다.

이 책 발간에서는 딸 주은과 아들 유진의 배려가 있었다.

목차

성경은 믿음의 길잡이로 끝나지 않는다. 성경은 믿음의 길잡이일 뿐만 아니라 우리의 삶의 길잡이이기도 하다. 그래서 성경은 인류 역사상 가장 많이 읽히는 책이다.

우리의 삶과 관련하여 구약과 신약을 중심으로 8개 주제를 골라 모두 63개 이야기를 마련했다.

다룰 주제는 다음과 같다. 관련된 이야기는 몇 개를 제외하고 모두 2쪽으로 제한했다.

1장

성경은 우리의 삶을 어떻게 인도하는가?

01

성경과 법

기독교가 세계종교가 될 수 있었던 가장 중요한 이유 가운데 하나는 기독교가 출발부터 법치(法治)를 중요하게 여겼기 때문이다. 법치는 어느 시대, 어느 장소를 가릴 것 없이 중요하다. 법치 없는 세상은 무법천지(無法天地)가 되고 말 것이기 때문이다. 로마가 천년 동안 세계를 지배할 수 있었던 이유는 로마가 법치국가였기 때문이다.

　하나님은 모세에게 수많은 법을 주셨다. 그 가운데 맨 윗자리를 차지하는 법은 십계명(十誡命; Ten Commandments)이다. 하나님이 주신 십계명을 비롯하여 수많은 법은 오래전부터 '관습법'(慣習法)의 모체(母體)가 되어 세상이 무법천지가 되는 것을 막는 데 기여했다. 성경에는 십계명을 비롯하여 수많은 법규가 있고, 이와 관련된 이야기 또한 수두룩하다.

　다룰 이야기는 다음과 같다.

　(1) 하나님이 모세에게 십계명을 주시다

　(2) 모세, 우상숭배하는 백성 앞에서 십계명 돌판을 깨뜨리다

　(3) "안식일을 기억하여 거룩하게 지켜라"

　(4) 예루살렘 공의회가 율법의 한 조항인 '할례'를 폐지하다

　(5) 다윗, 남의 아내를 빼앗아 벌을 받다

　(6) "또 빼앗기까지 하였느냐?": 아합 왕이 받은 벌

　(7) 바울, "나는 지금 황제의 법정에 서 있습니다"

(1) 하나님이 모세에게 십계명을 주시다

이스라엘 민족은 이집트를 빠져나온 뒤 셋째 달 초하룻날 시내 광야에 이르렀다. 모세가 시내 산에 올라가 하나님께로 갔다. 하나님은 여러 가지 말씀을 하신 뒤에 이렇게 당부하셨다. "너희가 내가 세워준 언약을 지키면 너희는 내가 선택한 백성이 된다."(출19:5)

하나님이 시내 산에서 모세에게 하신 말씀 가운데 가장 중요한 것은 '십계명'이다. 하나님은 십계명 외에도 '제단에 관한 법, 종에 관한 법' 등 수많은 법을 모세에게 말씀하셨다.(출20:3-17) 하나님은 또 말씀을 손수 돌판에 쓰신 증거판을 모세에게 주셨다.(출31:18)

십계명은 다음과 같이 정리되어 있다.(다음은 『성경전서』 개역개정판에 실린 것임)

• 제1은 너는 나 외에는 다른 신들을 네게 두지 말라.

• 제2는 너를 위하여 새긴 우상을 만들지 말고, 또 위로 하늘에 있는 것이나, 아래로 땅에 있는 것이나, 땅 아래 물 속에 있는 것의 어떤 형상도 만들지 말며, 그것들에게 절하지 말며, 그것들을 섬기지 말라.

(나 네 하나님 여호와는 질투하는 하나님인즉 나를 미워하는 자의 죄를 갚되, 아버지로부터 아들에게로 삼사 대까지 이르게 하거니와 나를 사랑하고 내 계명을 지키는 자에게는 천 대까지 은혜를 베푸느니라.)

• 제3은 너는 네 하나님 여호와의 이름을 망령되게 부르지 말라.

(여호와는 그의 이름을 망령되게 부르는 자를 죄 없다 하지 아니 하리라.)

- 제4는 안식일을 기억하여 거룩하게 지켜라.

(엿새 동안은 힘써 네 모든 일을 행할 것이나 일곱째 날은 네 하나님 여호와의 안식일인즉 너나 네 아들이나 네 딸이나 네 남종이나 네 여종이나 네 가축이나 네 문안에 머무는 객이라도 아무 일도 하지 말라. 이는 엿새 동안에 나 여호와가 하늘과 땅과 바다와 그 가운데 모든 것을 만들고 일곱째 날에 쉬었음이라. 그러므로 나 여호와가 안식일을 복되게 하여 그 날을 거룩하게 하였느니라.)

- 제5는 네 부모를 공경하라.

(그리하면 네 하나님 여호와가 네게 준 땅에서 네 생명이 길리라.)

- 제6은 살인하지 말라.

- 제7은 간음하지 말라.

- 제8은 도둑질하지 말라.

- 제9는 네 이웃에 대하여 거짓 증거하지 말라.

- 제10은 네 이웃의 집을 탐내지 말라.

(네 이웃의 아내나 그의 남종이나 그의 여종이나 그의 소나 그의 나귀나 무릇 네 이웃의 소유를 탐내지 말라.)

(2) 모세, 우상숭배하는 백성 앞에서 십계명 돌판을 깨뜨리다

모세는 시내 산에서 40일 동안 머물렀다. 하나님은 "말씀을 손수 돌판에 쓰신 증거판 두 개를 모세에게 주셨다."(출31:18) 이어 하나님은 모세에게 "네가 이집트 땅에서 이끌어낸 너의 백성이 타락했다"고 하시면서 시내 산을 어서 내려가 보라고 독촉하셨다.

모세가 산에서 오랫동안 내려오지 않자 백성들이 모세의 형 아론에게 몰려가 '인도할 신을 만들어 달라'고 졸라댔다. 아론은 금귀고리를 모아 송아지 금상을 만들었다. 백성들은 송아지 금상 앞에서 "이 신이 너희를 이집트 땅에서 이끌어낸 너희의 신이다" 하고 외쳤다.(출32:8)

모세가 진에 가까이 와 보니 사람들이 수송아지 금상 주위를 돌면서 춤을 추고 있었다. 모세는 화가 나서 손에 들고 있던 돌 판 두 개를 내던져 깨뜨려버렸다.(출32:19)

모세는 그들이 만든 수송아지 금상을 불에 태우고, 가루가 될 때까지 빻아서 물에 타 이스라엘 자손들에게 마시게 했다. 모세가 아론을 나무랐다.

모세: "이 백성이 형님에게 어떻게 하였기에 그들이 이렇게 큰 죄를 짓도록 그냥 놓아 두셨습니까?"

모세는 진(陣) 어귀에 서서 외쳤다. "누구든지 주의 편에 설 사람은 나아오십시오." 레위의 자손들이 모였다. "하나님이 이르시기를 '너희는 각기 허리에 칼을 차고, 진의 이 문에서 저 문을 오가며 저마다 자기의 친척과 친구와 이웃을 닥치는 대로 찔러 죽여라' 하십니다."

레위 자손들이 그 날 3,000명쯤 죽었다.(출32:20-28) 하나님 외의 신을 섬겨 받게 된 가혹한 벌이다.

모세: (하나님께 빌면서) "이 백성이 금으로 신상을 만듦으로써 큰 죄를 지었습니다. 그러나 이제 주께서 그들의 죄를 용서하여 주십시오."

하나님: "이제 너는 가서 내가 너에게 말한 곳으로 백성을 인도하여라.(출32:33) ⋯. 너는 돌판 두 개를 처음 것과 같이 깎아라. 그러면 네가 깨뜨려버린 처음 돌판 위에 쓴 그 말을, 내가 새 돌판에 다시 새겨 주겠다."(출34:1)

하나님: (말씀을 다시 쓰신 돌판 두 개를 모세에게 주시고, 여러 가지 당부말씀을 하시며) "너희는 다른 신에게 절을 해서는 안 된다. 나 주는 '질투'라는 이름을 가진, 질투하는 하나님이기 때문이다."(출34:14)

솔로몬은 '지혜로운 왕'으로 일컫지만 여자를 무척 좋아했다. 솔로몬은 700명의 후궁과 300명의 첩을 두었다.(왕상11:3) 솔로몬이 늙자 아내들이 그를 꾀어 다른 신들을 따르게 했다. 솔로몬은 예루살렘 동쪽 산에 이방신 산당을 지었다. 그는 외국인 아내들을 따라 이방신을 섬겼다. 그러한 솔로몬에게 하나님이 두 번이나 나타나셔서 다른 신들을 따라가지 말라고 당부하셨지만 솔로몬은 듣지 않았다.

마침내 하나님이 진노하셨다. "네가 내 언약과 내가 너에게 명령한 내 법규를 지키지 아니 하였으니 내가 반드시 네게서 왕국을 떼어 네 신하에게 주겠다."(왕상11:11) 솔로몬이 죽자 하나님의 말씀대로, 이스라엘은 북왕국과 남왕국으로 나뉜 뒤 망하고 말았다. 하나님 외의 신을 섬겨 받게 된 가혹한 벌이다.

(3) "안식일을 기억하여 거룩하게 지켜라"

십계명의 제4 계명은 "안식일을 기억하여 거룩하게 지켜라"이다. 하나님은 안식일 지키기를 강조하셨다. "엿새 동안은 일을 하고, 이렛날은 나 주에게 바친 거룩한 날이므로 완전히 쉬어야 한다. 안식일에 일하는 사람은 반드시 죽여야 한다."(출31:15)

• 하나님은 안식일을 '거룩하게 지켜라'고 말씀하셨다.

"너희는 안식일을 기억하여 그 날을 거룩하게 지켜라. 너희는 엿새 동안 모든 일을 힘써 하라. 그러나 이렛날은 주 너희 하나님의 안식일이니 너희는 어떤 일도 해서는 안 된다. …. 내가 엿새 동안 하늘과 땅과 바다와 그 안에 있는 모든 것을 만들고 이렛날에는 쉬었기 때문이다. 그러므로 나 주가 안식일을 복 주고, 그 날을 거룩하게 하였다."(출20:8-11)

• 하나님은 안식일에 쉬어야 하는 이유를 말씀하셨다.

"너희는 엿새 동안 일을 하고, 이렛날에는 쉬어야 한다. 그래야 너희의 소와 나귀도 쉴 수 있을 것이며, 너희 여종의 아들과 몸 붙여 사는 나그네도 숨을 돌릴 수 있을 것이다."(출23:12)

• 하나님은 안식일은 '하나님과의 영원한 언약'이라고 말씀하셨다.

"이스라엘 자손은 이 안식일을 영원한 언약으로 삼아 그들 대대로 지켜야 한다. 이것은 나와 이스라엘 자손 사이에 세워진 영원한 표징이니 이는, 주가 엿새 동안 하늘과 땅을 만드시고, 이렛날에는 쉬면서 숨을 돌리셨기 때문이다."(출31:16-17)

예수의 제자들이 배가 고파 안식일에 밀 이삭을 잘라먹었다. 이것을 보고 바리새인들이 예수에게 일러바쳤다. "당신의 제자들이 안식일에 해서는 안 되는 일을 하고 있습니다." 그러자 예수가 말씀하셨다. "안식일에 성전에서 제사장들이 안식을 범해도 그것이 죄가 되지 않는다는 것을 율법책에서 읽어보지 못하였느냐? 인자는 안식일의 주인이다."(마12:2-5)

예수는 안식일에 한 쪽 손이 오그라든 사람의 병을 고치셨다.(마12:10; 막3:4) 바리새인들이 이를 꼬집자 예수가 말씀하셨다. "너희 위선자들아, 너희는 저마다 안식일에도 소나 나귀를 외양간에서 풀어내어 끌고 나가서 물을 먹이지 않느냐?(눅13:15) 안식일에 착한 일을 하는 것이 옳으냐? 악한 일을 하는 것이 옳으냐? 목숨을 건지는 것이 옳으냐? 죽이는 것이 옳으냐?"(눅6:9) …. 안식일이 사람을 위하여 생긴 것이지 사람이 안식일을 위하여 생긴 것이 아니다."(막2:27)

안식일을 잘 지키면 어떤 일이 일어날까? 손봉호 전 서울대 교수 이야기다.[1] 그는 정치, 경제, 문화, 사회, 종교 등 여러 분야에서 정화운동(淨化運動)을 펼쳐오고 있는데, 2016년 11월에는 〈제7회 민세상〉[2](사회통합부문)을 수상했다. 그는 1954년 고등학교 신입생 선발과정에서, 신체검사 받는 날이 일요일이라는 이유로 자신을 포함한 친구 7명과 함께 신체검사를 거부했다. 이 문제로 교사회가 열려 합격의 문이 열렸다. 그는 1957년 서울대를 지원했는데, 수험표 배부 날자가 일요일이라는 이유로 수험표 받기를 거부했다. 그는 다음날 아침 일찍 고사본부에 가서 수험표를 달라고 졸라 가까스로 시험 5분 전에 시험장에 들어갈 수 있었다. 그는 영문학과에 합격했다.

(4) 다윗, 남의 아내를 빼앗아 벌을 받다

하나님은 "간음하지 말라. 도둑질하지 말라"고 강조하셨다. 다윗은 우리야를 죽게 하고, 그의 아내 밧세바를 빼앗아다가 자기 아내로 삼았다. 다윗은 강탈(强奪)에 간음(姦淫)까지 저질러, 십계명 가운데 두 가지 계명을 어긴 셈이다. 다윗은 어떤 벌을 받았을까? (삼하11:1~12:25)

어느 날 저녁 다윗이 왕궁 옥상을 거닐고 있었다. 아름다운 여인이 목욕하고 있는 장면이 눈에 들어왔다. 다윗은 신하를 보내 그 여인을 데려오게 했다. 다윗은 밧세바와 정을 통했다.

얼마 뒤 밧세바는 다윗에게 임신했다고 알렸다. 다윗은 요압 장군에게 전갈을 보내 밧세바의 남편 우리야를 왕궁으로 보내라고 했다. 다윗은 전투하다 끌려온 우리야를 밧세바의 품으로 보내려고 했으나 그는 모두들 전투 중이어서 '아내와 잠자리를 함께 할 수 없다'고 거절했다. 생각 끝에 다윗은 요압 장군에게 편지를 보내, 우리야를 최전선에 배치해 죽게 했다.

밧세바는 남편이 죽었다는 소식을 듣고 슬피 울었다. 애도 기간이 지나자 다윗은 밧세바를 데려와 아내로 삼았고, 그들 사이에서 아들이 태어났다. 하나님이 다윗이 한 일을 "아주 악하게" 보셨다. 하나님이 예언자 나단을 다윗에게 보내셨다.

나단: ('인색한 부자와 딸처럼 키우는 암양 한 마리밖에 없는 이웃집 가난한 사람' 이야기를 다윗에게 들려주다가) "그 부자는 가난한 사람의 어린 암양을 빼앗아다가 자기를 찾아온 사람에게 대접했습니다."

다윗: (몹시 분개하며) "주님께서 확실히 살아 계심을 두고서 맹세하지만 그런 일을 한 사람은 죽어야 마땅합니다."

나단: "임금님이 바로 그 사람입니다." 이어 나단은 하나님이 다윗에게 하신 말씀을 전했다. "너는 헷 사람 우리야를 전쟁터에서 죽이고, 그의 아내를 빼앗아 네 아내로 삼았으므로, 이제부터는 영영 네 집안에서 칼부림이 떠나지 않을 것이다. 네가 보는 앞에서 내가 너의 아내들도 빼앗아 너와 가까운 사람에게 주어, 그가 대낮에 너의 아내들을 욕보이게 하겠다. 너는 비록 몰래 그러한 일을 하였지만 나는 대낮에 온 이스라엘이 바라보는 앞에서 이 일을 하겠다.'"

다윗: "내가 주님께 죄를 지었습니다."

나단: "주님께서 임금님의 죄를 용서해 주실 것입니다. 그러므로 임금님은 죽지는 않으실 것입니다. 그러나 밧세바와 임금님 사이에서 태어난 아들은 죽을 것입니다."

다윗에게 벌이 내려졌다. 밧세바 사이에서 태어난 아들이 바로 죽었고, 셋째 아들 압살롬이 왕자의 난을 일으켜 왕실에서 '칼부림'이 일어났고, 압살롬이 "옥상에서 온 이스라엘이 보는 앞에서 아버지의 후궁들과 동침했다."

다윗은 십계명과 관련하여 무슨 잘못을 저질렀을까? 그는 우리야를 죽게 하고 그의 아내 밧세바를 아내로 삼았으니 도둑질보다 더한 강탈을 한 셈이고, 또 간음까지 했다. 그렇지만 다윗은 죄를 용서받았다. 밧세바 사이에서 태어난 솔로몬은 다윗의 아홉째 아들인데도 왕권을 물려받았고, 밧세바는 예수의 계보에 등장한 네 명의 여자 가운데 하나다. 여기에는 어떤 영적 교훈이 내포되어 있을까?

다윗이 나단의 질책을 받고 시편 51편을 썼다.

(5) "또 빼앗기까지 하였느냐?": 아합 왕이 받은 벌

구약시대의 토지법-"땅을 아주 팔지는 못한다. 땅은 나의 것이다. 너희는 다만 나그네이며 나에게 와서 사는 임시 거주자일 뿐이다."(레25:23) 이 같은 토지법을 어겼다는 이유로 이스라엘 7대 왕 아합(기원전 874~852) 가문이 벌을 받았다. 성경에는 "이렇게 악한 일을 하여 자기 목숨을 팔아버린 사람은 일찍이 없었다"라고 쓰여 있다.(왕상22:25)

나봇이라는 사람이 아합 왕의 궁 근처에 포도원을 가지고 있었다. 어느 날 아합 왕이 나봇에게 제안했다.

아합 왕: "그대의 포도원이 나의 궁 가까이에 있으니 나에게 넘기도록 하시오. 나는 그것을 정원으로 만들려고 하오. 내가 더 좋은 포도원을 하나 주겠소. 그대가 원하면 그 값을 돈으로 줄 수도 있소."

나봇: "제가 조상의 유산을 임금님께 드리는 일은 주님께서 금하시는 불경한 일입니다."

나봇은 조상의 유산이라는 이유로 포도원을 아합에게 양도(讓渡)하기를 거절했다.(왕상21:1–4) 위에서 언급했듯이, 당시에 "땅은 아주 팔지는 못하게" 되어 있었다. 아합이 마음이 상했다. 왕이 화를 내며 음식도 먹지 않자 왕비 이세벨이 제안했다.

왕비 이세벨: "당신은 현재 이스라엘을 다스리는 임금님이 아니십니까? 내가 나봇의 포도원을 임금님의 것으로 만들어 드리겠습니다."(왕상21:7) 이세벨은 나봇이 살고 있는 성읍의 원로들과 귀족들에게 아합의 이름으로 편지를 보냈다. "금식을 선포하고 나봇을 백성 가운데 높이 앉게 하시오. 그리고 건달 두 사람을 그와 마주 앉게 하고, 나봇이 하

나님과 임금님을 저주하였다고 증언하게 한 뒤에 그를 끌고 나가서 돌로 쳐서 죽이시오."(왕상21:9~10)

원로들과 귀족들이 이세벨의 요청대로 했다. 건달들이 거짓으로 "나봇이 하나님과 임금님을 욕하였다"고 증언했다. 그들은 나봇을 돌로 쳐서 죽인 뒤 이 사실을 이세벨에게 알렸다.

이세벨: "돈을 주어도 당신에게 넘기지 않겠다고 하던 나봇의 포도원을 차지하십시오. 나봇은 죽었습니다."

아합은 나봇의 포도원을 차지하려고 그 곳으로 내려갔다. 하나님이 선지자 엘리야에게 말씀하셨다. "아합한테 가거라. 그가 나봇의 포도원으로 내려갔다. 그에게 전하여라. '나 주가 말한다. 네가 살인을 하고, 또 재산을 빼앗기까지 하였느냐? 개들이 나봇의 피를 핥은 바로 그 곳에서, 그 개들이 네 피도 핥을 것이다.'"

아합 왕: (싫어하던 엘리야를 보자) "내 원수야, 네가 또 나를 찾아왔느냐?"

엘리야: "그렇습니다. 주님은 '내가 너에게 재앙을 내려 너를 쓸어버리되, 아합 가문에 속한 남자는 종이든지 자유인이든지 씨도 남기지 않고 이스라엘 가운데서 없애 버리겠다' 하시고, 또 이세벨을 두고서도 '개들이 이스르엘 성 밖에서 이세벨의 주검을 찢어 먹을 것이다' 하고 말씀하셨습니다."(왕상21:17~23)

이어서 성경은 이렇게 쓰고 있다-"(자기 아내 이세벨의 충동에 말려든 아합처럼 주님께서 보시기에 이렇게 악한 일을 하여 자기 목숨을 팔아버린 사람은 일찍이 없었다.)(왕상21:25) 하나님이 토지법을 어긴 아합을 죽게 하셨을 정도로 기독교는 법을 중요하게 여겼다 그래서 기독교는 세계종교가 되었다.

(6) 예루살렘 공의회가 율법의 한 조항인 '할례'를 폐지하다

하나님은 아브라함에게 하나님과의 약속을 지킨다는 증거로 모든 남자는 태어난 지 8일 만에 할례를 받아야 한다고 말씀하셨다.(창17:10-12) 아브라함과 예수도 할례를 받았다. 할례는 율법의 한 조항이 되어 유대인은 누구나 할례를 받아야 했고, 그래서 유대인만 구원에 이를 수 있다고 믿었다. 그런데 기독교가 이방인들에게 전파되면서 문제가 생겼다. 이방인들도 '할례'를 받아야 할 것인가 하는 문제였다.

바울과 바나바가 2차 전도여행 중 안디옥에서 전도활동을 하고 있을 때였다. 유대에서 온 몇몇 사람이 이렇게 가르쳤다. "여러분이 모세의 관례대로 할례를 받지 않으면 구원을 얻을 수 없습니다."(행15:1) 이 문제를 놓고, 바울과 바나바 사이에 충돌과 논쟁이 벌어졌다. 안디옥 교회는 이 문제를 해결하기 위해 바울과 바나바와 몇몇 신도를 예루살렘으로 보냈다.

그들은 예루살렘에 도착하여 그동안에 있었던 일들을 보고했다. 이어 바리새파에 속했다가 신도가 된 몇몇 사람이 문제를 제기했다.

바리새인: "이방 사람들에게도 할례를 행하고, 모세의 율법을 지키라고 명하여야 합니다."

이 문제를 다루려고 그 유명한 '예루살렘 공의회(公議會)'가 열렸다.(행15:5-6) 많은 토론이 이어진 다음 베드로가 말했다.

베드로: "하나님께서 일찍이 여러분 가운데서 나를 택하셔서 이방인들도 내가 전하는 복음의 말씀을 듣고 믿게 하셨습니다. 그리고 사람의 마음속을 아시는 하나님께서는 우리에게 주신 것과 같이 그들에게

도 성령을 주셔서 그들을 인정해 주셨습니다. 하나님께서는 그들의 믿음을 보셔서 그들의 마음을 깨끗하게 하시고, 우리와 그들 사이에 아무런 차별을 두지 않으셨습니다. 그런데 지금 여러분은 왜 우리 조상들이나 우리가 다 감당할 수 없던 멍에를 제자들의 목에 메워서 하나님을 시험하는 것입니까? 우리가 주 예수의 은혜로 구원을 얻는다면 그들도 주 예수의 은혜로 구원을 얻는다고 믿습니다."(행15:7-11)

그러자 온 회중이 조용해졌다. 이어 야고보가 말했다.

야고보: "예언서에 이렇게 기록되어 있습니다. '이 뒤에 내가 다시 돌아와서 무너진 다윗의 집을 다시 짓겠으니, 허물어진 곳을 다시 고치고 그 집을 바로 세우겠다. 그래서 남은 사람이 나 주를 찾고, 내 백성이라는 이름을 받은 모든 이방인이 나 주를 찾게 하겠다.' 그러므로 하나님께로 돌아오는 이방인들을 괴롭히지 말고 다만 그들에게 편지를 보내서, 우상에게 바친 더러운 음식과 음행과 목매어 죽인 것과 피를 멀리하라고 하는 것이 좋겠습니다."(행15:13-20)

교회가 안디옥으로 편지를 보냈다. "성령과 우리는 꼭 필요한 다음 몇 가지밖에는 더 이상 아무 무거운 짐도 여러분에게 지우지 않기로 했습니다. 여러분은 우상에게 바친 제물과 피와 목매어 죽인 것과 음행을 멀리하여야 합니다. 여러분이 이런 것을 삼가면, 여러분은 잘 행한다고 하겠습니다."(행15:28-29)

공의회가 안디옥 교회에 보낸 편지는 부도덕한 생활만 피하라고 했을 뿐 할례 폐지는 전혀 언급하지 않았다. 어떻든 이를 계기로 율법의 한 조항인 할례가 폐지되었고, 이방인들도 할례를 받지 않아도 구원에 이를 수 있는 길이 열리게 되었다.

(7) 바울, "나는 지금 황제의 법정에 서있습니다"

　기독교가 세계종교가 된 데는 법치국가 로마의 기여도 있다. 당시 로마 시민은 로마 황제의 법정에서 재판을 받게 되어 있었다. 로마로 끌려간 바울이 드디어 이방인 전도에 성공했다.

　바울 일행은 에베소에서 법의 보호로 풀려났다. 바울은 예루살렘에 가면 붙잡히게 된다는 만류를 뿌리치고 예루살렘으로 갔으나 곧 붙잡혔다. 바울이 채찍질하려는 백부장에게 말했다.

　바울: "로마 시민을 유죄판결도 내리지 않고 매질하는 법이 어디 있소?"(행22:25) 이 사건 전에 바울은 감옥에 갇혔다가 지진 덕분에 풀려나자 자신이 로마 시민이라고 밝혔었다.(행16:37)

　바울이 로마 시민임을 확인한 천부장은 대제사장 회의를 소집했다. 유대인들은 '바울을 죽이기 전에는 먹지도 마시지도 않겠다'고 맹세했다. 이를 보고 천부장은 바울을 벨릭스 총독에게 보냈다. 벨릭스 총독은 바울이 전도하는 '도'를 알고 있었기 때문에 신문(訊問)을 연기하고, 바울에게 자유를 주었다. 이 년 후 새 총독이 부임하자 대제사장들과 유대인 지도자들이 바울을 고발했다. 그 때 바울이 말했다.

　바울: "나는 지금 황제의 법정에 서 있습니다. 나는 황제에게 상소합니다."

　총독: (사정을 알아본 후에 바울에게) "그대가 황제에게 상소하였으니 황제에게로 갈 것이오."(행25:12)

　바울은 로마법에 따라 재판을 받기 위해 로마로 압송되었다. 그는 알렉산드리아 배를 타고 이탈리아로 가는 도중에 바다에서 폭풍을 만

나는 등 일행들과 함께 여러 차례 죽을 고비를 겪었다. 석 달 뒤 바울은 가까스로 로마에 도착했다.

로마에서 바울은 그를 지키는 병사 한 사람과 따로 지내도 된다는 허락을 받았다. 바울은 유대인 지도자들을 만났다.

바울: "동포 여러분, 나는 죄수가 되어 예루살렘에서 로마 사람의 손에 넘겨졌습니다. …. 내가 이렇게 쇠사슬에 매여 있는 것은 이스라엘의 소망 때문입니다."(행28:17-20)

바울은 셋집에서 두 해 동안 지내면서 많은 사람들을 만났다. 그의 로마 전도는 성공을 거두어 갔다. 드디어 그는 이렇게 선포했다. "그러므로 여러분은 하나님의 이 구원의 소식이 이방인들에게 전파되었음을 알아야 합니다."(행28:28)

로마는 어떻게 천 년 동안이나 세계를 지배할 수 있었을까? 시오노 나나미는 설명한다.[3] 법이란 같은 신앙을 갖지 않아도, 같은 지적 수준이 아니어도, 지키기만 하면 함께 살아갈 수 있게 해주는 규칙이다. 로마는 건국 직후부터 다양한 민족을 로마로 불러들여 함께 살았다. 거기에는 문화의 차이에서 오는 마찰이 있었을 것이고, 종교의 차이에서 오는 갈등이 있었을 것이다. 그러한 갈등을 해결하기 위해 로마는 법이라는 규칙을 필요로 했고, 그 필요성은 다문화, 다민족의 로마제국시대에 접어들면서 더욱 커졌다. 법치국가 로마에서 법은 인종, 종교, 문화 등에 관계없이 모든 사람에게 공정하고 평등한 권리를 보장해 주었기 때문에 로마는 천 년 동안이나 세계를 지배할 수 있었다.

바울은 법치국가 로마의 도움을 받은 셈이다.

02

성경과 소유

프리드리히 하이에크는 89세 때인 1988년에 『치명적 자만-사회주의의 오류(Fatal Conceit-The Errors of Socialism)』라는 책을 썼다. 이 책은 하이에크 사상의 알맹이를 담고 있는 대표작이다. 1978년에 파리에서 '사회주의는 오류였는가?'라는 주제로 학회가 열렸는데, 이 학회에서 하이에크는 자유주의를 대표해서 사회주의에 대한 반론을 제기했다. 그 내용을 중심으로 구성된 책이 앞에서 언급한 책이다.

이 책에서 하이에크는 어떤 종교가 세계종교로 발전하게 되었는가를 다음과 같이 썼다.

"지난 2천 년 동안 종교 설립자들 가운데 많은 사람들은 소유와 가족을 반대했다. 그러나 오직 살아남은 종교는 소유와 가족을 지지한 종교뿐이다(주: 이탤릭체는 원문대로임)."[4]

하이에크는 본래 '소유와 가족을 반대하는 공산주의'를 비판하기 위해 앞에서 언급한 책을 썼다. 그런데 "오직 살아남은 종교는 소유와 가족을 지지한 종교뿐이다"는 주장에서 하이에크는 '살아남은 종교'가 기독교임을 시사했다.

다룰 이야기는 다음과 같다.

(1) "네가 오른 쪽으로 가면 나는 왼쪽으로 가겠다"
(2) "도둑질하지 말라"
(3) 야곱, 지팡이 하나뿐이었는데 큰 부자가 되다
(4) "훔친 것은 반드시 물어내야 한다"
(5) "내가 이 땅을 주어 영원한 기업(基業)이 되게 하고 …"
(6) "땅 무르는 것을 허락하여야 한다"
(7) 소유를 허용하지 않아 망한 나라들

(1) "네가 오른 쪽으로 가면 나는 왼쪽으로 가겠다"

아브라함과 그의 조카 롯의 분가(分家) 이야기는 성경에 맨 먼저 등장하는 '소유'에 관한 이야기다. 이는 기독교가 출발부터 '소유'를 인정했다는 근거다.(창12:1~13:18)

어느 날 하나님이 아브라함에게 나타나셨다.

하나님: "너는 네가 살고 있는 땅과 네가 난 곳과 너의 아버지의 집을 떠나 내가 보여주는 땅으로 가거라."(창12:1)

아브라함은 하나님의 언약을 믿고 아내 사라와 조카 롯과 하란에서 모은 재산과 거기에서 얻은 사람들을 거느리고 가나안 땅으로 갔다.
(주: 아브람이 아브라함, 사래가 사라 되기 전 이야기임)

그 땅에 심한 기근이 들었다. 아브라함은 이집트에서 얼마 동안 몸붙여 살려고 이집트로 내려갔다. 아브라함은 이집트에서 아내를 누이로 속인 바람에 이집트 왕으로부터 큰 낭패를 당할 뻔했다. 아브라함과 사라는 실제로 이복 남매였다. 이집트 왕은 아브라함에게 모든 재산을 거두어 아내와 함께 이집트를 떠나라고 명령했다.

아브라함은 롯과 함께 모든 소유를 챙겨 이집트를 떠나 네겝으로 갔다. 아브라함은 집짐승과 은과 금이 많은 큰 부자였다. 그는 네겝에서 얼마 살지 않고 이곳저곳 떠돌아다니다가 베델 부근에 이르렀다. 그러나 그 땅은 그들이 함께 머물기에는 너무 비좁았다. 그들은 재산이 너무 많아 그 땅에서 함께 머물 수가 없었다. 아브라함의 집짐승을 치는 목자들과 롯의 집짐승을 치는 목자들 사이에 다툼이 일어나곤 했다. 어느 날 아브라함이 롯에게 말했다.

아브라함: "너와 나 사이에, 그리고 너의 목자들과 나의 목자들 사이에 어떠한 다툼도 있어서는 안 된다. 우리는 한 핏줄이 아니냐! 네가 보는 앞에 땅이 얼마든지 있으니 따로 떨어져 살자. 네가 왼쪽으로 가면 나는 오른쪽으로 가고, 네가 오른쪽으로 가면 나는 왼쪽으로 가겠다."(창13:8-9)

롯은 요단의 온 들판을 가지기로 하고 동쪽으로 떠났다. 이렇게 해서 두 사람은 떨어져서 살게 되었다. 롯이 아브라함을 떠나간 뒤에 하나님이 아브라함에게 나타나셨다.

하나님: "너 있는 곳에서 눈을 크게 뜨고, 북쪽과 남쪽, 동쪽과 서쪽을 보아라. 네 눈에 보이는 이 모든 땅을 내가 너와 네 자손에게 아주 주겠다. …. 너는 가서 길이로도 걸어 보고, 너비로도 걸어 보아라."(창13:14)

이렇게 해서 아브라함은 헤브론의 마므레로 가서 자리를 잡았다.

이 이야기에는 소유와 관련하여 두 가지 시사점이 있다.

첫째, 아브라함이 어른답게 조카 롯에게 원하는 대로 땅을 먼저 갖게 함으로써 롯의 소유(또는 소유권)를 인정해 주었다는 점이다. 요즘 말로 소위 '분가'다.

둘째, 아브라함이 롯에게 땅의 소유를 허가하자 하나님도 아브라함에게 땅을 갖게 하심으로써 아브라함의 소유를 인정해 주셨다는 점이다.

아브라함과 그의 조카 롯의 '분가' 이야기는 성경에 맨 먼저 등장하는 '소유' 관련 이야기다. 아브라함의 아버지 데라가 죽은 해가 기원 전 2090년경이라고 하니 아브라함과 롯의 소유 관련 이야기는 약 4천 년 전쯤에 일어난 이야기다. 이처럼 기독교는 출발부터 소유를 중요하게 여겼다.

(2) "도둑질하지 말라"

성경에는 '소유'와 관련된 이야기가 적잖다. 가장 대표적인 것은 십계명이다. 십계명 가운데 제8과 제10 계명은 "도둑질하지 말라"이다. 성경은 도둑질하면 죽임을 당한다는 것을 강조한다.

다음은 십계명 가운데 제8과 제10 계명이다.
"제8은 도둑질하지 말라.

제10은 네 이웃의 집을 탐내지 말라. (네 이웃의 아내나 그의 남종이나 그의 여종이나 그의 소나 그의 나귀나 무릇 네 이웃의 소유를 탐내지 말라.)"

이 두 계명은 소유와 직접적으로 관련된다. 그런데 이 두 계명은 '~하지 말라'라는 부정(否定) 명령형으로 표현되어 있다. 부정 명령형은 강조를 나타내는 수사법이다.

그러면 '도둑질하지 말라'와 '네 이웃의 집을 탐내지 말라'의 긍정(肯定) 명령형은 어떤 표현일까? 둘 다 '남의 소유를 인정하라'일 것이다. '남의 소유를 인정하라'는 곧 '남의 소유를 인정하면 나의 소유도 인정받는다'라는 뜻이다. 그래서 '도둑질하지 말라'와 '네 이웃의 집을 탐내지 말라'는 나의 소유를 인정받기 위해서는 남의 소유부터 인정해야 한다는 하나님의 명령이다.

다음은 성경에서 도둑질로 인해 벌을 받게 된 '아간의 죄' 이야기다. (수7:18)

여호수아는 여리고 성을 함락한 후 "그 안에 있는 모든 것을 불로 태웠다. 그러나 은이나 금이나 놋이나 철로 만든 그릇만은 주님의 집 금

30

고에 들여 놓았다."(수6:24) 이어 여호수아가 아이 성을 함락하려고 3천 명을 보냈는데 패하고 말았다. 여호수아가 주님한테 하소연했다.

여호수아: "주님, 이스라엘이 원수 앞에서 패하여 되돌아왔으니 이 제 제가 무슨 말을 할 수 있겠습니까?"

하나님: "전멸시켜서 나 주에게 바쳐야 할 물건을 도둑질하여 가져 갔으며, 또한 거짓말을 하면서 그 물건을 자기들의 재산으로 만들었다. …. 너희 가운데 전멸시켜서 주님께 바쳐야 할 물건이 있다. 그것을 너 희 가운데서 제거하기 전에는 너희의 원수를 너희가 대적할 수 없다"(수7:11–13)

하나님은 주사위를 사용하여, 지파별로, 가문별로, 집안별로, 장정별 로 범위를 좁혀 가면서 범인을 색출하게 하셨다. "유다 지파에서 세라 의 증손이요 삽디의 손자요 갈미의 아들인 아간이 뽑혔다."(수7:18)

아간: "아름다운 외투 한 벌과 은 이 백 세겔과 오십 세겔이 나가는 금덩이 하나를 보고 탐이 나서 가졌습니다. 그 물건들을 저의 장막 안 땅 속에 감추어 두었습니다."

온 이스라엘 백성이 그를 돌로 쳐서 죽이고, 남은 가족과 재산도 모 두 돌로 치고 불살랐다.(수7:25)

"도둑질하지 말라", 곧 '소유'의 중요성을 이처럼 강조한 종교가 세 상에 또 있을까? 사회주의가 망한 것은 소유를 반대했기 때문이 아닌 가! 십계명이 등장한 시기는 기원전 약 1300년경으로, 이는 한국역사 에서 고조선 중기에 해당된다. 이 시기에 기독교는 이미 문자를 통해 소유의 중요성을 강조했다. 그래서 기독교는 세계종교가 된 것이다.

(3) 야곱, 지팡이 하나뿐이었는데 큰 부자가 되다

아들만 많이 낳는다고 가문이 세워지는 것일까? 아니다. 부가 뒷받침되어야 한다. 야곱이 부자가 아니었다면 과연 그가 12지파의 아버지가 될 수 있었을까? 흔히 '약삭빠른 사람'으로 묘사되는 야곱이 큰 부자가 되었다. 야곱은 "낮에는 더위에 시달리고, 밤에는 추위에 떨면서 눈 붙일 겨를도 없이 지내면서" 정직하게, 그리고 열심히 일해서 큰 부자가 되었다.

야곱은 열한째 아들 요셉을 낳고, 처가살이 14년이 끝나자 고향으로 돌아가겠다고 장인 라반에게 말했다. 야곱이 14년 동안 살림을 관리해주어 라반은 큰 부자가 되었다. 야곱이 라반을 위해 정직하게, 열심히 일했기 때문이다. 그러한 야곱을 라반은 계속 붙잡아두고 싶었다. 라반이 야곱을 붙잡아두기 위해 원하는 조건이 무엇이냐고 물었다.

라반: "자네의 품삯은 자네가 정하게. 정하는 그대로 주겠네."(창30:28)

야곱: "오늘, 제가 장인어른의 가축 떼 사이로 두루 다니면서 모든 양 떼에서 얼룩진 것들과 점이 있는 것들과 모든 검은 새끼 양들을 가려내고, 염소 떼에서도 점이 있는 것들과 얼룩진 것들을 가려낼 터이니 그것들을 저에게 삯으로 주십시오."(창30:32) 라반이 받아들였다.

야곱은 '껍질 벗긴 나뭇가지를 물 먹이는 구유 안에 똑바로 세워두고 양들이 물먹으러 와서 교미할 때 볼 수 있게 하여' 줄무늬가 있거나 얼룩이 지거나 점이 있는 양들을 많이 낳게 했다.[5] 이렇게 하여 하란으로 갈 때는 지팡이 하나뿐이었던(창32:10) 야곱은 처가살이 14년 후 자기 살림을 챙긴 지 6년 만에 "가축 떼뿐만 아니라 남종과 여종, 낙타와

나귀도 많이 가진 큰 부자가 되었다."(창30:43)

야곱이 자기 살림을 챙기기 위해 얼마나 열심히 일했는가를 보자. 야곱이 라반의 집에서 20년을 보낸 후 고향으로 돌아오려고 밤봇짐을 싸서 도망치다가 삼 일 만에 붙잡히고 말았다. 그러자 야곱이 라반에게 따졌다.

야곱: "제가 무려 스무 해를 장인어른과 함께 지냈습니다. 그 동안 장인어른의 양 떼와 염소 떼가 한 번도 낙태한 일이 없고, 제가 장인어른의 가축 떼에서 숫양 한 마리도 잡아다가 먹은 일이 없습니다. 들짐 승에게 찢긴 놈은 제가 장인께 가져가지 않고 제 것으로 그것을 보충하여 드렸습니다. 낮에 도적을 맞든지 밤에 도적을 맞든지 하면 장인 어른께서는 저더러 그것을 물어내라고 하셨습니다. 낮에는 더위에 시달리고, 밤에는 추위에 떨면서 눈 붙일 겨를도 없이 지낸 것, 이것이 바로 저의 형편이었습니다. 저는 장인어른의 집에서 스무 해를 한결같이 이렇게 살았습니다. 두 따님을 저의 처로 삼느라고 십 년 하고도 사 년을 장인어른의 일을 해 드렸고, 지난 여섯 해 동안은 장인어른의 양 떼를 돌보았습니다. 그러나 장인께서는 저에게 주셔야 할 품삯을 열 번이나 바꿔치셨습니다. 내 조상의 하나님, 곧 아브라함을 보살펴 주신 하나님이시며, 이삭을 지켜 주신 '두려운 분'께서 저와 함께 계시지 않으셨으면, 장인께서는 저를 틀림없이 빈손으로 돌려보내셨을 것입니다."(창31:38-42)

이렇게 열심히 일했으니 야곱이 부자가 될 수밖에!

(4) "훔친 것은 반드시 물어내야 한다"

소유권이란 재산상의 피해를 당했을 때 보상받을 수 있는 권리를 뜻하기도 한다. 기독교는 출발부터 십계명을 바탕으로 소유의 중요성을 강조했듯이, 재산상의 피해를 당했을 때 보상받을 수 있는 권리도 인정했다. 출애굽기 21~22장은 소유자의 책임, 배상에 관한 법 등에 관한 내용을 소상하게 보여준다. 그 내용의 일부를 옮긴다.(출22:1-5)

- "소가 남종이나 여종을 받아 죽게 하였으면 소 임자는 그 종의 주인에게 은 삼십 세겔을 주고, 그 소는 돌로 쳐서 죽여야 한다."
- "어떤 사람이 구덩이를 열어 놓거나 구덩이를 파고 그것을 덮지 않아서 소나 나귀가 거기에 빠졌을 경우에는 그 구덩이의 임자는 짐승의 임자에게 그것을 돈으로 배상하여야 한다. 그러나 죽은 짐승은 구덩이 임자의 것이 된다."
- "어떤 사람의 소가 이웃의 소를 받아서 죽게 하였을 경우에는 살아 있는 소는 팔아서 그 돈을 나누어 가지고, 죽은 소는 고기를 나누어 가진다. 그 소에게 받는 버릇이 있다는 것을 알면서도 그 임자가 단속하지 않았으면, 그는 반드시 살아 있는 소로 배상하고, 자기는 죽은 소를 가져야 한다.(출21:32-36)"
- "어떤 사람이 소나 양을 도둑질하여 그것을 잡거나 팔면 그는 소 한 마리에는 소 다섯 마리로, 양 한 마리에는 양 네 마리로 갚아야 한다."
- "밤에 도둑이 몰래 들어온 것을 알고서 그를 때려서 죽였을 경우에는 죽인 사람에게 살인죄가 없다. 그러나 해가 뜬 다음에 이런 일이

생기면 그에게 살인죄가 있다."

- "훔친 것은 반드시 물어내야 한다. 그가 가진 것이 아무 것도 없으면 자기 몸을 종으로 팔아서라도 훔친 것은 물어내야 한다. 그가 도둑질한 짐승이 소든지 나귀든지 양이든지 아직 산 채로 그의 손에 있으면 그는 그것을 두 갑절로 물어주어야 한다."

- "부러뜨린 것은 부러뜨린 것으로, 눈은 눈으로, 이는 이로 갚아라. 상처를 입힌 사람은 자기도 그만큼 상처를 받아야 한다."(레24:20)

이처럼 성경은 마치 현대판 판례(判例)처럼 낱낱이 사례를 들어가면서 재산상의 피해를 당할 때 어떻게 보상이 이루어져야 하는가를 제시하고 있다.

그런데 국가가 생기기 이전에는 '법' 대신 '관습'이 사람들의 행동양식을 규제했다. 성경에 명시되어 있는 '관습'은 인류 발전에 크게 기여했다. 관습은 국가가 생기면서 법체계로 정비되었는데, 성경의 '관습'이 곧 '관습법'이 된 것이다. 법체계는 크게 영국 중심의 '관습법' 또는 '불문법(不文法)', 독일 중심의 '대륙법' 또는 '성문법'(成文法)으로 나뉘는데, 성경의 관습법은 영미법(英美法)의 모체(母體)가 되었다.

하이에크는 관습을 바탕으로 발전된 계약법, 상법, 민법, 기업법 등 불문법 또는 사법(私法)이 좋은 법이라고 언급했다.

이처럼 기독교는 출발부터 법치를 중요시했기 때문에 세계종교가 되었다.

(5) "내가 이 땅을 주어 영원한 기업(基業)이 되게 하고 …"

앞에서 보았듯이, 기독교는 출발부터 소유를 강조한 종교다. 소유를 강조한 기독교는 당연히 상속도 강조했다. 소유를 허용하지 않는 사회주의는 상속을 허용하지 않기 때문에 상속세가 없다. 기독교가 상속을 얼마나 강조했는가를 이야기한다.

그런데 성경에 등장하는 '기업'이라는 용어를 잠간 언급할 필요가 있다. 필자는 히브리어 지식이 전혀 없기 때문에 우리말 성경과 영어 성경을 중심으로 이야기한다. 영어성경 NIV는 '기업'을 'property, possession, family land, inheritance, field' 등으로 표현한다. 우리말 성경은 '기업'을 '소유, 땅, 밭, 유산, 상속, 하나님의 백성' 등으로 표현한다. 여기서는 '기업'을 '상속'이란 용어로 사용한다.

하나님은 아브라함이 99세 때 '존귀한 아버지' 뜻을 가진 '아브람'을, '많은 사람의 아버지' 뜻을 가진 '아브라함'으로 바꿔주신 다음에 가나안 땅 소유와 상속을 약속하셨다. "나는 전능한 하나님이다. …. 나와 너 사이에 내가 몸소 언약을 세워서 너를 크게 번성하게 하겠다. …. 내가 너와 세우는 언약은 나와 너 사이에 맺는 것일 뿐 아니라 너의 뒤에 오는 너의 자손과도 대대로 세우는 영원한 언약이다. …. 네가 지금 나그네로 사는 이 가나안 땅을, 너와 네 뒤에 오는 자손에게 영원한 소유로 모두 주고 나는 그들의 하나님이 될 것이다."(창17:1-8)

하나님은 딸들에게도 상속을 허용하셨다. 가나안 땅 분배를 목적으로 2차 인구 조사를 마친 다음 슬로브핫의 딸들이 회중 앞에서 모세에게 호소했다. "우리의 아버지는 광야에서 돌아가셨습니다. 그런데 아버지께는 아들이 없습니다. 그러나 아들이 없다는 이유로 아버지의 가족 가운데서 아버지의 이름이 없어져야 한다니, 어찌 이럴 수가 있습니까? 우리 아버지의 남자 친족들이 유산을 물려받을 때 우리에게도 유산을 주시기 바랍니다."(민 27:2-4) 이렇게 하여 딸들도 유산을 상속받게 되었다.

그런데 딸들에 대한 유산 상속에는 조건이 있었다. 모세가 말했다. "그 딸들은 자기들의 마음에 드는 남자가 있으면 누구하고든지 결혼할 수는 있소. 그러나 그들이 속한 조상 지파의 가족에게만 시집갈 수 있소. 이스라엘 자손의 지파 유산이 이 지파에서 저 지파로 옮겨지는 일이 없어야 이스라엘 자손이 제각기 자기 조상으로부터 물려받은 지파의 유산을 그대로 간직할 수 있을 것이오."(민 36:6-7)

기독교가 상속을 얼마나 중요하게 여겼는가는 다음 인용에서도 잘 나타난다. 하나님이 모세에게 말씀하셨다. "너는 또 이스라엘 자손에게 이렇게 일러두어라. '어떤 사람이 아들이 없이 죽으면, 그 유산을 딸에게 상속시켜라. 만일 딸이 없으면, 그 유산을 고인의 형제들에게 주어라. 그에게 형제마저도 없으면, 그 유산을 아버지의 형제들에게 상속시켜라. 아버지의 형제들마저도 없으면, 그 유산을 그의 가문에서 그와 가장 가까운 친족에게 주어서, 그가 그것을 물려받게 하여라."(민 27:8-11) 〈룻기〉의 나오미 이야기가 이를 입증한다.

성경에서 '하나님의 기업'은 이스라엘 백성에게 주어지는 은사로도 표현되었다. "그 때에 임금은 자기 오른쪽에 있는 사람들에게 말하기를 '내 아버지께 복을 받은 사람들아, 와서, 창세 때로부터 너희를 위하여 준비한 이 나라를 차지하여라."(마 25:34)

(6) "땅 무르는 것을 허락해야 한다"

성경은 땅 소유가 상속되려면 '땅 무르는 것을 허락해야 한다'고 강조한다. 레위기 이야기다. "너희는 유산으로 받은 땅 어디에서나 땅 무르는 것을 허락해야 한다. 네 친척 가운데 누가 가난하여 그가 가진 유산으로 받은 땅의 얼마를 팔면 가까운 친척이 그 판 것을 무를 수 있게 해야 한다."(레25:24–25)

〈룻기〉에 나오는 '땅 무르는' 이야기다.

사사(士師)시대(주: 이스라엘 민족의 가나안 점령 후 왕국 설립 때까지의 기간)에 기근이 들었다. 나오미는 남편 엘리멜렉과 두 아들을 이끌고 모압 지방으로 가서 10년쯤 살았다. 남편과 두 아들이 모두 죽어 살길이 막막해지자 나오미는 며느리 룻과 함께 고향 베들레헴으로 돌아왔다. 룻은 이삭을 주우면서 시어머니를 모시고 살았다. 어느 날 나오미가 룻에게 말했다.

나오미: "우리의 친족 가운데 보아스라는 사람이 있지 아니하냐? 오늘 밤에 그가 타작마당에서 보리를 까부를 것이다. 너는 목욕을 하고, 향수를 바르고, 고운 옷으로 단장하고, 그가 잠자리에 들 때 그가 눕는 자리를 잘 보아 두었다가 다가가서 그의 발치를 들치고 누워라. 그러면 그가 너의 할 일을 일러줄 것이다."(룻3:2–4)

룻은 시어머니가 시키는 대로 했다. 보아스가 발치께에 누워 있는 룻을 보았다.

보아스: "이봐요, 룻, 그대는 주께 복 받을 여인이오. 가난하든 부유하든 젊은 남자를 따라감직한데 그렇게 하지 않으니, … 그대를 맡아

야 할 사람으로 나보다 더 가까운 친족이 한 사람 있소. … 그가 그대를 맡겠다면, 좋소. 그렇게 하도록 합시다. 그러나 그가 그렇게 하지 않겠다면, 그 때에는 내가 그대를 맡겠소. 아침까지 여기 누워 있으시오."
(룻3:10–13)

보아스는 집안간으로서 책임을 져야 할 사람을 만나자 성읍 원로 열 사람을 초청해 자리를 마련했다.(룻4:1–10)

보아스: "모압 지방에서 돌아온 나오미가 친족 엘리멜렉이 가지고 있던 밭을 팔려고 내놓았소. 나는 당신이 그 밭을 사라고 말씀드리오. 당신이 집안간으로서 책임을 지겠다면, 그렇게 하시오. 그러나 책임을 지지 않겠다면 분명히 말하여 주시오. 당신이 책임이 있는 첫째 친척이오. 나는 그 다음이오."

친척: "내가 책임을 지겠소."

보아스: "그렇다면 나오미의 손에서 그 밭을 사는 날로 고인의 아내인 모압 여인 룻도 아내로 맞아들여야 하오. 그렇게 해야만 그가 물려받은 유산이 고인의 이름으로 남게 될 것이오."

친척: "잘못하다가는 내 재산만 축나겠소." 그는 집안간으로서의 책임을 포기했다.

보아스: "여러분은 오늘 이 일의 증인입니다. 나는 엘리멜렉이 가지고 있던 모든 것과 기룐과 말론이 가지고 있던 모든 것을 나오미의 손에서 사겠습니다. 나는 말론의 아내인 모압 여인 룻도 아내로 맞아들여 그 유산이 고인의 이름으로 남아있도록 하겠습니다."

보아스가 룻을 아내로 맞이했다. 룻이 아기를 낳았다. 그 아기가 바로 이새의 아버지요, 다윗의 할아버지요, 예수의 31대 조상이다. 룻은 예수 계보에 등장하는 네 여자 가운데 하나다.

(7) 소유를 허용하지 않아 망한 나라들

역사를 들추다 보면, 소유를 허용하지 않아 망한 나라들을 만나게 된다. 스파르타와 소련이 그런 나라들이다.

마르크스와 엥겔스의 공동저작인 『공산당 선언』에는 사적 소유의 국유화를 이루기 위한 10개 항목의 계획이 등장한다.[6] 이 가운데 소유와 관련된 세 가지 항목을 보자. "1. 토지의 사유 금지와 모든 토지 임대료 수입의 공공목적 투자. …. 3. 상속권의 전면 철폐. …. 4. 반역자들과 조국을 떠난 이민자들의 재산 몰수."

이들 세 가지 항목만 봐도 공산주의는 출발부터 소유를 허용하지 않았다는 것을 알 수 있다. 마르크스는 불과 4%의 남자들만이 공장에서 일하던 독일에서 당시에 혁명이 일어나리라고 기대하지 않았다. 또 제정 러시아에서 혁명의 첫 불꽃이 당겨지리라고 예상하지도 않았다. 그런데도 공산주의 혁명은 러시아에서 1917년 볼셰비키 혁명을 통해 일어나게 되었다. 왜 그랬을까? 그 이유는 당시 러시아가 농노제도의 나라였기 때문이다. 러시아의 농노제도는 1908년 제정 러시아 붕괴로 막을 내렸다. 제정 러시아 붕괴로 본래 잃을 것이 아무것도 없었던 농노들은 공산주의 혁명에 쉽게 편승(便乘)할 수 있었다.

그러나 소련이 주도한 공산주의는 70여 년간의 실험 끝에 결국 역사 속으로 사라지고 말았다. 소유를 허용하지 않았기 때문이다.

스파르타도 그랬다. 스파르타는 기원전 431년부터 404년까지 26년간 지속된 펠로폰네소스 전쟁을 통해 고대 그리스의 주도권을 잡았던 아테네를 멸망시켰다. 지금도 '스파르타식'이라는 말이 쓰이듯이, 당시 스파르타는 고대 그리스에서 가장 용맹스러운 도시국가였다.

스파르타인들은 30살 이전에는 재산은 물론이고 심지어 아내와 자식조차 소유할 수 없었다. 스파르타 남자들은 더 건강한 아이를 낳을 수 있는 아내를 다른 사람과 공유했다. 아이가 태어나면 국가가 엄격한 신체검사를 통해 약한 아이는 버리고, 건강한 아이만 살렸다. 심사에 통과한 아이들은 7세가 되면 부모를 떠나 30세까지 공동생활을 하면서 하루 종일 군사훈련을 받았고, 30세가 되어야만 결혼을 해 가정을 가질 수 있었다. 여성들도 건강한 출산이 가능하도록 신체훈련을 받았으며, 이 훈련은 노인이 되어서 싸울 수 없거나 출산을 할 수 없을 때까지 계속되었다.

스파르타 제도에 대한 그리스 역사학자들의 견해를 요약한 플루타르크는, 리쿠르구스(주: 스파르타의 전설상의 입법자)가 스파르타의 귀족들에게 사유 재산을 모두 포기하도록 명령했다고 썼다. 리쿠르구스는 사유 재산은 타락의 원인이라고 본 것이다. 그 결과 사치, 절도, 뇌물, 소송 등이 사라졌다. 또 빈부격차도 사라졌고, 모두가 평등해졌다.[7]

그런데 그 결과는 어떻게 나타났을까? 멸망이었다. 스파르타는 '고도로 발달한 사적소유제도를 바탕으로 고대 그리스의 주도권을 잡았던' 아테네를 무력으로 항복시키기는 했지만 스파르타의 패권(覇權)은 불과 30년밖에 유지되지 못했다.

스파르타와 소련은 사적 소유를 허용하지 않는 나라는 반드시 멸망하고 만다는 것을 보여준다. 소유가 얼마나 중요한가를 보여주는 좋은 예다. 이와는 달리 기독교는 출발부터 소유, 곧 사적 소유를 허용했기 때문에 세계종교로 발전할 수 있었다.

03

성경과 자유

노예 중심의 고대사회로부터 에이브러햄 링컨의 노예해방 선언으로 1863년 1월 1일부터 노예가 해방될 때까지 인류 역사는 한 마디로, '자유를 얻기 위한 투쟁의 역사'다. 이 과정에서 자유주의 사상이 핵심 역할을 했다. 자유주의란 자유를 가치의 궁극적인 목표로 삼고, 개인을 사회의 궁극적인 존재로 강조하면서 발전해 온 사상이다.

그런데 이 과정에서 불행하게도 기독교(주: 구체적으로 로마카톨릭)는 중세에 들어와 개인의 자유를 무참하게 억압한, 소위 '암흑시대(dark age)'를 역사에 남겼다. 다행히도 기독교는 1517년 마틴 루터가 일으킨 '종교개혁'을 계기로 다시 개인의 자유를 허용하게 되었다. 그 후 기독교는 개인의 자유를 중요하게 여기면서 발전해 왔다. 성경에는 자유에 관한 이야기가 수두룩하다.

다룰 이야기는 다음과 같다.

(1) 이스라엘 자손의 '430년간 이집트 종살이'가 주는 교훈
(2) 몸종의 아들들이 12지파 중 4지파의 조상이 되다
(3) 유다가 종을 자유인으로 풀어주지 않아 망하고 말다
(4) "외국인들도 유산을 받아야 한다"
(5) "고아와 과부를 돌봐야 한다"
(6) 소유가 있어야 자유도 있다
(7) 링컨, 노예를 해방시켜 자유인으로 만들다

(1) 이스라엘 자손의 '430년간 이집트 종살이'가 주는 교훈

　이스라엘 자손의 '430년간 이집트 종살이'는 하나님이 이스라엘 자손을 위해 마련하신 '믿음의 연단(鍊鍛)' 기회였다. 그 기회는 야곱의 열한째 아들 요셉을 통해 주어졌다. '믿음의 연단'은 하나님에 대한 순종이 얼마나 중요한가를 가르치기 위한 것이었다. 아브라함부터 유다 멸망까지 기독교가 자유를 얼마나 강조했는가를 '430년 종살이'와 관련하여 살펴본다.

　아브라함이 기근 때문에 이집트로 갔다가 가나안 땅으로 돌아와 정착하자 하나님이 찾아와 언약을 맺으셨다. "너의 자손이 저 별처럼 많아질 것이다. …. 너의 자손이 다른 나라에서 나그네살이를 하다가 마침내 종이 되어서 사백 년 동안 괴로움을 받을 것이다."(창15:5-13)
　이스라엘 자손의 이집트 종살이는 아브라함의 증손자 요셉을 통해 이루어졌다. 요셉은 형들의 시기로 17살에 이집트 상인에게 팔아넘겨져 30살에 이집트 총리가 되었다. 야곱은 10명의 아들들을 이집트로 곡식을 사러 보냈다가 그들이 요셉을 만나게 된 것을 계기로 온 가족을 이끌고 이집트로 옮겨갔다.
　세월이 지나 요셉과 그 시대 사람들이 모두 죽었다. 요셉을 알지 못하는 새 왕이 이집트를 다스리게 되었는데, 그가 백성들에게 말했다. "이 백성, 곧 이스라엘 자손이 우리보다 수도 많고 힘도 강하다. 전쟁이라도 일어나는 날에는 그들이 우리의 원수들과 합세하여 우리를 치고, 이 땅에서 떠나갈 것이다."(출1:9-10) 이렇게 해서 이스라엘 자손은 노예생활을 시작했다.

이집트인들은 공사감독관을 두어 강제노동으로 이스라엘 자손을 억압했다. 또 이집트 왕은 산파들에게 말했다. "너희는 히브리 여인이 해산하는 것을 도와줄 때 잘 살펴서 낳은 아기가 아들이거든 죽이고, 딸이거든 살려 두어라."(출1:16) 이런 여건에서 모세가 태어났고, 하나님이 그에게 능력을 주시어 이스라엘 자손은 모세의 인도로 이집트를 빠져나와 430년 만에 종살이를 마칠 수 있었다.

그런데 11일이면 가나안 땅에 갈 수 있었는데도 하나님은 이스라엘 자손이 광야에서 무려 40년 동안이나 헤매도록 연단시키셨다. 모세는 광야에서 이스라엘 자손에게 이렇게 선포했다. "당신들은 이집트 땅에서 종살이하던 때를 기억하십시오. …. 같은 겨레 가운데서나 당신들 땅 성문 안에 사는 외국사람 가운데서나 가난하여 품팔이하는 사람을 억울하게 해서는 안 됩니다. 그 날 품삯은 그 날로 주되 해가 지기 전에 주어야 합니다. …. 외국인과 고아의 소송을 맡아 억울하게 재판해서는 안 됩니다. …. 당신들은 이집트에서 종살이하던 것과 주 당신들의 하나님이 당신들을 거기에서 속량하여 주신 것을 기억하십시오. …. 당신들은 포도를 딸 때에도 따고 난 뒤에 남은 것을 다시 따지 마십시오. 그 남은 것은 외국 사람과 고아와 과부의 것입니다."(신24:14-21)

모세는 이스라엘 자손에게 종살이의 고통을 깨닫게 하면서 외국인과 고아와 과부에게 베풀기를 권장했다. 예수도 이를 매우 강조하셨다. 그러면 이 같은 권장은 잘 지켜졌을까? 그런 것 같지 않다. 예를 하나 든다. 유다 자손이 '7년째에는 히브리인 종을 자유인으로 풀어준다'는 언약을 하나님과 맺고도 자유인이 된 히브리인을 다시 데려다가 종으로 부려먹었다는 죄로, 유다가 바빌로니아에 망하게 된 것이다.

(2) 몸종의 아들들이 12지파 중 4지파의 조상이 되다

노예제도는 고대부터 5세기경까지 존속했다. 노예 또는 종은 구약과 신약 여러 곳에 등장한다. 이스라엘 역사에서 노예가 되는 다섯 가지 계기는 다음과 같다. 첫째, 전쟁의 전리품(戰利品)으로 얻은 포로를 노예로 삼았다. 둘째, 돈을 주고 노예로 사들였다. 셋째, 노예 부모에게서 태어난 자녀를 노예로 삼았다. 넷째, 빚 갚기 위해 파는 자녀를 노예로 삼았다. 다섯째, 가난 때문에 파는 자녀를 노예로 삼았다.

기독교는 노예에 대해 매우 관대했다. 그 이유는 이스라엘 민족이 이집트에서 430년간 종살이를 했기 때문이다. 다음은 출애굽기에 명시된 '종에 관한 법'으로, 이는 기독교가 종에게도 자유를 보장했다는 증거다.

하나님이 히브리인[8] 종에 관해 모세에게 말씀하셨다. "너희가 히브리인 종을 사면 그는 여섯 해 동안 종살이를 해야 하고, 일곱 해가 되면 아무런 몸값을 내지 않고서도 자유의 몸이 된다. 그가 혼자 종이 되어 들어왔으면 혼자 나가고, 아내를 데리고 종으로 들어왔으면 아내를 데리고 나간다. 그러나 그의 주인이 그에게 아내를 주어서 그 아내가 아들이나 딸을 낳았으면 그 아내와 아이들은 주인의 것이므로 그는 혼자 나간다. 그러나 그 종이 '나는 나의 주인과 나의 처자를 사랑하므로 혼자 자유를 얻어 나가지 않겠다' 하고 선언하면, 주인은 그를 하나님 앞으로 데리고 가서 그의 귀를 문이나 문설주에 대고 송곳으로 뚫는다. (주: 로마시대에 종은 주인의 이름이 쓰인 귀거리를 달고 다녔다.) 그러면 그는 영원히 주인의 종이 된다."

"남의 딸을 종으로 샀을 경우에는 남종을 내보내듯이 그렇게 내보내지는 못한다. 주인이 아내로 삼으려고 그 여자를 샀으나 그 여자가 마음에 들지 않으면 그는 그 여자에게 몸값을 얹어서 그 여자의 아버지에게 되돌려 보내야 한다. 그가 그 여자를 속인 것이므로 그 여자를 외국 사람에게 팔아서는 안 된다. 그가 그 여종을 자기의 아들에게 주려고 샀으면 그는 그 여자를 딸처럼 대접하여야 한다."(출21:2-9)

야곱은 자매 레아와 라헬을 아내로 삼았는데, 두 아내가 아들 낳기 경쟁을 하는 과정에서 야곱으로 하여금 자기들의 몸종과도 잠자리를 갖게 하여 네 명의 아들을 낳았다. 첫째 아내 레아의 몸종 실바는 갓과 아셀을 낳았고, 둘째 아내 라헬의 몸종 빌하는 단과 납달리를 낳았다. 두 몸종이 낳은 이들 네 아들이 이스라엘 12지파 가운데 네 지파의 조상이 되었다.(창30:4-13) 이는 종이 자유인과 똑같이 대접받은 경우가 아닐까 생각된다.

조선 최초의 의사 7인 가운데 박서양(朴瑞陽)이 있다. 그는 신분이 종보다 더 낮은 '백정'(白丁)의 아들로, 아명(兒名)이 봉출이었다. 봉출의 아버지 백정 박가(당시 백정은 이름이 없었음)가 콜레라에 걸렸다. 봉출은 무어 목사에게 매달려, 고종의 전의(典醫) 에비슨 선교사가 봉출의 아버지를 살려냈다. 박가는 이 일로 기독교인이 되었고, '박성춘'(朴成春)이라는 이름을 얻어 많은 활동을 했다. 봉출은 '박서양'이라는 이름을 얻었다. 박서양은 제중원에 들어가 허드레 일을 하다가 의학 공부를 할 기회를 얻어 조선 최초의 의사 7인에 들었다. 이름도 갖지 못한 백정 신분에서 의사라는 자유인 신분을 얻게 된, 감동적인 사례다.

(3) 유다가 종을 자유인으로 풀어주지 않아 망하고 말다

동족인 히브리인 종을 자유인으로 풀어주겠다는 약속을 어겨 남쪽 나라 유다가 바빌로니아에게 망하게 된 이야기는 기독교가 자유를 얼마나 소중하게 여겼는가를 보여주는 좋은 예다.

유다가 바빌로니아에게 망하게 된 데는 마지막 왕 시드기야가 바빌로니아 왕 느부갓네살에게 저항한 것 등 여러 가지 이유가 있다. 그런데 가장 중요한 이유는 이스라엘 민족이 하나님과의 약속을 어겼기 때문이다.(렘7:23) 유다가 동족인 히브리 종들을 자유인으로 풀어주겠다는 약속을 어긴 것이다.

하나님은 일찍이 광야에서 모세에게 말씀하셨다. "너희가 히브리 종을 사면 그는 여섯 해 동안 종살이를 해야 하고, 일곱 해가 되면 아무런 몸값을 내지 않고서도 자유의 몸이 된다."(출21:2) 그러나 유다는 이 약속을 지키지 않아 바빌로니아에 의해 망하고 말았다.(렘34:8-22)

유다의 마지막 왕 시드기야가 예루살렘에 있는 모든 백성과 다음과 같은 언약을 맺었다. "누구나 자기의 남종과 여종이 히브리 남자와 히브리 여자일 경우에 그들을 자유인으로 풀어 주어서 어느 누구도 동족인 유다 사람을 종으로 삼는 일이 없도록 한다."(렘34:9) 모든 고관과 모든 백성이 이 언약에 동의하여 각자 자기의 남종과 여종을 자유인으로 풀어 주고, 아무도 다시는 그들을 종으로 삼지 않기로 약속했다. 그러나 그들은 그 뒤에 마음이 바뀌어 이미 자유인으로 풀어 준 남녀종들을 다시 데려다가 부려먹었다.

하나님이 예레미야에게 말씀하셨다. "나 주 이스라엘의 하나님이 말한다. 내가 너희 조상을 이집트 땅 곧 그들이 종살이하던 집에서 데리고 나올 때에 그들과 언약을 세우며 이렇게 명하였다. '동족인 히브리 사람이 너에게 팔려온 지 칠 년째가 되거든 그를 풀어 주어라. 그가 육 년 동안 너를 섬기면 그 다음 해에는 네가 그를 자유인으로 풀어 주어서 너에게서 떠나게 하여라.' 그러나 너희 조상은 나의 말을 듣지도 않았으며 귀를 기울이지도 않았다. 그런데 최근에 와서야 너희가 비로소 마음을 돌이켜서 각자 동족에게 자유를 선언하여 줌으로써 내가 보기에 올바른 일을 하였다. 그것도 나를 섬기는 성전으로 들어와서 내 앞에서 언약까지 맺으며 한 것이었다.

그러나 너희가 또 돌아서서 내 이름을 더럽혀 놓았다. 너희가 각자의 남종과 여종들을 풀어 주어 그들이 마음대로 자유인이 되게 하였으나 너희는 다시 그들을 데려다가 너희의 남종과 여종으로 부리고 있다. 그러므로 나 주가 말한다. 너희는 모두 너희의 친척, 너희의 동포에게 자유를 선언하라는 나의 명령을 듣지 않았다. 그러므로 보아라, 나도 너희에게 자유를 선언하여 너희가 전쟁과 염병과 기근으로 죽게 할 것이니 세상의 모든 민족이 이것을 보고 무서워 떨 것이다. 나 주가 하는 말이다. …. 유다 왕 시드기야와 그 고관들도 그들의 목숨을 노리는 원수들의 손에 넘겨주고 너희에게서 떠나가 있는 바빌로니아 왕의 군대의 손에 넘겨주겠다. 보아라, 내가 명령을 내려서 바빌로니아 왕의 군대를 이 도성으로 다시 불러다가 그들이 이 도성을 공격하여 점령하게 하고 불을 지르게 하겠다. 내가 유다의 성읍들을 황무지로 만들어서 아무도 살 수 없는 곳으로 만들겠다."(렘34:13-22)

하나님의 말씀대로 유다는 바빌로니아에게 망하고 말았다.

(4) "외국인들도 유산을 받아야 한다"

이스라엘 민족은 외국인들도 유산을 받을 수 있게 했다. 이는 '소유가 있어야 자유도 있다'는 점을 감안할 때 기독교가 자유를 얼마나 소중하게 여겼는가를 보여주는 예다.

구약시대에 이스라엘 자손은 외국인을 관대하게 대했다. 그 이유는 이스라엘 자손이 이집트에서 430년 동안 종살이를 했기 때문이다. 이집트는 달랐다. "이집트 사람들은 히브리 사람들과 같은 상에서 먹으면 부정을 탄다고 생각했기" 때문에 이집트 총리 요셉과 그의 형들의 밥상은 따로 차려졌다.(창43:32)

물론 이스라엘 자손도 외국인을 차별했다.

• 외국인들은 할례를 받아야 하는 이스라엘 자손과는 결혼이 허용되지 않았다.(창34:14)

• 외국인들은 빚 면제가 허용되지 않았다.(신15:3)

• 외국인들은 이스라엘 왕이 되는 것이 허용되지 않았다.(신17:15)

• 외국인들은 종으로부터 해방되는 것이 허용되지 않았다.(레25:45-47)

그러나 외국인들도 이스라엘 자손과 똑같이 취급되었다.

• 외국인들은 이스라엘 자손과 마찬가지로 안식일을 지켜야 했다.(출20:10)

• 외국인들은 이스라엘 자손과 마찬가지로 공정한 재판을 받을 수 있었다.(신1:16)

외국인들이 차별 받아서는 안 되는 경우도 있었다.

• 하나님이 말씀하셨다. "너희는 너희에게 몸 붙여 사는 나그네를 학대하거나 억압해서는 안 된다. 너희도 이집트 땅에서 몸 붙여 살던 나그네였다.(출22:21) "포도밭에 떨어진 포도도 주워서는 안 된다. 가난한 사람들과 나그네 신세인 외국 사람들이 줍게 남겨 두어야 한다."(레19:10) "너희는 말할 것도 없고, 너희들 가운데서 자녀를 낳으면서 몸 붙여 사는 거류민들도 함께 그 땅을 유산으로 차지하게 하여라. 너희는 거류민들을 본토에서 태어난 이스라엘 족속과 똑같이 여겨라."(겔47:22)

• 모세가 말했다. "당신들은 3년마다 그 해에 난 소출의 십일조를 다 모아서 성 안에 저장하여 두었다가, 당신들이 사는 성 안에 유산도 없고 차지할 몫도 없는 레위 사람이나 떠돌이나 고아나 과부들이 와서 배불리 먹게 하십시오."(신14:28–29)

이처럼 기독교는 외국인들에게 관대했다. 그러면 로마는 외국인들을 어떻게 대했을까? 로마에서 노예들은 자유가 전혀 없었다. "노예들은 주인의 소유물이었고, 노예의 덕(德)은 주인에 대한 충성과 복종이었다. 노예의 소유권을 표시하기 위해 부착했던 귀걸이가 오늘날 젊은 여성들의 귀걸이의 연원이 되었다. … 주인이 병든 노예들을 그냥 버리는 일도 흔한 일이었다. … 도망가는 노예들이 생겨나자 전문적인 노예잡이들이 생겨나기도 했다. 노예들은 주인의 생명을 지키는 의무가 있었는데, 만일 주인이 피살되면 그 휘하의 노예들은 주인의 목숨을 보호하지 못한 책임으로 전원 피살되었다. … 네로 황제 치하의 원로원 의원이었던 페다니우스 세쿤두스가 피살되었다. 그에게는 400명의 노예가 한 지붕 밑에 살았는데, 단 하루 동안에 전원이 살해되었다."[9]

(5) '고아와 과부를 돌봐야 한다'

세상에서 가장 불쌍한 사람은 누구일까? '고아와 과부'라고 성경이
답을 준다. 고아와 과부는 돌볼 사람이 없어서 '소유와 자유'를 얻기 어
렵고, 따라서 인간의 존엄성을 인정받기도 어렵다. 그래서 성경은 '고
아와 과부를 돌봐야 한다'고 강조한다.

- "너희는 너희에게 몸 붙여 사는 나그네를 학대하거나 억압해서는
안 된다. 너희도 이집트 땅에서 몸 붙여 살던 나그네였다. 너희는 과부
나 고아를 괴롭히면 안 된다. …. 나는 분노를 터뜨려서 너희를 칼로 죽
이겠다. 그렇게 되면 너희 아내는 과부가 될 것이며 너희 자식들은 고
아가 될 것이다."(출22:21-24)
- "당신들이 사는 성 안에 유산도 없고 차지할 몫도 없는 레위 사람
이나 떠돌이나 고아나 과부들이 와서 배불리 먹게 하십시오. 그러면
주 당신들의 하나님은 당신들이 경영하는 모든 일에 복을 내려 주실
것입니다."(신14:29)
- "외국 사람과 고아의 소송을 맡아 억울하게 재판해서는 안 됩니
다. 과부의 옷을 저당 잡아서는 안 됩니다. …. 당신들이 밭에서 곡식을
거둘 때에 곡식 한 묶음을 잊어버리고 왔거든 그것을 가지러 되돌아가
지 마십시오. 그것은 외국 사람과 고아와 과부에게 돌아갈 몫입니다.
…. 당신들은 올리브 나무 열매를 딴 뒤에 그 가지를 다시 살피지 마십
시오. 그 남은 것은 외국 사람과 고아와 과부의 것입니다. 당신들은 포
도를 딸 때에도 따고 난 뒤에 남은 것을 다시 따지 마십시오. 그 남은
것은 외국 사람과 고아와 과부의 것입니다."(신24:17-21)

- "'외국인과 고아와 과부의 재판을 공정하게 하지 않는 자는 저주를 받는다' 하면, 모든 백성은 '아멘' 하십시오."(신27:19)
- "가난한 사람과 고아를 변호해 주고, 가련한 사람과 궁핍한 사람에게 공의를 베풀어라."(시편82:3)
- "옳은 일을 하는 것을 배워라. 정의를 찾아라. 억압받는 사람을 도와주어라. 고아의 송사를 변호하여 주고 과부의 송사를 변론하여 주어라."(이사야1:17)
- "하나님 아버지께서 보시기에 깨끗하고 흠이 없는 경건은, 어려움을 겪고 있는 고아들과 과부들을 돌보아 주고, 자기를 지켜 세속에 물들지 않게 하는 것입니다."(약1:27)

과부가 실제로 도움 받은 경우가 있었다. 예언자 엘리사의 제자가 갑자기 빚을 남기고 죽었다. 빚쟁이가 와서 과부의 두 아들을 노예로 삼으려고 데려가려 하자 과부가 엘리사에게 하소연했다. 엘리사는 과부가 가지고 있는 모든 빈 병과 이웃에게서 빌려온 빈 병에 기름이 가득 차게 한 후 말했다. "가서 그 기름을 팔아 빚을 갚고, 그 나머지는 모자의 생활비로 쓰도록 하시오." (왕하4:1–7)

성경은 왜 신·구약을 통해 '고아와 과부'를 도우라고 강조했을까. 대답은 간단하다. 하나님이 모세를 통해 말씀하셨다. "너희도 이집트 땅에서 몸 붙여 살던 나그네였다."(출22:21) 하나님은 이집트 종살이를 통해 자유 없는 생활, 인간의 존엄성을 인정받지 못하는 종살이의 서글픔을 이스라엘 자손들이 잊지 않도록 연단시키셨다. 그 가르침이 바로 '고아와 과부와 외국인을 돕는 일'이었다.

(6) 소유가 있어야 자유도 있다

마거릿 대처에 따르면, "자유는 법이 만든다."(freedom is the creature of law) 그러나 법 그 자체는 자유를 보장하지 않는다. 이를 성경이 보여준다. 유다의 마지막 왕 시드기야가 동족 히브리인 종을 자유인으로 풀어주기로 하고 백성들과 언약을 맺었지만 백성들이 자유인이 된 히브리인 종들을 다시 부려먹었다. 종들은 법적으로 자유인이 되었지만 소유가 없어서 속수무책이었다. 이 일로 유다가 망하고 말았다.(렘34:8~22)

리차드 파이프스에 따르면, '소유가 있어야 자유도 있다.'[10] 성경도 이를 보여준다. 하나님은 이스라엘 백성이 이집트에서 430년간 종살이를 하다가 이집트를 탈출할 때 '이집트인들에게서 물건을 빼앗아 가지고 떠나가게 하셨다.'(출12:36) '소유가 있어야 자유도 있다'는 것을 보여주는 예다. 그래서 소유와 법은 자유를 위해 필요한 조건이다.

• '소유가 있어야 자유도 있다'는 영국 이야기[11]

영국은 법을 통해 왕권을 누르고, 국민에게 권리와 자유를 보장받게 한 최초의 나라다. 이 과정에서 의회민주주의가 세계 최초로 태어났다. 영국헌법 역사는 의회가 왕권의 하인이었다가(11~15세기) 동등한 파트너로 발전한 뒤(16~17세기 초) 마침내 주인이 되기까지(1640년대 이후) 그 발전과정을 보여준다. 이 과정에서 왕과 신하 사이의 '부의 분배'가 결정적 역할을 했다.

왕권의 몰락은 영지(領地) 축소와 그로부터 나오는 수입 감소를 수반했다. 전쟁과 왕실의 사치, 부실한 영지 관리, 인플레이션 등으로 지출이 수입을 초과하면서 영국 왕실의 부는 줄어들기 시작했다. 이로 인해 왕은 관세와 세금에 더욱 의존하게 되었다. 왕실의 재정적 어려움은 중요한 정치적 결과를 초래했다. 왕은 국민에게 돈을 요구했고, 국민은 그 대가로 자유와 개혁을 요구했다. 이런 과정에서 국민의 부, 곧 개인의 소유는 증가하고, 왕은 국민의 부에 더욱더 의존하게 됨으로써 국민의 권리와 자유를 인정하게 되었다. 이는 곧 '소유가 있어야 자유도 있다'는 것을 보여주는 역사적인 사례다.

• '소유가 없어서 자유도 없다'는 러시아 이야기[12]

러시아는 9세기에 스웨덴 바이킹이 세운 나라다. 9세기 이후 구소련이 붕괴한 1991년까지 대부분의 기간을 통해 러시아의 전제 군주들과 사회주의 독재자들은 주민의 '시민권과 정치적 권리'를 인정하지 않았다.

13세기 후반에 이르러 모스크바 공국은 땅에 대한 주민의 소유권을 박탈했다. 특히 이반 4세(1533~1584) 때는 '사유재산의 몰수와 추방'이 절정을 이루었다. 이에 힘입어 차르는 모든 토지를 전유하여 마음대로 백성에게 세금을 요구할 수 있었다. 대다수의 러시아인들은 농노로 땅에 묶여 살았고, 1905~6년이 되어서야 시민권을 확보하고, 입법에 참여할 수 있게 되었다. 더군다나 20세기에 들어와 러시아는 약 70년 동안 사회주의 체제에서 세계 역사상 가장 완벽하게 개인의 자유를 박탈했다. 한 마디로, 러시아의 여러 정부는 대부분의 역사를 통해 '소유와 소유권'을 인정하지 않았다. 따라서 러시아는 '소유가 없어서 자유도 없다'는 것을 보여주는 대표적인 나라다.

러시아와는 달리, 기독교는 처음부터 '소유와 소유권'을 인정함으로써(십계명이 그 예) 세계종교가 될 수 있었다.

(7) 링컨, 노예를 해방시켜 자유인으로 만들다

　만일 에이브러햄 링컨이 기독교인이 아니었다면 미국에서 1863년에 노예제도가 폐지될 수 있었을까? 링컨의 어머니 낸시는 문맹(文盲)이었지만 어려서부터 배우고 느낀 성경 이야기를 링컨에게 들려주었다. 정규교육을 거의 받지 못한 링컨은 독서를 좋아했다. 그는 성경, 이솝 우화, 천로역정, 벤저민 프랭클린 자서전, 바이런의 시, 셰익스피어의 희곡 등을 애독했다. 이 같은 배경에 힘입어 아브라함(Abraham)이 순종을 통해 '믿음의 아버지'가 되었듯이, 같은 이름의 에이브러햄 링컨(Abraham Lincoln)은 노예 해방으로 '자유의 아버지'가 되었다.

　에이브러햄 링컨은 1809년 2월 12일 켄터키 주 호젠빌의 한 칸짜리 통나무집에서 태어났다. 그는 제대로 된 옷 한 벌 없이 어린 시절을 보냈고, 정규교육은 거의 받지 않았다. 그의 어머니 낸시는 개척시대에 생존에만 급급했던 아버지 토머스와는 달리 링컨의 성정(性情)을 풍부하게 만들었다. 낸시는 링컨이 아홉 살 때 독풀을 먹은 소의 우유를 먹고 '밀크병'으로 죽었다. 계모 세라는 척박한 환경 속에서도 책을 좋아하는 링컨을 격려하고, 학교에 보내려고 애썼다. 두 어머니가 링컨의 성정을 키웠다면 아내 메리는 링컨의 정치적 야심을 끌어냈다.

　링컨은 33살 때인 1832년에 일리노이 주의원으로 출마했다가 낙선했다. 그는 독학으로 법률을 공부하여 1833년에 변호사 자격을 땄고, 1834년에 주의원에 당선된 후 당선과 낙선을 거듭하면서 정치에 몸담았다. 드디어 그는 공화당 후보가 되어 1860년 11월 6일에 미국의 16대 대통령에 당선되어 1861년 3월 4일에 대통령에 취임했다.

미국은 식민지 시대부터 남부는 담배·쌀·면화 등 농업경제로 성장했다. 남부의 백인 농장주들은 아프리카에서 잡아온 흑인 노예로 노동력을 충당했다. 반면 북동부는 네덜란드 모피 상인들의 활동을 중심으로 상공업이 발달했다.

링컨이 등장한 1850년대의 미국역사는 모든 것이 분열되어 있었다. 남부와 북동부·중서부·서부 지역의 경제·사회적 상황은 선을 그은 듯 각자 다른 길을 걷고 있었다. 정치적 입장도 이를 반영했다. 이 같은 분열은 남북전쟁으로 이어졌고, 4년간 지속된 전쟁에서 62만 명이 죽었다. 1860년에 미국의 전체 인구 3,140만 명 가운데 북부는 2,230만 명, 남부는 910만 명이었다. 남부 인구 중 350만 명이 흑인 노예였다. 남부는 노예주로, 북부는 자유주로 연방에 소속되어 있었다.

이런 상황에서 1860년에 대통령 선거가 치러졌다. 링컨은 "노예제도가 악이 아니면 무엇이 악입니까?"라고 반문했다. 그런데 링컨의 제1 목표는 노예제도 폐지가 아니라 연방 분열 방지였다. 링컨에게, 연방에서 분리해 나간 남부는 반역자였다. 그래서 남북전쟁은 전쟁이 아니라 반란 진압이었다. 그 과정에서 노예 해방은 필수적이었고, 이는 링컨의 제2 목표가 되었다.

드디어 링컨의 노예해방 선언(Emancipation Proclamation)이 1863년 1월 1일에 발효되었다. 링컨은 1864년 11월 8일에 대통령에 재선되었다. 그는 1865년 4월 14일에 극장에서 연극을 보던 중 부스에 의해 암살되었다.

아프리카에서는 1890년에 노예무역이 막을 내렸다. 한국에서는 1886년에 고종이 '노비 세습제(奴婢世襲制) 폐지'를 선언했다.

04

성경과 공평

기독교를 비롯한 모든 종교는 신앙공동체를 꿈꾼다. 신앙공동체 안에서 공평한 세상이 이뤄지리라고 믿기 때문일 것이다.

'공평'이란 무엇일까? 이희승 국어사전에, "공평은 치우침이 없이 공정함"으로 쓰여 있다. 경제학에서는 '공평'이라는 말이 적절하게 쓰인다. 즉, '같은 것은 같게, 다른 것은 다르게 취급하는 것이 공평'이다. 따라서 조세 부과에서는 소득이 같은 사람은 똑같은 세금을 내고, 소득이 많은 사람은 소득이 적은 사람에 비해 상대적으로 더 많은 세금을 내는 것이 공평으로 평가된다. 그래서 '개인차(個人差)'를 무시하는 교육평준화정책은 공평 원리에 어긋난다. 공평은 측정이 어렵다.

우리가 살아가는 세상은 여러 가지로 공평하지 않다. 세상의 불공평 가운데 '경제적 불공평'은 항상 우리 곁을 떠나지 않는다. 우리는 노숙자를 보면서 동시에 고층 빌딩도 본다. '치우침이 없이 공정한 세상', 곧 공평한 세상은 어떻게 이뤄질 수 있을까? 성경 이야기와 세상 이야기를 살펴본다.

다룰 이야기는 다음과 같다.

(1) 소유가 있고 자유도 있어야 공평한 세상이 이뤄진다

(2) 초대 교회는 신앙공동체의 모델

(3) 야고보: "가로챈 품삯이 소리를 지르고 있습니다."

(4) 예수: "부자는 하늘나라에 들어가기가 어렵다."

(5) 최일도 목사의 '밥퍼 운동'에서 '다일공동체 운영'까지

(6) 부자도 하늘나라에 들어갈 수 있어야 하는데 …

(7) 국가는 어떻게 해야 '공평한 세상'을 만들 수 있을까?

(1) 소유가 있고 자유도 있어야 공평한 세상이 이뤄진다

공평한 세상은 어떻게 이뤄질 수 있을까? '경제적 불공평'과 관련해서는 먼저 '소유'가 있어야 한다. 그래서 성경은 '과부와 고아와 레위인과 외국인을 도우라'고 거듭거듭 강조한다.

모세가 광야에서 이스라엘 백성에게 당부했다.
- "당신들이 밭에서 곡식을 거둘 때에 곡식 한 묶음을 잊어버리고 왔거든 그것을 가지러 되돌아가지 마십시오. 그것은 외국인과 고아와 과부에게 돌아갈 몫입니다. …. 당신들은 올리브 나무 열매를 딴 뒤에 그 가지를 다시 살피지 마십시오. 그 남은 것은 외국인과 고아와 과부의 것입니다. …."(신 24:17–21)
- "… 성 안에 유산도 없고, 차지할 몫도 없는 레위인이나 떠돌이나 고아나 과부들이 와서 배불리 먹게 하십시오. 그러면 주 당신들의 하나님은 … 복을 내려 주실 것입니다."(신14:29)

성경은 왜 '과부와 고아와 레위인과 외국인'을 도우라고 강조할까? 이들의 굶주림을 돕기 위해서일 것이다. 굶주림을 돕는 것만으로, 곧 소유를 갖는 것만으로 공평한 세상은 이뤄질 수 있을까? 아니다. 자유가 있어야 한다. 그래서 성경은 '소유'를 넘어 '자유'를 강조한다.

모세를 통해 이스라엘 백성에게 주신 하나님의 말씀.
- "너희는 너희에게 몸 붙여 사는 나그네를 학대하거나 억압해서는 안 된다. 너희도 이집트 땅에서 몸 붙여 살던 나그네였다. 너희는 과부

나 고아를 괴롭히면 안 된다.(출22:21-24)

- "당신들은 이집트 땅에서 종살이하던 때를 기억하십시오. 외국인과 고아의 소송을 맡아 억울하게 재판해서는 안 됩니다. …. 당신들은 이집트에서 종살이하던 것과 주 당신들의 하나님이 당신들을 속량하여 주신 것을 기억하십시오."(신24:14-21)

공평한 세상을 만들기 위해서는 또 법도 있어야 한다. 모세가 이스라엘 백성에게 전한 하나님의 말씀. "너희가 히브리 종을 사면, 그는 여섯 해 동안 종살이를 해야 하고 일곱 해가 되면 아무런 몸값을 내지 않고서도 자유의 몸이 된다."(출21:2) 이 약속은 오래 동안 지켜지지 않다가 유다의 시드기야 왕이 모든 고관과 백성들의 동의를 얻어 동족인 히브리 종을 자유인으로 풀어줌으로써 이뤄졌다. 그러나 이스라엘 백성은 히브리 종을 데려다가 다시 부려먹었다. 이 일로 유다가 망하고 말았다. 풀려난 히브리 종들은 왜 다시 종이 되었을까? 종들은 '법'으로는 자유인이 되었지만 '소유'가 없었기 때문이다. 법으로 자유를 보장한다고 공평한 세상이 이뤄지는 것은 아니다.

'과부의 기름병' 이야기는 소유가 있어야 자유도 누릴 수 있다는 것을 보여준다.(왕하 4:1-7) 예언자 엘리사의 제자가 빚을 남기고 죽었다. 빚쟁이가 과부의 두 아들을 노예로 삼으려고 데려가려 하자 과부가 엘리사를 찾아가 하소연했다. 엘리사는 과부에게 집에 있는 빈 병과 이웃에게서 빌려온 빈 병에 기름을 가득 채우라고 일렀다. 그렇게 한 후 과부는 엘리사를 다시 찾아갔다. 엘리사가 말했다. "가서 그 기름을 팔아 빚을 갚고, 그 나머지는 모자의 생활비로 쓰도록 하시오." 과부는 기름을 판 돈으로 빚을 갚았고, 두 아들은 종이 되지 않았다.

(2) 초대 교회는 신앙공동체의 모델

초대 교회는 '자발적 베풂'이 신앙공동체로 발전했다. 초대 교회는 신앙공동체의 모델이다.[13] 초대 교회의 자발적 베풂을 살펴본다.

- "믿는 사람은 모두 함께 지내며 모든 것을 공동으로 소유하였다. 그들은 재산과 소유물을 팔아서 모든 사람에게 필요한 대로 나누어 주었다. 그리고 날마다 한 마음으로 성전에 열심히 모이고, 집집이 돌아가면서 빵을 떼며 순전한 마음으로 기쁘게 음식을 먹고, 하나님을 찬양하였다."(행2:44-47)
- "많은 신도가 다 한 마음과 한 뜻이 되어서 아무도 자기 소유를 자기 것이라고 하지 않고, 모든 것을 공동으로 사용하였다. 사도들은 큰 능력으로 주 예수의 부활을 증언하였고, 사람들은 모두 큰 은혜를 받았다. 그들 가운데는 가난한 사람이 한 사람도 없었다. 땅이나 집을 가진 사람들은 그것을 팔아서 그 판돈을 가져다가 사도들의 발 앞에 놓았고, 사도들은 각 사람에게 필요에 따라 나누어 주었다."(행4:32-35)

인용은 초대 교회의 베풂 정신을 보여준다. 초대 교회의 탄생에서는 공유(公有)와 공용(公用)이 바탕이 되었다. 공유와 공용에 힘입어 교인들 가운데는 "가난한 사람이 한 사람도 없었다." 그래서 초대 교회는 신앙공동체의 모델로 꼽힌다.

그런데 초대 교회의 신앙공동체를 놓고, 공산주의를 기독교와 비슷하게 보는 목사들이 있는 것 같다. 칼 마르크스는 이렇게 말했다. "능력에 따라 모든 사람들로부터, 필요에 따라 모든 사람들에게(to each according to his needs, from each according to his ability)." 이 말은 곧 '능력 있는 사람들로부터 빼앗아서 필요한 사람들에게 나눠 준다'는 뜻이다. 이런 논리로 마르크스는 '공유(公有), 공용(公用), 공산(共産), 평등분배'를 내세워 공산주의를 주창(主唱)했다. 따라서 공산주의를 기독교와 비슷하게 보는 것도 무리는 아닐 것 같다. 그러나 성경은 '강요된 베풂'이 바탕이 되는 마르크스 주창과는 전혀 다르게 가르친다.

• "너는 이스라엘 자손에게 말하여 나에게 예물을 바치게 하여라. 누가 바치든지 마음에서 우러나와 나에게 바치는 예물이면 받아라."(출 25:2)

• "당신들은 각자의 소유 가운데서 주님께 바칠 예물을 가져 오십시오. 바치고 싶은 사람은 누구나 주님께 예물을 바치십시오. 곧 금과 은과 동과, …."(출35:5)

• "마케도니아와 아가야 사람들이 기쁜 마음으로 예루살렘에 사는 성도들 가운데 가난한 사람들에게 보낼 구제금을 마련하였기 때문입니다. 그들은 기쁜 마음으로 그렇게 하였습니다."(롬15:26–27)

• "각자 그 마음에 정한 대로 해야 하고, 아까워하면서 내거나, 마지 못해서 하는 일은 없어야 합니다. 하나님께서는 기쁜 마음으로 내는 사람을 사랑하십니다."(고후9:7)

이처럼 기독교는 남을 위해서는 공산주의식 '강요된 베풂'이 아닌 '자발적 베풂'이 바탕이 되어야 한다고 가르친다. 초대 교회의 베풂 정신은 '공평한 세상' 만드는 데 본보기다. 이것이 기독교의 진정한 가르침이요, 기독교가 세계종교가 된 이유다.

(3) 야고보: "가로챈 품삯이 소리를 지르고 있습니다"

세상은 여러 가지로 공평하지 않다. 경제적 불공평, 차별 등은 우리 곁을 떠나지 않는다. 그래서 인간의 존엄성을 강조하는 기독교는 사람을 차별해서는 안 된다고 가르친다. 야고보는 부자들을 향해 약자들을 착취하지 말라며 "가로챈 품삯이 소리를 지르고 있다"고 경고한다. 『야고보서』를 인용한다.

● 야고보는 가난한 사람을 차별하지 말라고 권면한다.(약2:1-4)
"나의 형제자매 여러분, 여러분은 영광의 우리 주 예수 그리스도를 믿고 있으니 사람을 차별하여 대하지 마십시오. 이를테면, 여러분의 회당에 화려한 옷을 입은 사람이 금반지를 끼고 들어오고, 또 남루한 옷을 입은 가난한 사람도 들어온다고 합시다. 여러분이 화려한 옷차림을 한 사람에게는 특별한 호의를 보이면서 '여기 좋은 자리에 앉으십시오' 하고, 가난한 사람에게는 '당신은 거기에 서 있든지 나의 발치에 앉든지 하시오' 하고 말하면 바로 여러분은 서로서로 차별을 하고, 나쁜 생각으로 남을 판단하는 사람이 된 것이 아니고 무엇이겠습니까?"
● 야고보는 부자들에게 가난한 사람들을 업신여기지 말라고 권면한다.(약2:5-9)
"사랑하는 형제자매 여러분, 들으십시오. 하나님께서는 세상의 가난한 사람을 택하셔서 믿음에 부요한 좋은 사람이 되게 하시고, 하나님을 사랑하는 이들에게 약속하신 그 나라의 상속자가 되게 하지 않으셨습니까? 그런데 여러분은 가난한 사람을 업신여겼습니다. 여러분을 압제하는 사람은 부자들이 아닙니까? 또 여러분을 법정으로 끌고 가는 사람도 바로 그들이 아닙니까? 여러분이 받드는 그 존귀한 이름을 모독하는 사람도 바로 부자들이 아닙니까? 여러분이 성경을 따라 '네 이웃을 네 몸같이 사랑하라' 한 으뜸가는 법을 지키면, 그것은 잘 하는 일입니다. 그러나 여러분이 사람을 차별해서 대하면 죄를 짓는 것이요, 여러분은 율법을 따라 범법자로 판정을 받게 됩니다."

- 야고보는 가난한 사람을 돕는 '행함'을 강조한다.(약1:27)

야고보의 권면은 권면으로 그치지 않는다. '가난한 사람을 업신여기지 말라'는 그의 권면은 행함으로 이어져야 한다고 강조한다. "하나님 아버지께서 보시기에 깨끗하고 흠이 없는 경건은, 고난을 겪고 있는 고아들과 과부들을 돌보아주며, 자기를 지켜서 세속에 물들지 않게 하는 것입니다."

- 야고보는 부자들에게 '가로챈 품꾼들의 품삯이 소리를 지르고 있다'고 경고한다.(약5:1~6)

"부자들은 들으십시오. 여러분에게 닥쳐올 비참한 일들을 생각하고, 울며 부르짖으십시오. 여러분의 재물은 썩었고, 여러분의 옷들은 좀먹었습니다. 여러분의 금과 은은 녹이 슬었으니, 그 녹은 장차 여러분을 고발하는 증거가 될 것이요, 불과 같이 여러분의 살을 먹을 것입니다. 여러분은 세상 마지막 날에도 재물을 쌓았습니다. 보십시오, 여러분의 밭에서 곡식을 벤 일꾼들에게 주지 않고 가로챈 품삯이 소리를 지르고 있습니다. 그래서 일꾼들의 아우성 소리가 전능하신 주님의 귀에 들어갔습니다. 여러분은 이 땅 위에서 사치와 쾌락을 누렸고, 살육의 날에 마음을 살찌게 하였습니다. 여러분은 의인을 정죄하고 죽였지만 그는 여러분에게 대항하지 않았습니다."

(4) 예수: "부자는 하늘나라에 들어가기가 어렵다"

예수와 부자 청년과의 대화는 우리로 하여금 여러 가지 '영적 교훈'을 깨닫게 한다. 부자는 하늘나라에 들어가기가 어렵다! 그러면 우리는 어떻게 해야 한다는 것일까?(마19:16-26; 막10:17-26; 눅18:18-27)

한 부자 청년이 예수에게 다가와 물었다.

청년: "선생님, 내가 영생을 얻으려면 무슨 선한 일을 해야 합니까?"

예수: "어찌하여 너는 나에게 선한 일을 묻느냐? 선한 분은 한 분이시다. 네가 생명에 들어가기를 원하면 계명들을 지켜라."

청년: "어느 계명을 지켜야 합니까?"

예수: "살인하지 말라, 간음하지 말라, 도둑질하지 말라, 거짓 증언을 하지 말라, 아버지와 어머니를 공경하라. 그리고 네 이웃을 네 몸과 같이 사랑하라."

청년: "나는 이 모든 것을 다 지켰습니다. 아직도 무엇이 부족합니까?"

예수: "네가 완전한 사람이 되려고 하면, 네 소유를 팔아서 가난한 사람에게 주어라. 그리하면, 네가 하늘에서 보화를 차지하게 될 것이다. 그리고 와서 나를 따라라."

그러나 청년은 이 말을 듣고 근심하면서 떠나갔다. 그에게는 재산이 많았기 때문이다. 부자 청년이 떠나가자 예수는 제자들을 둘러보셨다.

예수: "내가 진정으로 너희에게 말한다. 부자는 하늘나라에 들어가기가 어렵다. 내가 다시 너희에게 말한다. 부자가 하나님나라에 들어가는 것보다 낙타가 바늘귀로 지나가는 것이 더 쉽다."

제자들: (놀라며) "그러면, 누가 구원을 얻을 수 있겠습니까?"

예수: "사람은 이 일을 할 수 없으나 하나님은 무슨 일이나 다 하실 수 있다."

위 대화는 읽을 때마다 충격을 준다. 예수와 부자 청년과의 대화는 예수가 천국, 구원, 심판 등에서 사용하신 비유법과는 달리 직설법이어서 이해하는 데 어려움이 없다. 충격의 원인을 세 가지로 간추린다.

첫째, 예수는 "부자가 하늘나라에 들어가기가 어렵다"고 말씀하시면서도 '하나님은 하실 수 있다'고 시사하셨다.

둘째, 예수는 부자 청년에게 '소유를 팔아서 가난한 사람에게 주라'고 직설적으로 말씀하셨다. 사람으로서 가능한 일일까?

셋째, 예수는 '하나님 사랑'에 이어 '이웃 사랑'을 둘째 계명이라고 가르치셨는데,(마22:37-39) 위 대화에서 이웃 사랑의 대상을 구체적으로 '가난한 사람'이라고 밝히셨다. 가난한 사람은 부자가 도와야 하는데, '부자는 하늘나라에 들어갈 수 없다니!'

그러나 길이 있다. 하나님이 정하신 '베풂의 가이드라인 십일조'가 그것이다. 요즘 같이 풍요로운 시대에는 십일조를 정하는 기준 설정이 쉽지는 않다. 세금 납부 전 소득인가, 후 소득인가? 자산소득은 어떻게 취급해야 하는가? 등등. 십일조는 구호단체에 주는 후원금과는 다르다. 십일조는 하나님 말씀대로 복음을 전하는 사역자들을 도울 뿐만 아니라 '구제와 선교'에도 쓰여 공평한 세상 만드는 데 기여하기 때문이다.

(5) 최일도 목사의 '밥퍼 운동'에서 '다일공동체 운영'까지

공평한 세상을 만들기 위해 사역자들은 설교나 실천을 통해 신앙공동체를 꿈꾼다. 한국에도 신앙공동체가 적잖지만 여기에서는 최일도 목사의 '다일공동체'를 이야기한다. 최일도 목사는 '밥퍼운동'을 실천하면서 9개국에서 '다일공동체'를 운영하고 있다. '다일공동체' 홈페이지에 따르면, 다일(多一)이란 다양성(多樣性) 안에서 일치(一致)를 뜻하는 말이라고 한다.

그가 쓴 책『행복하소서』(2008. 9) 앞표지 날개에 실린 글이다.

• "작은 냄비가 하나 있었다. 1988년, 청량리역 광장에서 배고파 쓰러진 할아버지 한 분을 만났다. 그분에게 라면을 끓여드린 낡은 양은 냄비. 그것에서 시작된 '밥퍼운동'이 20년이 흐른 오늘에는(주: 2008년 현재) 국경을 넘어 매일 5,000여 명의 허기를 채워주고 있다.

• 주말 무료 진료가 있었다. 1992년 아픔을 호소할 상대도, 치료 한 번 받을 곳도 없는 이들을 만났다. 이들을 보살펴주던 사람들과 10년 세월 꾸준히 매월 만 원씩 후원하는 만사회원, 백만 원을 헌금한 9,004명의 천사회원의 손길이 모여 2002년 국내 유일의 전액 무료병원인 '다일천사병원'이 문을 열었다. 그리고 지금까지(주: 2008년 현재) 4,500여 명의 상처와 아픔을 어루만져 주고 치료했다.

• 쓰레기 더미를 뒤지는 소녀가 있었다. 2005년 필리핀의 빈민촌에서 구순구개열 장애를 지닌 열 살의 '아이런'을 만났다. 그 아이와의 만남을 계기로 아시아 빈민촌의 얼굴 장애 어린이들을 데려와 수술을 통해 웃음을 찾아주는 '아름다운 변화 프로젝트'가 이루어지고 있다. 지금까지(주: 2008년 현재) 108명의 아이들이 수술을 받고 새로운 삶을 찾았다.

• 외국인 노동자가 한 명 있었다. 1999년 그를 만났다. 네팔에서 산업연수생으로 한국에 와 2002년 다일교회에서 세례를 받은 '팀세나 부먼'. 목안리 평화의 마을에서 제자훈련을 받은 후 고향에서 사역하겠다는 꿈을 안고 돌아갔고, 그와의 인격적인 만남으로 오늘(주: 2008년 현재) 네팔에서도 생명의 역사가 펼쳐지고 있다.

이 모든 일은 작은 것에서 시작되었다. 그러나 작은 것 안에 욕심 없고 두려움 없는 진정한 만남이 있었기에 점차 더 크게, 더 밝게, 더 아름답게 퍼져나갈 수 있었다. 이 사랑의 실천은 앞으로도 계속될 것이다. 지금부터, 여기부터, 작은 것부터, 할 수 있는 것부터, 나부터 …."

최일도 목사는 국내외에서 사역을 하고 있다.

• 국내 사역. 청량리 '밥퍼운동본부'에서는 월요일부터 토요일까지 1천~1천5백여 명의 노숙자, 행려자, 무의탁 어르신들에게 점심을 대접한다. 1988년에 시작한 밥퍼운동으로, '퍼준 밥그릇' 수가 2011년 5월 2일에 500만 그릇, 2017년 5월 2일에 1,000만 그릇을 돌파했다. 밥퍼운동은 "이 땅에 밥 굶는 이가 단 한 명도 없는 그날까지 이어갈 것"이라고 한다.

• 국외 사역. 9개국 다일공동체에서 '선교, 장학, 교육, 진료 등'이 이뤄지고 있다. 다음은 봉사 국가(괄호 안은 시작 연도).

1. 중국(1999)	2. 베트남(2002)	3. 미주(2002)
4. 캄보디아(2004)	5. 필리핀(2005)	6. 네팔(2008)
7. 탄자니아(2012)	8. 우간다(2014)	9. 캐나다(2014)

최일도 목사는 '지금부터, 여기부터, 작은 것부터, 할 수 있는 것부터, 나부터'라는 베풂 정신으로 신앙공동체를 운영한다.

(6) 부자도 하늘나라에 들어갈 수 있어야 하는데 …

성경은 '과부, 고아, 레위인, 외국인'을 도우라고 거듭거듭 강조한다. 그런데도 야고보는 부자들에게 '가로챈 품꾼들의 품삯이 소리를 지르고 있다'고 경고한다. 예수는 '부자는 하늘나라에 들어갈 수 없다'고 말씀하신다. 누가 가난한 사람들을 도울 수 있을까? 물론, 예수 말씀에는 '돈과 하나님을 동시에 섬길 수 없다'는 경고가 들어 있다.

지금은 아브라함으로부터 약 4천 년, 예수로부터 약 2천 년이 지난 시점이다. 하나님과 예수 말씀은 지금도 변할 수 없는 진리다. 그런데 현재의 경제 상황은 구·신약시대와 크게 다르다. 그동안 세계역사는 '풍요와 자유'를 향해 꾸준히 발전해 왔다. 경제발전으로 얻은 풍요는 개인의 자유 확대에 기여했다. 오늘날 보통사람들도 백여 년 전의 왕들보다 더 풍요롭게 살고 있고, 자신이 원하는 삶을 살 수 있는 자유도 누리고 있다.

우리가 풍요로운 삶을 누리게 된 이유의 하나는 서양이 기업조직으로서 주식회사와 경제체제로서 자본주의를 도입하여 경제발전을 이끌었기 때문이다.[14] 이 과정에서 프로테스탄티즘의 직업윤리가 한 때 경제발전의 주춧돌이 되었다.

막스 베버는 부의 축적을 '프로테스탄티즘의 윤리와 자본주의 정신'에서 찾았다.[15] 그에 따르면, 서양의 경우 자본주의 발전은 종교윤리, 기업조직, 임금노동, 기술, 시장, 법 등 여러 요인들의 상호작용을 통해 이루어졌다고 한다. 그는 합리적 자본주의는 서양에서 생활양식의 변화를 통해 뿌리내렸는데, 생활양식의 변화를 가져온 것이 자본주의 정신이라고 보았다.

막스 베버는, '자본주의 정신이란 돈벌이를 자신의 물질적 욕구를 만족시키기 위한 수단이 아니라 삶의 목적 그 자체로 받아들이는 소명 의식과 다름없다'고 보았다. 영어 calling이 '소명(召命, calling)'은 물론 '직업'으로도 일컫는 이유가 여기에 있다. 이 같은 자본주의 정신을 바탕으로 서양에서는 노동과 이윤추구가 끊임없이 이어졌다. 이윤추구는 또 금욕생활과 저축을 통해 자본축적에 유리하게 작용했다. 막스 베버는, 이러한 자본주의 정신의 뿌리를 16~17세기 종교개혁과 깔뱅주의(Calvinism)가 중심이 된 프로테스탄티즘의 직업윤리에서 찾았다. 깔뱅주의는, 인간은 그 운명이 태초부터 정해진 것으로 직업노동과 부의 추구를 신의 섭리로 받아들여야 구원이 가능하다고 보는 개신교의 한 종파다. 막스 베버는 오늘날 우리가 누리는 풍요로운 삶의 바탕에는 이 같은 프로테스탄티즘의 직업윤리가 깔려 있다고 보았다.

부자들이 프로테스탄티즘의 직업윤리에 따라 부를 축적하게 할 수는 없을까? 한 마디로, 어려울 것이다. 인간의 탐욕 때문에, 하나님이 강조하신 '땅의 희년제'가 한 번도 실시되지 않았다는 사실이 그 증거가 될 수 있을 것이다. 그렇다고 역사 발전을 거슬러 초대교회의 신앙공동체를 세우거나[16] '가난하게도 마옵시고 부하게도 마옵소서'(잠30:8)라고 기도하는 것[17]만으로 공평한 세상이 만들어 질 수 있을까? 부 또는 돈 그 자체는 중립적이다. 돈은 쓰는 사람에 따라 색깔이 달라진다. 기독교는 역사 발전을 받아들이고, 부자들을 나쁜 사람으로만 볼 것이 아니라 부자들에게 참된 기독교 정신을 심어주는 것이 공평한 세상을 만드는 데 지름길이 아닐까? 부자들도 하늘나라에 들어갈 수 있도록 하늘나라 열쇠를 푸는 것이 공평한 세상을 만드는 데 지름길이 아닐까? 이는 사역자들이 풀어야 할 과제다.

(7) 국가는 어떻게 해야 '공평한 세상'을 만들 수 있을까?

영국에서는 성경의 가르침에 따라 일찍이 가난한 사람들을 돕기 위한 구빈(救貧)운동이 교구 중심으로 전개되었고, 10세기경에는 구빈법(救貧法, The Poor Law)이 등장했다. 1860년대에 비스마르크는 사회주의의 공격으로부터 자본주의를 방어하기 위해 역사상 처음으로 복지제도를 도입했다. 1940년대에 영국은 '요람에서 무덤까지'라는 보편적 복지제도를 도입했다.

국가는 가난한 사람들을 어디까지 돌봐야 할 것인가? 대표적 자유주의자들의 견해, 곧 선별적 복지정책을 이야기한다.

- 프리드리히 하이에크: 취약계층을 위한 최저생계비 보장[18]

하이에크는 '누구에게나 건강과 근로능력을 유지하는 데 충분한 어떤 최저한도의 음식, 주거, 의류 보장'을 복지정책으로 제안했다. 하이에크는 국가가 취약계층을 돕는 '기준' 설정에는 어려움이 있다고 지적했다. 잘못하면 사회주의 국가처럼 '큰 정부'가 되어 개인의 자유를 억압하기 때문이다. 그런데 유엔은 하이에크의 제안과 비슷하게 '누구에게나 기본 욕구(basic Needs)를 충족시킬 수 있는 복지정책'을 회원국들에 권장한다.

- 밀튼 프리드먼: 취약계층을 위한 '負의 소득세' 주장[19]

프리드먼은 취약계층을 위한 복지정책으로 부의 소득세 도입을 평생 동안 주장했다. 그런데 프리드먼의 부의 소득세 도입에는 '엄청난 조건'이 전제되어 있다. 그것은 기존의 모든 복지제도를 부의 소득세 하나로 대체해야 한다는 것.

부의 소득세란 취약계층을 대상으로, 소득신고액이 과세최저한도 이하일 때 일정 세율을 적용하여 부족분의 일부를 정부가 조세 환급(還給)과 같은 방법으로 지원해 주는 제도다. 부족분 전액을 보조하면 일하지 않는 사람이나 과세최저한도 소득을 벌어들이는 사람이나 소득이 같게 되어 아무도 일하려고 하지 않을 것이다. 따라서 부의 소득세율은 100% 이내에서 결정되어야 한다. 이렇게 되면 부의 소득세는 근로의욕을 낮추지 않으면서 취약계층을 도울 수 있다.

하이에크나 프리드먼의 제안과 같은 복지정책이 도입된 경우는 없을까? 이는 마거릿 대처 전 영국 총리의 복지정책이다.

• 마거릿 대처: '기회의 균등'에 바탕을 둔 복지정책 실시[20]

마거릿 대처는 1980년대에 사회주의 정책으로 만연된 영국을 자유시장경제로 살려낸 정치가다. 그가 실시한 복지정책은 '기회의 균등'에 바탕을 둔 것으로, 다음과 같이 요약된다. 첫째, 국가는 가정의 지불능력을 따지지 않고 누구에게나 훌륭한 기초교육과 적절한 의료서비스를 제공해야 한다. 둘째, 국가는 특정집단에게 자본축적을 통한 재산획득 기회를 마련해 주어야 한다. 셋째, 복지정책 수립에서는 시장을 왜곡하거나 의욕을 꺾지 않도록 해야 한다. 넷째, 국가는 특정집단을 위한 복지정책 시행에서 개인의 선택권을 최대화해야 한다.

기독교는 출발부터 '소유와 자유'를 강조했다. 국가는 취약계층을 위한 '선별적 복지정책'을 실시하여 공평한 세상을 만드는 데 기여해야 한다.

05

성경과 가족

'02 기독교와 소유' 도입(導入)부분에서 썼던 내용의 일부를 여기에서 다시 쓴다.

하이에크는 1988년에 출간된 『치명적 자만-사회주의의 오류(Fatal Conceit-The Errors of Socialism)』라는 책에서, 어떤 종교가 세계종교로 발전하게 되었는가를 다음과 같이 썼다.

"지난 2천 년 동안 종교 설립자들 가운데 많은 사람들은 소유와 가족을 반대했다. 그러나 오직 살아남은 종교는 소유와 가족을 지지한 종교뿐이다(주: 이탤릭체는 원문대로임). "[21]

하이에크는 "살아남은 종교는 소유와 가족을 지지한 종교뿐이다"는 주장에서 '살아남은 종교'가 기독교임을 시사했다.

다룰 이야기는 다음과 같다.

(1) 예수의 계보
(2) "네 부모를 공경하라"
(3) "저는 이 물건 임자의 아이를 배었습니다"
(4) "할례를 받겠다고 하면 청혼을 받아들이겠습니다"
(5) 화목한 가정이 되려면: 바울의 권면
(6) '돌아온 탕자(蕩子)' 이야기
(7) 유산을 딸에게도 상속시켜라"

(1) 예수의 계보

성경은 가족 이야기로 가득 차 있다. 우리도 가문별(家門別)로 족보(族譜)를 갖추고 있지만 기독교의 경우 '예수의 계보'는 가족의 중요성을 나타내는 대표적인 예다. 여기서는 예수의 계보를 이야기한다.

먼저 성경 속의 가족 이야기를 간략히 소개한다.

성경에서 '믿음의 조상' 아브라함 이야기는 창세기 12장부터 나온다. 이에 앞서 아브라함의 아버지 데라 이야기도 나온다. "데라는 아들 아브람(후에 아브라함으로 바뀜)과 손자 롯과 아들 아브람의 아내인 며느리 사래(후에 사라로 바뀜)를 데리고 가나안 땅으로 오려고 바빌로니아의 우르를 떠나 하란에 이르렀다. 그는 거기서 자리를 잡고 살았다."(창11:31)

창세기 12장부터 마지막 50장까지는 아브라함부터 그의 증손자 요셉까지의 가족 이야기다. 특히 창세기 24-50장은 아브라함의 손자 야곱의 가족 이야기다. 야곱 이야기는 대부분 이스라엘 12지파가 어떻게 탄생했는가를 보여주는 이야기로, 창세기의 절반 이상을 차지한다. 약 3천 3백여 년 전에 쓰인 가족 이야기치고는 지나치게 상세하면서도 사실적이다.

성경에서 가족의 중요성이 가장 잘 나타난 곳은 마태복음 1: 1-17과 누가복음 3:23-38일 것 같다. 누가복음에는 예수의 계보가 예수부터 시작해서 거슬러 올라가 아담까지 나오고, 마태복음에는 아브라함부터 시작해서 예수까지 42명의 조상들의 이름이 나온다. 이뿐만이 아니다. 마태복음 계보에는 '다말, 라합, 룻, 밧세바(성경에는 "우리야의 아내"로 표현)'라는 네 명의 여자도 나온다. 이들 가운데 '룻'만 빼고 나머지 세 여자는 '정상적'이라고 보기 어렵다. 그런 것을 아랑곳하지 않는 성경은 그래서 재미있는 책이다. 마태복음에 나타난 예수의 계보를 보자.(마 1:1-17)

"아브라함은 이삭을 낳고, 이삭은 야곱을 낳고, 야곱은 유다와 그의 형제들을 낳고, …, 이새는 다윗 왕을 낳았다.

다윗은 우리야의 아내에게서 솔로몬을 낳고, …, 예루살렘 주민이 바빌론으로 끌려갈 무렵에 요시야는 여고냐와 그의 형제들을 낳았다.

예루살렘 주민이 바빌론으로 끌려간 뒤에 여고냐는 스알디엘을 낳고, …, 야곱은 마리아의 남편 요셉을 낳았다. 마리아에게서 그리스도라고 하는 예수가 태어나셨다."(마1:1-16)

부족할세라 마태복음은 예수의 계보를 요약까지 해준다. "그러므로 그 모든 대 수는 아브라함으로부터 다윗까지 열네 대요, 다윗으로부터 바빌론으로 끌려갈 때까지 열네 대요, 바빌론으로 끌려간 때로부터 그리스도까지 열네 대이다."

아브라함부터 예수까지의 기간은 약 2천 년이다. 이처럼 성경은 지금으로부터 약 4천 년 전부터 약 2천 년 전까지 무려 2천여 년에 이르는 긴 시간에 걸쳐 42명의 조상들의 이름을 낱낱이 밝혀가면서 예수의 계보를 보여준다. 이는 기독교가 출발부터 가족의 중요성을 강조한 종교임을 보여주는 증거다. 그래서 가족을 중요하게 여긴 기독교는 하이에크가 주장한 대로, 대부분의 다른 종교들과는 달리 세계종교로 발전할 수 있었다.

(2) "네 부모를 공경하라": 십계명

십계명의 제5 계명은 "내 부모를 공경하라"이다. 성경은 '부모 공경'을 매우 강조했다. '부모 공경'에 어긋나면 어떤 벌을 받았을까.

부모 공경은 기독교만의 주장이 아니다. 오랫동안 한국인의 사고를 지배해 온 유교(儒敎)사상도 '부모 공경', 곧 '효(孝)사상'을 강조한다. 삼강오륜(三綱五倫)을 보자.[22] 삼강에서 첫 번째 항목은 '父爲子綱'(부위자강)으로 아들은 아버지를 섬기는 것이 근본이고, 오륜에서 두 번째 항목은 '父子有親'(부자유친)으로 아버지와 아들 사이에는 친함이 있어야 한다는 것이다.

- 하나님은 모세에게 십계명을 비롯하여 여러 가지 법규를 주셨다. 그 가운데 '폭력에 관한 법'에는 "자기 부모를 저주하는 자는 반드시 사형에 처하여야 한다"가 들어 있다.(출21:17)
- 모세는 부모 말을 전혀 듣지 않고 고집이 센 아들이 있으면 부모는 그를 붙잡아 장로들이 있는 회관으로 데리고 가서 호소하라고 권했다. 그렇게 해서 어떤 일이 일어나야 하는가도 말했다. "우리 아들이 반항만 하고, 고집이 세어 우리의 말을 전혀 듣지 않습니다. 방탕한 데다가 술만 마십니다. 그러면 그 성읍의 모든 사람이 그를 돌로 쳐서 죽일 것입니다. 이렇게 해서 당신들 가운데서 악을 뿌리 뽑아야 합니다. 그래야만 온 이스라엘이 그 일을 듣고 두려워할 것입니다."(신21:18-21)
- 잠언에는 이런 구절이 있다. "아버지를 조롱하며 어머니를 멸시하여 순종하지 않는 사람의 눈은 골짜기의 까마귀에게 쪼이고, 새끼 독

수리에게 먹힐 것이다."(잠30:17)

- 다윗의 셋째 아들 압살롬이 '왕자의 난'을 일으켜 아버지에게 반항했다가 죽고 말았다.(삼하18:32) 다윗의 넷째 아들 아도니야도 스스로 왕권을 선포했다가 실패한 후 아버지의 동첩(童妾)과 결혼하고 싶다고 솔로몬 왕의 어머니 밧세바에게 졸랐다가 솔로몬한테 죽고 말았다.(왕상2:25) 따지고 보면, 둘 다 부모를 공경하지 않아서 받은 벌이다.

- 바리새인들과 율법학자들이 예수에게 제자들이 빵 먹을 때 왜 손을 씻지 않느냐고 비아냥댔다. 예수가 말씀하셨다. "그러면 너희는 어찌하여 너희의 전통 때문에 하나님의 계명을 어기느냐? 하나님께서 말씀하시기를 '아버지와 어머니를 공경하라' 하시고, 또 '아버지나 어머니를 욕하는 자는 반드시 죽을 것이다' 하고 하셨다. 그러나 너희는 말하기를 누구든지 아버지나 어머니에게 '내게서 받으실 것이 하나님께 드리는 예물이 되었습니다' 하고 말만 하면 그 사람은 제 부모를 공경하지 않아도 된다고 한다. 이렇게 너희는 너희의 전통 때문에 하나님의 말씀을 폐한다."(마15:3-6)

- 바울은 자녀가 부모에게 순종할 것을 권면했다. "'네 부모를 공경하라'고 하신 계명은 약속이 딸려 있는 첫째 계명입니다. '네가 잘 되고, 땅에서 오래 살 것이다' 하신 약속입니다."(엡6:1-3)

- 바울은 또 자녀들에게 말했다. "자녀 된 이 여러분, 주 안에서 모든 일에 부모에게 순종하십시오. 이것이 옳은 일입니다."(골3:20)

- 바울은 또 사람이 짓는 갖가지 죄를 열거하면서 "부모를 거역하는 사람"은 '타락한 사람'이라고 말했다.(롬1:30)

(3) "저는 이 물건 임자의 아이를 배었습니다": 유다와 다말

우리 민족처럼 이스라엘 민족도 '장자'(長子)를 우대했다. 이스라엘 민족은 장자가 대부분 '타고난' 경우였지만 때로는 '만들어진' 경우도 있었다.

아브라함과 그의 아들 이삭은 장자였다. 그러나 아브라함의 손자 야곱은 달랐다. 야곱은 팥죽 한 그릇으로 형으로부터 장자권을 샀고, 어머니의 도움을 받아 눈이 잘 보이지 않는 아버지를 속여 장자의 축복까지 받았다. 야곱은 열 두 아들을 두었지만 장자권은 넷째 아들 유다에게 돌아갔다.[23] 유다와 그의 며느리 사이에서 낳은 아들 베레스가 예수의 계보에 올라 있다. 재미있는 이야기다.(창38:1-30)

유다는 세 아들을 두었다. 유다가 맏아들 엘을 결혼시켰는데, 그의 아내의 이름은 다말이었다. 하나님은 엘이 악하므로 죽게 하셨다. 그래서 유다가 둘째 아들 오난에게 말했다.

유다: "너는 형수와 결혼해서 시동생으로서의 책임을 다해라. 너는 네 형의 이름을 이을 아들을 낳아야 한다."

당시의 관습에 따르면, 결혼한 형이 죽으면 동생이 형수와 결혼하게 되어 있었다. 그런데 오난은 아들을 낳아도 그가 자기 아들이 안 된다는 것을 알고 있었으므로 형수와 동침할 때마다 정액을 땅바닥에 쏟아 버리곤 했다. 이를 악하게 보신 하나님이 오난도 죽게 하셨다. 두 아들을 잃은 유다는 셋째 아들 셀라도 죽을까 겁이 나 며느리 다말에게 말했다.

유다: "나의 아들 셀라가 다 클 때까지 너는 네 친정집으로 돌아가서

과부로 살고 있거라."

그 뒤 오랜 시간이 지나 유다의 아내가 죽었다. 유다는 친구와 함께 양털을 깎으러 딤나라는 곳으로 갔다. 시아버지가 딤나로 온다는 말을 들은 다말은 과부 옷을 벗고, 너울로 얼굴을 가린 후 딤나로 가는 길에 있는 에나임 어귀에 앉았다. 그것은 막내아들 셀라가 이미 다 컸는데도 유다가 자기와 셀라를 짝지어 주지 않았기 때문이다. 유다가 다말을 창녀로 생각했다.

유다: "너에게 잠시 들렀다 가마. 자, 들어가자."

다말: "저에게 들어오는 값으로 무엇을 주시겠습니까?"

유다: "나의 가축 떼에서 새끼 염소 한 마리를 보내마."

다말: "가지고 계신 도장과 허리끈과 지팡이면 됩니다."

그 유다는 친구 편에 새끼 염소 한 마리를 보내고, 그 여인에게서 담보물을 찾아오게 했다. 그 여인은 찾을 수 없었다. 석 달쯤 지난 다음 유다는 며느리 다말이 창녀 짓을 해 임신했다는 소문을 들었다.

유다: "그를 끌어내서 화형에 처하여라!"

다말 "저는 이 물건 임자의 아이를 배었습니다."

유다: "그 아이가 나보다 옳다! 나의 아들 셀라를 그 아이와 결혼시켰어야 했는데."

다말이 잘못을 저질렀을까? 당시 다말에게는, 시아버지를 벌주기 위해 창녀로 속이는 것 외에 다른 방법이 있었을까? 유다도 사건의 전말(顚末)을 알고 나서 곧바로 뉘우쳤다. "그 아이가 나보다 옳다!"

다말이 쌍둥이를 임신했다. 동생이 먼저 나와 베레스라는 이름이 붙여졌다. 마태복음에 이렇게 쓰여 있다. "유다는 다말에게서 베레스를 낳고, …."(마1:3) 다말도 예수의 계보에 올랐다.

(4) "할례를 받겠다고 하면 청혼을 받아들이겠습니다"

어디서나 가족은 일체(一體)다. 가족 가운데 누군가가 피해를 당하게 되면 온 가족이 똘똘 뭉쳐 복수를 하기 마련이다. 성경도 이런 사례를 보여준다.

야곱이 20년 처가살이를 청산하고 고향으로 돌아왔다. 그는 가나안 땅 세겜 성에 이르러 장막을 쳤다. 야곱의 고명딸 디나가 그 지방 여자들을 보러 나갔다. 그 지역 통치자 세겜이 디나를 보자 첫눈에 반해 데리고 가서 욕을 보였다. 세겜이 아버지 하몰에게 "이 처녀를 아내로 삼게 해주십시오."(창34:4) 하고 졸랐다. 세겜의 아버지가 청혼하려고 야곱을 만나러 왔다.

야곱은 세겜이 디나의 몸을 더럽혔다는 말을 듣고도 가축 떼와 함께 들에 있는 아들들이 돌아올 때까지 입을 다물고 있었다. 야곱의 아들들이 들에서 돌아와 디나에게 일어난 일을 알고, 슬픔과 분노를 억누르지 못했다.

하몰: "나의 아들 세겜이 댁의 따님에게 반했습니다. 댁의 따님과 나의 아들을 맺어 주시기 바랍니다. 그리고 우리와 함께 섞여서 여기에서 같이 살기를 바랍니다. 땅이 여러분 앞에 있습니다."

야곱의 아들들: (짐짓 속임수를 써서) "우리는 그렇게 할 수 없습니다. 조건이 하나 있습니다. 당신들 쪽에서 남자들이 우리처럼 모두 할례를 받겠다고 하면 그 청혼을 받아들이겠습니다."(창34:15)

하몰과 세겜은 야곱의 아들들이 내놓은 제안을 좋게 여겼다. 하몰은 돌아가 성읍 사람들에게 이렇게 말했다.

하몰: "이 사람들이 우리에게 우호적입니다. …. 이 사람들이 우리와 함께 사는 데는 조건이 하나 있습니다. 그들이 할례를 받는 것처럼 우리 쪽 남자들이 모두 할례를 받아야 한다는 것입니다. 그렇게 하면 그들의 양 떼와 재산과 집짐승이 모두 우리의 것이 되지 않겠습니까?"(창 34:21-23)

세겜 성 장정들이 모두 할례를 받았다.

사흘 뒤 장정 모두가 아직 상처가 아물지 않아서 아파하고 있을 때 야곱의 아들들 가운데 둘째 시므온과 셋째 레위가 칼을 들고 성읍으로 쳐들어가 순식간에 남자들을 모조리 죽여 버렸다. 그러고 나서 세겜의 집에 있는 디나를 데려왔다. 일이 이쯤 되자 야곱이 시므온과 레위를 나무랐다.

야곱: "너희는 나를 오히려 더 어렵게 만들었다. 이제 가나안 사람이나, 브리스 사람이나, 이 땅에 사는 모든 사람이 나를 사귀지도 못할 추한 인간이라고 여길 게 아니냐? 우리는 수가 적은데 그들이 합세해서 나를 치면 나와 나의 집안이 다 몰살당할 수밖에 없지 않느냐?"

아들들: "그가 우리 누이를 창녀 다루듯이 하는데도 그대로 두라는 말입니까?"(창34:31)

시므온과 레위의 살인폭행 사건은 야곱의 장자권 상속에 영향을 미쳤다. 야곱이 아들들을 모아놓고 유언을 할 때 장자 르으벤에게는 아버지의 침상을 더럽혔다고 나무랐고, 둘째 시므온과 셋째 레위에게는 "그들은 화가 난다고 사람을 죽이고….." 하고 나무랐다. 그래서 장자권은 넷째 아들 유다에게 돌아갔다.(창49:1-9)

(5) 화목한 가정이 되려면: 바울의 권면

바울은 화목한 가정의 조건으로 일부일처제를 권면했다. 구약에서 다윗과 솔로몬은 수많은 왕비와 첩을 두었다는 점을 감안할 때 바울의 권면은 '파격적'이라는 느낌을 준다.

- 아브라함과 이삭은 사실상 일부일처제를 지켰다.[24] 일부일처제는 야곱에 이르러 무너졌다. 야곱은 두 아내와 두 아내의 두 몸종으로부터 12명의 아들과 1명의 딸을 두었다. 이들이 이스라엘 12지파를 이루게 되었다. 야곱이 일부일처제를 지켰더라면 12지파는 탄생할 수 없었을 것이다.
- 모세는 이집트를 탈출한 후 광야에서 이스라엘 민족에게 선포했다. "왕은 또 많은 아내를 둠으로써 그의 마음이 다른 데로 쏠리는 일이 없어야 하며, …."(신17:17) 모세는 야곱의 경우를 거울삼아 '한 아내' 대신 '많은 아내'를 두지 말라고 선포한 것은 아닐까?
- 다윗은 8명의 아내와 여러 명의 첩을 두었다. 심지어 다윗은 부하를 죽게 만들고 그의 아내까지 차지했다. 하나님은 예언자 나단을 통해 다윗에게 경고했다. "내가 너의 집안에 재앙을 일으키고, 네가 보는 앞에서 내가 너의 아내들도 빼앗아 너와 가까운 사람에게 주어서 그가 대낮에 너의 아내들을 욕보이게 하겠다."(삼하12:11) '가까운 사람'은 바로 셋째 아들 압살롬이었다. 압살롬은 왕자의 난을 일으켜 아버지와 권력투쟁을 벌이는 과정에서 "온 이스라엘이 보는 앞에서" 아버지의 후궁들을 범했다.(삼하16:21)
- 솔로몬도 다윗 같았다. 그는 자그마치 700명의 후궁과 300명의 첩

을 두었다. 솔로몬이 늙자 그의 아내들이 솔로몬의 마음을 사로잡았다. 솔로몬은 외국인 아내들이 하자는 대로 그들의 신들에게 향을 피우며 제사를 지냈다. 이러한 솔로몬에게 하나님이 두 번이나 나타나 경고하셨지만 솔로몬은 듣지 않았다. 솔로몬이 죽자 하나님의 말씀대로 이스라엘은 두 쪽으로 나뉘어 싸우다가 결국 망하고 말았다.

이 같이 불미스러운 사건들은 이스라엘 왕들이 일부일처제를 지키지 않아서 나타난 결과가 아닐까? 기독교는 십계명을 통해 '간음하지 말라'고 명령적으로 선포했고, 후에 예수도 "'간음하지 말아라' 말한 것을 너희는 들었다. 그러나 나는 너희에게 말한다. 여자를 보고 음욕을 품는 사람은 이미 마음으로 그 여자를 범했다"(마5:27-28)라고까지 말씀하셨다.

이 때문이었을까. 바울은 일부일처제를 강조했다. "아내 된 이 여러분, 남편에게 하기를 주님께 순종하듯이 하십시오. 그리스도께서 교회의 머리가 되심 같이 남편은 아내의 머리가 됩니다. 그리스도께 순종하듯이 아내들도 모든 일에 남편에게 순종해야 합니다.

남편 된 이 여러분, 그리스도께서 교회를 사랑하셔서 교회를 위하여 자신을 내주심 같이 아내를 사랑하십시오. …. 이와 같이 남편들도 자기 아내를 자기 몸과 같이 사랑해야 합니다.

그러므로 여러분도 각각 자기 아내를 자기 몸과 같이 사랑하고, 아내도 자기 남편을 존중하십시오."(엡5:22-33)

일부일처제는 화목한 가정의 필수조건이다. 기독교는 바울을 통해 이를 가르친다.

(6) '돌아온 탕자(蕩子)' 이야기

예수의 '되찾은 아들 비유'는 영적 교훈에 관한 이야기다.(눅15:11~32) 그러나 사람의 생각으로 볼 때 이 이야기는 세상 어디서나 있을 수 있는 가족사랑 이야기다.

어떤 사람이 두 아들을 두었다. 작은 아들이 아버지에게 요청했다.

작은 아들: "아버지, 재산 가운데서 제 몫을 주십시오."

아버지는 그렇게 했다. 며칠 뒤 작은 아들은 자기 몫을 챙겨 먼 곳으로 떠났다. 거기서 그는 재산을 모두 탕진하고 말았다. 그가 재산을 탕진했을 때 그 지방에 흉년이 들었다. 그는 어떤 사람을 찾아가 일자리를 부탁했다. 그 사람은 그를 들로 보내 돼지를 치게 했다. 그는 돼지가 먹는 쥐엄 열매로라도 배를 채우고 싶었으나 그에게 먹을 것을 주는 사람은 없었다.

그제서야 그는 제정신이 들었다. "내 아버지의 그 많은 품꾼들에게는 먹을 것이 남아도는데 나는 여기서 굶어 죽는구나. 내가 일어나 아버지에게 돌아가서, 이렇게 말씀드려야 하겠다. 아버지, 내가 하나님과 아버지 앞에 죄를 지었습니다. 나는 더 이상 아버지의 아들이라고 불릴 자격이 없으니 나를 품꾼의 하나로 삼아주십시오."

그는 일어나 아버지에게로 갔다. 그의 아버지는 그를 보고 달려가 목을 껴안고 입을 맞추었다.

작은 아들: "아버지, 제가 하나님과 아버지 앞에 죄를 지었습니다. 저는 아버지의 아들이라고 불릴 자격이 없습니다."

아버지: (종들에게) "어서 가장 좋은 옷을 꺼내서 그에게 입히고, 손에

반지를 끼우고, 발에 신을 신겨라. 그리고 살진 송아지를 끌어내다가 잡아라. 우리가 먹고 즐기자. 나의 이 아들은 죽었다가 살아났고, 내가 잃었다가 되찾았다."(눅15:24)

그들은 잔치를 벌였다. 큰 아들이 밭에 있다가 돌아오는데, 집에 가까이 이르렀을 때 음악 소리와 춤추면서 노는 소리를 들었다. 그가 종에게 물었다.

큰 아들: "무슨 소리냐?"

종: "아우님이 집에 돌아왔습니다. 건강한 몸으로 돌아온 것을 반겨서, 주인어른께서 살진 송아지를 잡으셨습니다."

큰 아들은 화가 나서 집으로 들어가려고 하지 않았다. 아버지가 나와서 그를 달랬으나 그는 아버지에게 말했다.

큰 아들: "나는 이렇게 여러 해를 두고 아버지를 섬기고 있고 아버지의 명령을 한 번도 어긴 일이 없는데 나에게는 친구들과 함께 즐기라고 염소 새끼 한 마리도 주신 일이 없습니다. 그런데 창녀들과 어울려서 아버지의 재산을 다 삼켜 버린 이 아들이 오니까 그를 위해서는 살진 송아지를 잡으셨습니다."

아버지: "얘야, 너는 늘 나와 함께 있으니 내가 가진 모든 것은 다 네 것이다. 너의 이 아우는 죽었다가 살아났고, 내가 잃었다가 되찾았으니, 즐기며 기뻐하는 것이 마땅하다."(눅15:31-32)

예수의 '되찾은 아들 비유'는, 사람의 생각으로 볼 때 기독교가 가족 사랑을 얼마나 강조하는 종교인가를 보여주는 이야기다.

(7) 유산을 딸에게도 상속시켜라"

상속은 소유와 직결된다. 상속은 또 가족 보존과 직결된다. 가족을 부모·형제 집단보다 더 넓은 의미의 가문 집단으로 볼 때 상속은 가문 보존과 직결된다는 것을 성경이 보여준다. 여기서는 가문 보존과 관련하여 상속을 이야기한다.

구약시대에는 토지가 자산이었으므로 상속의 대상은 토지였다. 토지는 본래의 소유자에게 돌아가게 되어 있었다. "땅을 아주 팔지는 못한다. 땅은 나의 것이다. … 네 친척 가운데 누가 가난하여 그가 가진 유산으로 받은 땅의 얼마를 팔면 가까운 친척이 그 판 것을 무를 수 있게 하여야 한다. 그것을 무를 친척이 없으면 형편이 좋아져서 판 것을 되돌려 살 힘이 생길 때까지 기다려야 한다. … 그러나 그가 그 땅을 되돌려 살 힘이 없을 때에는 그 땅은 산 사람이 희년이 될 때까지 소유한다. 희년이 되면, 땅은 본래의 임자에게 되돌아간다."(레25:23-28)

야곱시대에 토지는 딸에게 상속되지 않았다. 그런데 이스라엘 자손이 가나안 땅에 들어가기 전 광야에서 떠돌아다닐 때 문제가 생겼다. 슬로브핫의 딸들이 나아왔다. 슬로브핫은 요셉의 아들인 므낫세의 가족으로, 므낫세의 현손(玄孫: 손자의 손자)이었다. 그 딸들이 회막 어귀에서 모세와 제사장 엘르아살과 지도자들과 온 회중 앞에 서서 호소했다.

슬로브핫의 딸들: "우리 아버지는 광야에서 돌아가셨습니다. 그러나 주를 거역하여 모였던 고라의 무리 속에 끼지는 않으셨습니다. 아버지께서는 다만 자신의 죄로 돌아가셨습니다. 그런데 아버지께는 아들이 없습니다. 그러나 아들이 없다는 이유로 아버지분의 가족 가운데서 아

버지의 이름이 없어져야 한다니, 어찌 이럴 수가 있습니까? 우리 아버지의 남자 친족들이 유산을 물려받을 때 우리에게도 유산을 주시기 바랍니다."(민27:3-4)

이를 놓고 하나님이 모세에게 말씀하셨다.

하나님: "슬로브핫의 딸들이 한 말이 옳다. 그 아버지의 남자 친족들이 유산을 물려받을 때 그들에게도 땅을 유산으로 주어라. 너는 그들의 아버지가 받을 유산이 그 딸들에게 돌아가게 하여라. 너는 또 이스라엘 자손에게 일러두어라. '어떤 사람이 아들이 없이 죽으면, 그 유산을 딸에게 상속시켜라. 만일 딸이 없으면, 그 유산을 고인의 형제들에게 주어라. 그에게 형제마저도 없으면, 그 유산을 아버지의 형제들에게 상속시켜라. 아버지의 형제들마저도 없으면 그 유산을 그의 가문에서 그와 가장 가까운 친족에게 주어서 물려받게 하여라."(민27:6-11)

그런데 유산이 딸에게 돌아가는 경우에는 조건이 있었다.

모세: "주님께서는 슬로브핫 딸들의 경우를 두고 이렇게 명하셨소. 그 딸들은 자기들의 마음에 드는 남자가 있으면 누구하고든지 결혼할 수는 있소. 그러나 그들이 속한 조상 지파의 가족에게만 시집갈 수 있소. 이스라엘 자손의 지파 유산이 이 지파에서 저 지파로 옮겨지는 일이 없어야 이스라엘 자손이 제각기 자기 조상으로부터 물려받은 지파의 유산을 그대로 간직할 수 있을 것이오."(민36:6-7)

인용에 따르면, 토지 상속의 목적은 가족 보존에 있다는 것을 알 수 있다. 기독교는 이처럼 가족과 가문을 중요시했다.

06

성경과 노동

구약과 신약에는 우리의 삶에 도움이 되는 노동 관련 이야기가 적잖게 들어있다. 구약과 신약 시대는 노예제도가 지배적이었지만 노동 관련 이슈는 예나 지금이나 큰 차이가 없다.

그런데 노동 관련 이야기는 보는 시각에 따라 다르게 풀이될 수도 있다. 예를 들면, 사람이 에덴동산에서 쫓겨나지 않았더라면 사람은 땀 흘리지 않고 풍성한 삶을 살았으리라는 것이다. 그래서 노동은 수고로운 것으로 묘사되기도 한다. 그렇다고 노동은 마냥 수고로운 것일까? 다룰 이야기는 다음과 같다.

(1) "하나님은 모든 것을 창조하시고, 이렛날에는 쉬셨다"
(2) 노동은 하나님이 주신 사람의 의무다
(3) "사람은 일하며 저녁까지 수고하는도다"
(4) "일꾼들에게 주지 않고 가로챈 품삯이 소리 지르고 있다"
(5) "꼴찌들이 첫째가 되고, 첫째들이 꼴찌가 될 것이다"
(6) 부지런한 사람에게는 보상이 따른다
(7) "일하기 싫어하는 사람은 먹지도 말라"

(1) "하나님은 모든 것을 창조하시고, 이렛날에는 쉬셨다"

하나님도 노동을 하셨다. 하나님은 엿새 동안 천지를 창조하시고, 이 렛날에는 쉬셨다. 하나님은 모세에게 주신 십계명을 통해 "안식일을 기억하여 거룩하게 지키라"고 강조하셨다. 하나님의 말씀대로, 사람들 은 엿새 동안 열심히 일하고, 이렛날에는 쉰다. 이는 하나님이 사람에 게 주신 크나큰 축복이다.

태초에 하나님이 천지를 창조하셨다. 하나님의 천지 창조 이야기를 요약한다.(창1:1-31)
- 하나님이 "빛이 생겨라" 하시니, 빛이 생겼다. 하나님이 빛과 어둠 을 나누셔서 빛을 낮이라고 하시고, 어둠을 밤이라고 하셨다. 하루가 지났다.
- 하나님이 "물 한가운데에 창공이 생겨서 물과 물 사이가 갈라져 라" 하셨다. 하나님이 이처럼 창공을 만드시고, 물을 창공 아래에 있는 물과 창공 위에 있는 물로 나누시니, 그대로 되었다. 하나님이 창공을 하늘이라고 하셨다. 이튿날이 지났다.
- 하나님이 "하늘 아래에 있는 물은 한 곳으로 모이고, 뭍은 드러나 거라" 하시니, 그대로 되었다. 하나님이 뭍을 땅이라고 하시고, 모인 물 을 바다라고 하셨다. 하나님이 땅 위에서 수많은 종류의 식물이 돋아 나게 하시니, 그대로 되었다. 사흘날이 지났다.
- 하나님이 "하늘 창공에 빛나는 것들이 생겨서 낮과 밤을 가르고, 계절과 날과 해를 나타내는 표가 되어라. 또 하늘 창공에 있는 빛나는 것들은 땅을 환히 비추어라" 하시니, 그대로 되었다. 하나님은 별들도

만드셨다. 나흗날이 지났다.

- 하나님이 "물은 생물을 번성하게 하고, 새들은 땅 위 하늘 창공으로 날아다녀라" 하셨다. 하나님이 바다짐승들과 물에서 번성하는 움직이는 모든 생물을 그 종류대로 창조하시고, 날개 달린 모든 새를 그 종류대로 창조하셨다. 닷샛날이 지났다.

- 하나님이 "땅은 생물을 그 종류대로 내어라. 집짐승과 기어다니는 것과 들짐승을 그 종류대로 내어라" 하시니, 그대로 되었다. 하나님이 "우리가 우리의 형상을 따라서 우리의 모양대로 사람을 만들자. 그리고 그가, 바다의 고기와 공중의 새와 땅 위에 사는 온갖 들짐승과 땅 위를 기어다니는 모든 길짐승을 다스리게 하자" 하시고, 하나님의 형상대로 사람을 창조하셨다. 하나님이 그들을 남자와 여자로 창조하셨다. 하나님이 그들에게 "생육하고 번성하여 땅에 충만하여라. 땅을 정복하여라. 바다의 고기와 공중의 새와 땅 위에서 살아 움직이는 모든 생물을 다스려라" 하셨다. 하나님이 씨 맺는 채소와 열매 맺는 나무를 사람에게 먹거리로 주셨다. 엿샛날이 지났다.

이처럼 하나님은 하늘과 땅과 그 가운데 있는 모든 것을 다 창조하셨다. 하나님은 하시던 일을 엿샛날까지 다 마치시고, 이렛날에는 쉬셨다. 하나님은 그 날을 복되게 하시고, 거룩하게 하셨다.(창2:1-3) 이처럼 하나님도 노동을 하시고, 쉬셨다.

그리스도교로 개종한 로마 황제 콘스탄티누스가 321년에 성경 말씀을 따라 일요일에는 아무 일도 하지 말라고 명령했는데, 이 명령이 그 후 수백 년 동안 관례가 되어 일요일이 안식일이 되었다고 한다. 어떻든 하나님의 은혜로, 오늘날 거의 모든 사람들은 엿새 동안 일하고 일요일에는 쉰다.

(2) 노동은 하나님이 주신 사람의 의무다

하나님은 천지 창조를 마치신 다음 "사람을 데려다가 에덴동산에 두시고, 그 곳을 맡아서 돌보게 하셨다." 하나님은 사람에게 당부하셨다. "동산에 있는 모든 나무의 열매는 네가 먹고 싶은 대로 먹어라. 그러나 선과 악을 알게 하는 나무의 열매만은 먹어서는 안 된다. 그것을 먹는 날에는 너는 반드시 죽을 것이다."(창2:15-17)

문제가 생겼다. 여자인 하와가 뱀의 꾐에 넘어가 먹지 말라는 선악과를 따먹고, 남편한테도 먹게 한 것이다. 사람이 하나님의 법을 어긴 것이다. 법을 어기면 어떻게 될까? 벌을 받아야 한다. 하나님은 다음과 같은 벌을 내리셨다.(창3:14-24)

- 하나님이 뱀에게 말씀하셨다. "네가 이런 일을 저질렀으니, 모든 집짐승과 들짐승 가운데서 네가 저주를 받아 사는 동안 배로 기어 다니고, 흙을 먹어야 할 것이다."
- 하나님이 여자에게 말씀하셨다. "내가 너에게 임신하는 고통을 크게 더할 것이니, 너는 고통을 겪으며 자식을 낳을 것이다."
- 하나님이 남자에게 말씀하셨다. "네가 아내의 말을 듣고서 내가 너에게 먹지 말라고 한 그 나무의 열매를 먹었으니, 이제 땅이 너 때문에 저주를 받을 것이다. 너는 죽는 날까지 수고를 하여야만 땅에서 나는 것을 먹을 수 있을 것이다."
- 하나님이 또 말씀하셨다. "보아라, 이 사람이 우리 가운데 하나님처럼 선과 악을 알게 되었다. 이제 그가 손을 내밀어 생명나무의 열매까지 따서 먹고 끝없이 살게 하여서는 안 된다."

하나님은 하나님의 법을 어긴 벌로 사람을 에덴동산에서 쫓아내셨다. 에덴동산에서 쫓겨난 사람은 어디로 갔을까? 하나님은 "그가 흙에서 나왔으므로 흙을 갈게 하셨다."(창3:23) 사람은 하나님의 법을 어긴 벌로 '편히 살아갈 수 있는 에덴동산 관리인'에서 '죽는 날까지 땀 흘려 수고해야 하는 노동자'로 바뀌었다.

이를 어떻게 보아야 할까? 이렇게 볼 수는 없을까? 하나님이 맡긴 '에덴동산 관리인 일'도 노동이고, '죽는 날까지 땀 흘려 수고해야 하는 일'도 노동이어서, 사람이 좀 더 힘든 일을 하게 된 것이라고.

하나님은 하나님의 법을 어긴 사람을 벌주기 훨씬 전에 사람을 창조하시고 나서 이렇게 말씀하셨다. "생육하고 번성하여 땅에 충만하여라. 땅을 정복하여라."(창1:28) 이는 하나님이 사람에게 베푸신 축복이다. 이는 사람이 하나님의 법을 어기기 훨씬 전에 하나님이 사람에게 베푸신 축복이었다. 이 축복은, 사람이 하나님의 법을 어기고 에덴동산에서 쫓겨난 후에도 달라지지 않았다. 하나님은 훗날 노아와 언약을 맺으실 때도 "생육하고 번성하여 땅에 충만하여라"(창9:1) 하고 노아를 축복하지 않으셨던가!

하나님은 하나님의 법을 어긴 벌로 사람을 에덴동산에서 쫓아내기는 하셨지만 일의 종류만 바꾸셨을 뿐 사람에게 베푸신 축복은 전혀 바꾸지 않으셨다. 사람이 하나님의 법을 어긴 벌로 '에덴동산 관리인에서 죽는 날까지 땀 흘려 수고해야 하는 일꾼'으로 바뀌었을 뿐이다.

어떻든 노동은 하나님이 주신 사람의 의무다.

(3) '사람은 일하며 저녁까지 수고하는도다'

기자(記者)가 밝혀져 있지 않은 시편 104장은 우주를 창조하시고 다스리시는 하나님의 권능과 위엄을 찬양하는 시로 잘 알려져 있다. 시편 104장 23절은, 사람이 우주의 한 구성원으로서 아침부터 늦게까지 일하고 있는 모습을 한 폭의 그림처럼 아름답게 묘사하고 있다. 사람의 일하는 모습 뒤에는 수확의 기쁨이 도사리고 있는 듯하다. 밀레의 〈만종(晩鐘)〉에서처럼, 일을 마친 뒤 감사 기도가 이어질 듯하다. 시편 104편 가운데 일부를 삭제하고, 1~24절까지를 인용한다.(개역개정판 성경)

"내 영혼아 여호와를 송축하라. 여호와 나의 하나님이여 주는 심히 위대하시며 존귀와 권위로 옷 입으셨나이다.

주께서 옷을 입음 같이 빛을 입으시며 하늘을 휘장 같이 치시며,

물에 자기 누각의 들보를 얹으시며 구름으로 자기 수레를 삼으시고 바람 날개로 다니시며,

바람을 자기 사신으로 삼으시고 불꽃으로 자기 사역자를 삼으시며,

땅에 기초를 놓으사 영원히 흔들리지 아니하게 하셨나이다.

옷으로 덮음 같이 주께서 땅을 깊은 바다로 덮으시매 물이 산들 위로 솟아올랐으나

주께서 꾸짖으시니 물은 도망하며 주의 우렛소리로 말미암아 빨리 가며,

주께서 그들을 위하여 정하여 주신 곳으로 흘러갔고 산은 오르고 골짜기는 내려갔나이다.

주께서 물의 경계를 정하여 넘치지 못하게 하시며 다시 돌아와 땅을

덮지 못하게 하셨나이다.

여호와께서 샘을 골짜기에서 솟아나게 하시고 산 사이에 흐르게 하사 각종 들짐승에게 마시게 하시니 들나귀들도 해갈하며,

공중의 새들도 그 가에서 깃들이며 나뭇가지 사이에서 지저귀는도다.

그가 그의 누각에서부터 산에 물을 부어 주시니 주께서 하시는 일의 결실이 땅을 만족시켜 주는도다.

그가 가축을 위한 풀과 사람을 위한 채소를 자라게 하시며 땅에서 먹을 것이 나게 하셔서

사람의 마음을 기쁘게 하는 포도주와 사람의 얼굴을 윤택하게 하는 기름과 사람의 마음을 힘있게 하는 양식을 주셨도다.

여호와의 나무에는 물이 흡족함이여 곧 그가 심으신 레바논 백향목들이로다.

새들이 그 속에 깃들임이여 학은 잣나무로 집을 삼는도다.

….

주께서 흑암을 지어 밤이 되게 하시니 삼림의 모든 짐승이 기어나오나이다.

젊은 사자들은 그들의 먹이를 쫓아 부르짖으며 그들의 먹이를 하나님께 구하다가

해가 돋으면 물러가서 그들의 굴속에 눕고,

사람은 나와서 일하며 저녁까지 수고하는도다.(주:23절)

여호와여 주께서 하신 일이 어찌 그리 많은지요. 주께서 지혜로 그들을 다 지으셨으니 주께서 지으신 것들이 땅에 가득하나이다.”

(4) "일꾼들에게 주지 않고 가로챈 품삯이 소리 지르고 있다"

성경에는 노사관계 이야기도 들어 있다. 자칫 분쟁으로 치달을 수 있는 '노(勞)의 불만', 체불(滯拂)도 마다않는 '사(使)의 횡포' 등에 관한 이야기다.

예수의 포도원 주인 비유를 보자.(마20:1-15) 이 이야기는 영적 교훈에 관한 것이다.

어떤 포도원 주인이 '하루에 한 데나리온으로 일꾼들과 품삯을 합의하고', 그들에게 포도원 일을 시켰다. 포도원 주인은, 이유는 나타나 있지 않지만, 아홉 시쯤, 열두 시쯤, 오후 세 시쯤, 오후 다섯 시쯤 장터로 나가 빈둥거리고 있는 일꾼들을 불러다가 포도원 일을 시켰다. 일이 끝나자 포도원 주인은 일꾼들을 불러 맨 나중에 온 사람들부터 시작하여 맨 먼저 온 사람들에게까지 한 데나리온씩 주었다.

그런데 맨 처음에 와서 일을 한 사람들은 은근히 좀 더 받으려니 하고 생각했는데, 그들도 한 데나리온씩 받았다. 그들은 '한 데나리온'을 받고 나서 불평을 털어놨다. "마지막에 온 이 사람들은 한 시간 밖에 일하지 않았는데도, 찌는 더위 속에서 온종일 수고한 우리들과 똑같이 대우를 하시는군요."

자칫 분쟁이 일어날 수 있는 분위기였다. 그러자 주인이 말했다. "이 보시오, 나는 그대를 부당하게 대한 것이 아니오. 그대는 나와 한 데나리온으로 합의하지 않았소? 당신의 품삯이나 받아가지고 돌아가시오."

이 한 마디로, 품삯 불만은 분쟁으로 치닫지 않았다. 계약조건 준수, 곧 법치가 품꾼들의 마음을 사로잡았기 때문이다.

성경에는 마음씨 '너그러운 사용자가 되라'는 이야기도 있다.

- "너희는 주의 몫으로는 … 가장 좋고 가장 거룩한 부분을 … 바쳐야 한다. … 그 나머지는 너희와 너희 집안사람이 먹어라. 그것은 너희가 회막에서 하는 일에 대한 보수이기 때문이다."(민18:29-31)

- "당신들 동족 히브리 사람이 남자든지 여자든지 당신들에게 팔려와서 여섯 해 동안 당신들을 섬겼거든 일곱 해 째에는 그에게 자유를 주어서 내보내십시오. …. 그들은 여섯 해 동안 품삯의 두 배는 될 만큼 당신들을 섬겼습니다."(신15:12-18)

- "성경에 이르기를 '타작마당에서 낟알을 밟아 떠는 소의 입에 망을 씌우지 말라' 하였고, '일꾼이 자기 삯을 받는 것은 마땅하다'고 하였습니다."(딤전5:18)

- "너희는 한 집에 머물러 있으면서, 거기에서 주는 것을 먹고 마셔라. 일꾼이 자기 삯을 받는 것은 마땅하다."(눅10:7)

성경에는 임금 착취를 나무라는 말씀도 있다.

- "여러분의 밭에서 곡식을 벤 일꾼들에게 주지 않고 가로챈 품삯이 소리를 지르고 있습니다. 그 일꾼들의 아우성 소리가 전능하신 주님의 귀에 들어갔습니다."(약5:4)

- "그 날 품삯은 그 날로 주어야 합니다. 그는 가난한 사람이기 때문에 품삯을 그 날 받아야 살아갈 수 있습니다."(신24:15)

- "네가 품꾼을 쓰면, 그가 받을 품값을 다음날 아침까지 밤새 네가 가지고 있어서는 안 된다."(레19:13)

(5) "꼴찌들이 첫째가 되고, 첫째들이 꼴찌가 될 것이다"

예수가 비유로 말씀하신 '포도원의 품꾼들 이야기'(마20:16)와 '부자 젊은이 이야기'(마19:30)는 둘 다 "꼴찌들이 첫째가 되고, 첫째들이 꼴찌가 될 것이다"로 끝난다. 이들 이야기는 '하나님의 은총에는 차별이 없다'는 것을 강조한 '영적 교훈'이다.

십자가에 매달려 묵묵히 죽음을 당하시는 예수를 보면서, 그 곁에서 마지막 순간에 회개한 강도가 예수와 나눈 대화는 '영적 교훈'이 어떤 것인가를 암시한다. 강도가 예수에게 말했다. "예수님, 예수님께서 주님의 나라에 들어가실 때에 나를 기억해 주십시오." 예수가 대답하셨다. "내가 진정으로 네게 말한다. 너는 오늘 나와 함께 낙원에 있을 것이다."(눅23:42~43)

그런데 경제학도여서 그런지 나는 "꼴찌들이 첫째가 되고, 첫째들이 꼴찌가 될 것이다"를 읽을 때마다 노동의 한 댓가인 '성과급'을 생각하곤 한다. 잘못된 생각일까?

"하늘나라는 … 포도원 주인과 같다. 그는 품삯을 하루에 한 데나리온으로 일꾼들과 합의하고, 그들을 포도원으로 보냈다. 그리고서 아홉 시쯤에 나가서 보니 사람들이 장터에 빈둥거리며 서 있었다. '여러분도 포도원에 가서 일하시오. 적당한 품삯을 주겠소' 하였다. …. 주인이 다시 열두 시와 오후 세 시쯤에 나가서 그렇게 하였다. 오후 다섯 시쯤에 주인이 또 나가보니 아직도 빈둥거리고 있는 사람들이 있어서 '왜 당신들은 온종일 이렇게 하는 일 없이 빈둥거리고 있소?' 하고 물었다. 그들은 '아무도 우리에게 일을 시켜 주지 않아서 이러고 있습니다' 했다. 그래서 그는 '당신들도 포도원에 가서 일을 하시오' 하고 말했다. 저녁이 되어, 오후 다섯 시쯤부터 일을 한 일꾼들이 와서 한 데나리온 씩을 받았다. 맨 처음에 와서 일을 한 사람들도 한 데나리온씩을 받았다. 그들은 받고 나서 '마지막에 온 이 사람들은 한 시간밖에 일하지 않았는데도, 찌는 더위 속에서 온종일 수고한 우리들과 똑같이 대우하였습니다' 했다. 그러자 주인이 말했다. '이보시오, 나는 그대를 부당하게 대한 것이 아니오. 당신은 나와 한 데나리온으로 합의하지 않았소? 당신의 품삯이나 받아 가지고 돌아가시오. 내 것을 가지고 내 뜻대로 할 수 없다는 말이오? 내가 후하기 때문에 그대 눈에 거슬리오?' 이와 같이, 꼴찌들이 첫째가 되고, 첫째들이 꼴찌가 될 것이다."(마20:1-16)

포도원 주인은 왜 한 시간밖에 일하지 않은 경우나, 온종일 수고한 일꾼들에게도 똑같은 품삯을 주셨을까? 포도원 주인의 대답이다. "내 것을 가지고 내 뜻대로 할 수 없다는 말이오?" 품삯이 이렇게 결정되면 옳다고 할 수 있을까? 옳지 않다. 그런데 '우기(雨期) 시작 전에 서둘러 포도 수확을 마쳐야 하는 팔레스타인 지역의 여건'을 알고 나면, 포도원 주인의 마음을 이해하는 데 도움이 될 것이다.[25]

교회 다닌 햇수대로 '믿음상'이 주어지지 않듯이, 일한 시간 수대로 임금이 주어지지 않는 경우가 있다. 그것이 바로 노동에 있어서 성과급이다. 남보다 더 열심히, 남보다 더 효율적으로 일한 대가로 주어지는 성과급은 임금결정에서 '꼴찌들이 첫째가 되고, 첫째들이 꼴찌가 될 수 있다'는 것을 보여주는 예다. 그래서 예수의 비유는 성과급에 관한 시사(示唆)로도 볼 수 있지 않을까?

(6) 부지런한 사람에게는 보상이 따른다

보수는 노동의 대가다. 열심히 일한 사람은 게으른 사람보다 더 많은 보수를 받는다. "그에게서 한 달란트를 빼앗아서 열 달란트 가진 사람에게 주어라"고 한 예수의 말씀은 영적 교훈과 관련된 것이지만 노동의 대가와도 관련된 것은 아닐까?

어떤 사람이 여행을 떠나면서 종들에게 재산 관리를 맡겼다. 그는 세 종들에게 각각 다섯 달란트, 두 달란트, 한 달란트씩을 맡겼다.(마 25:14-30)

다섯 달란트를 받은 종은 그 돈으로 장사하여 다섯 달란트를 벌었다. 두 달란트를 받은 종은 두 달란트를 벌었다. 한 달란트를 받은 종은 돈을 땅에다 묻어 숨겼다.

여러 해가 지나 주인이 돌아와서 종들을 불렀다.

다섯 달란트를 받은 종: "다섯 달란트를 더 벌었습니다."

주인: "착하고 신실한 종아, 잘했다! 네가 적은 일에 신실하였으니 내가 많은 일을 네게 맡기겠다. 와서, 주인과 함께 기쁨을 누려라."

두 달란트를 받은 종: "주인님, 주인님께서 두 달란트를 내게 맡기셨는데, 두 달란트를 더 벌었습니다."

주인: "착하고 신실한 종아, 잘했다! 네가 적은 일에 신실하였으니 내가 많은 일을 네게 맡기겠다. 와서, 주인과 함께 기쁨을 누려라."

한 달란트를 받은 종: "주인님, 나는 주인이 굳은 분이시라 심지 않은 데서 거두시고, 뿌리지 않은 데서 모으시는 줄로 알고 무서워하여 물러가서 그 달란트를 땅에 숨겨 두었습니다."

주인: "악하고 게으른 종아, 너는 내가 심지 않은 데서 거두고, 뿌리지 않은 데서 모으는 줄 알았다. 그렇다면 너는 내 돈을 돈놀이하는 사람에게 맡겼어야 했다. 그랬더라면 내가 와서 내 돈에 이자를 붙여 받았을 것이다. 그에게서 그 한 달란트를 빼앗아서, 열 달란트 가진 사람에게 주어라. 가진 사람에게는 더 주어서 넘치게 하고, 없는 사람에게서는 있는 것마저 빼앗을 것이다."

영적 교훈을 떠나 포도원 주인 이야기를 평가할 때, 노동과 관련하여 예수의 달란트 비유는 두 가지 시사점이 있을 것 같다. 하나는 열심히 일해서 많은 성과를 거둔 사람에게 주어지는 '성과급', 다른 하나는 일하지 않는 사람에게 주어지는 '무노동 무임금'.

성과급과 관련하여, 주인은 다섯 달란트를 가지고 다섯 달란트를 더 번 종에게 '착하고 신실한 종아, 잘했다! 네가 적은 일에 신실하였으니, 이제 내가 많은 일을 네게 맡기겠다'고 칭찬했다. 두 달란트를 가지고 두 달란트를 더 번 종에게도 같은 말로 칭찬했다. 칭찬의 내용은 '이제 많은 일을 네게 맡기겠다'는 것이다. 이는 분명히 성과급이다.

그러나 한 달란트를 관리한 종에게 주인은 '그 한 달란트를 빼앗아서 열 달란트를 가진 사람에게 주어라' 하고 말했다. 그는 '무노동'이었기 때문에 '무임금' 신세가 되었다.

포도원 주인 이야기는 '부지런한 사람에게는 보상이 따른다'는 것을 시사한다. 이는 기독교가 경쟁을 지지한다는 것을 뜻하기도 한다. 그래서 기독교는 세계종교가 되었다.

(7) "일하기를 싫어하는 사람은 먹지도 말라"

신약성경에서 노동 이야기는 바울의 이야기가 대부분을 차지한다. 바울은 '노동은 의무'라는 것을 자신의 생활 방식과 권면(勸勉)을 중심으로 강조했다. 바울은 "나는 양심에 거리끼는 것이 없습니다"(고전4:4)라고 고백하고, "필요한 것을 내 손으로 일해서 마련했다"고 강조했다.

• 바울은 고린도에서 복음을 전할 때 유대인 아굴라 부부의 집에 머물면서 그들과 같은 생업인 '천막 만드는 일'로 생계를 꾸렸다.(행18:1) 그러한 바울은 신약 여기저기서 '자기 손으로 일하라'고 강조했다.

• 바울은 로마 감옥에서 쓴 〈에베소서〉에서, 풍요를 누리면서도 영적인 거지로 살아가는 에베소교회의 신자들에게 '새로운 생활 규범'을 권면했다. 다음은 노동과 관련된 권면이다. "도둑질을 하는 사람은 다시는 도둑질을 하지 말고, 수고를 하여 제 손으로 떳떳하게 벌이를 하십시오. 그리하여 오히려 궁핍한 사람들에게 나누어 줄 것이 있도록 하십시오."(엡4:28)

• 바울은 마치 "왕이나 된 듯이 행세하는" 고린도교회의 교인들을 질타하면서, 복음 전도에 전력투구하는 자신과 동역자들을 이렇게 묘사했다. "우리는 바로 이 시각까지도 주리고, 목마르고, 헐벗고, 얻어맞고, 정처 없이 떠돌아다닙니다. 우리는 우리의 손으로 일을 하면서, 고된 노동을 합니다."(고전4:11-12)

• 바울은 3차 전도여행 중에 고린도에 머무는 동안 데살로니가교회를 세울 때 가졌던 즐거운 기억을 되살려 데살로니가교회에 편지를 썼다. 이 편지에서 바울은 하나님을 기쁘게 해드리는 생활의 하나로, '자

기 손으로 일할 것'을 권면했다. "우리가 여러분에게 명령한 대로, 조용하게 살기를 힘쓰고, 자기 일에 전념하고, 자기 손으로 일을 하십시오. 그리하여 아무에게도 신세를 지는 일이 없도록 해야 할 것입니다." (살전4:11-12)

● 바울은 데살로니가교회의 거짓 교사들의 잘못된 가르침을 경고하면서 교인들에게 노동에 관해 다음과 같이 부탁했다. "우리는 아무에게서도 양식을 거저 얻어먹은 일이 없고, 도리어 여러분 가운데서 어느 누구에게도 짐이 되지 않으려고 수고하고 고생하면서 밤낮으로 일하였습니다. 그것은, 우리에게 권리가 없어서가 아니라 우리 스스로가 여러분에게 본을 보여서 여러분으로 하여금 우리를 본받게 하려는 것입니다. 우리가 여러분과 함께 있을 때에 '일하기를 싫어하는 사람은 먹지도 말라' 하고 거듭 명하였습니다. … 또 권합니다. 조용히 일해서 자기가 먹을 것을 자기가 벌어서 먹도록 하십시오."(살후3:8-12)

● 바울은 힘써 일하면서 힘써 복음을 전했다. "나는 누구의 은이나 금이나 옷을 탐낸 일이 없습니다. 여러분이 아는 대로, 나는 나와 내 일행에게 필요한 것을 내 손으로 일해서 마련하였습니다. 나는 모든 일에서 여러분에게 본을 보였습니다."(행20:33-35)

이처럼 바울은 믿음과 행함이 일치한 전도자다. 바울은 '노동은 사람의 의무'라는 하나님의 가르치심을 철저하게 지킨 크리스천이다.

07

성경과 경제

구약과 신약에는 어떤 경제 이야기가 들어 있을까? 성경을 자세히 들여다보면, 오늘날 우리가 살아가면서 경험하게 되는 여러 가지 경제 이야기를 만나게 된다. 이들 경제 이야기는 무역, 화폐, 세금, 경쟁, 부당이익, 착취, 일자리, 이자, 경제체제, 다양한 시장 등에 관한 것들이다.

다룰 이야기는 다음과 같다.

(1) 자유무역으로 부유하게 된 도시 '두로'
(2) '요셉의 토지세 20%'는 현대 세율의 가이드라인일까?
(3) "시장에서 파는 것은 무엇이든지 먹어도 됩니다"
(4) "부당한 이익을 남기지 말라"
(5) 돈에 눈이 멀어 신정(神政)이 왕정(王政)으로 바뀌다
(6) 성경 속의 경제체제
(7) 토지의 희년제(禧年制)는 지켜졌을까?

(1) 자유무역으로 부유하게 된 도시 '두로'

시장(市場)은 하이에크 주장에 따르면, 국가가 탄생하기 전부터 '자생적으로(自生的, spontaneous)' 생겨났다. 고대 도시국가 '두로'의 시장이 이를 입증한다. 두로의 시장은 구약에 나오는 시장 가운데 가장 컸고, 약 2,650년 동안이나 존속했다. 이사야서는 두로의 시장을 이렇게 표현했다. "시홀의 곡식 곧 나일의 수확을 배로 실어 들였으니 두로는 곧 뭇 나라의 시장이 되었다."(사23:3) 이는 자유무역의 결과다.

• 두로는 기원전 2750년경 페니키아인들이 지중해 동쪽 해안의 도시국가 시리아에 세운 해변 도시로, 유명한 고대 도시 가운데 하나로 알려져 있다. 두로의 시장은 구약과 신약 여러 곳에 나온다. 예수는 전도하러 '두로와 시돈'에 들르셨다.

• 도시 두로는 자색 염료, 금속 세공, 유리 기구 등을 제조했고, 상업과 항해술이 발달하여 먼 곳과도 교역했으며, 큰 시장을 갖고 있어서 오래 동안 유럽의 무역 중심지였다. 두로가 이런 위상을 갖게 된 것은 당시의 무역체제가 국가 간에 규제가 없는 자유무역이었기 때문이다. 두로는 기원전 1200~900년경에 가장 융성했고, 기원전 332년 알렉산더 대왕에게 함락되었다가 기원전 1세기경 로마에 병합되어 역사 속으로 사라졌다.

• 이사야서와 에스겔서는 두로의 시장이 얼마나 컸는가를 보여준다. 당시 도시 두로와 교역했던 나라와 지역 이름을 현재 사용되고 있는 이름으로 바꿔 보면, 이는 아프리카 동북부의 에티오피아로부터 이집트와 스페인 남부를 거쳐 그리스, 아르메니아, 이라크, 아라비아 반도

등에 이른다. 참으로 넓은 지역이다.

• 두로와 교역한 나라와 지역의 상품은 참으로 다양하다.(겔27:12–24) 이를 정리하면 다음과 같다.

나일강 유역에서 생산된 곡물 등; 스페인에서 캐낸 광물 등; 그리스 등에서 온 노예와 놋그릇 등; 아르메니아에서 온 말, 군마, 노새 등; 북서 아라비아에서 온 뿔, 흑단 등; 시리아에서 온 남보석, 산호, 홍보석 등; 이스라엘에서 생산된 밀, 과자, 꿀, 기름, 유향 등; 다마스쿠스에서 온 포도주, 양털 등; 에티오피아에서 온 각종 향료, 각종 보석과 황금 등; 이라크에서 온 화려한 의복 등.

이 정도면 당시 두로가 얼마나 다양한 교역 상품과 큰 시장을 갖고 있었고, 얼마나 부유했는가를 알 수 있다. 이는 자유무역이 가져온 결과다.

• 그렇게 부유했던 두로도 결국 망하고 말았다. 왜 그랬을까? 선지자 에스겔이 두로를 놓고 부른 애가(哀歌) 내용이 답을 준다. "너는 지혜와 총명으로 재산을 모았고, 네 모든 창고에 금과 은을 쌓아 놓았다. 너는 무역을 해도 큰 지혜를 가지고 하였으므로 네 재산을 늘렸다. 그래서 네 재산 때문에 네 마음이 교만해졌다. … 물건을 사고파는 일이 커지고 바빠지면서 너는 폭력과 사기를 서슴치 않았다."(겔28:4–18)

• 물질적 풍요는 결국에는 '교만'을 불러오기 마련이다. 더군다나 두로는 '폭력과 사기'까지 동원해서 돈을 벌지 않았는가!

이러한 두로를 놓고, 예수는 기적을 행한 마을들이 회개하지 않으므로 이렇게 개탄하셨다. "심판 날에 두로와 시돈이 너희보다 더 견디기 쉬울 것이다."(마11:22)

(2) '요셉의 토지세 20%'는 현대 세율의 가이드라인일까?

구약과 신약 시대에도 국가가 존재했기 때문에 성경에 세금 이야기가 등장한다. 요셉이 이집트 총리가 되어 부과한 '토지세 20%'는 재미있는 이야기다. 세계는 지금 요셉이 토지에 부과한 '세율 20%' 수준으로 나아가고 있지 않은가 생각된다. 구사회주의 국가들이 시장경제로 전환한 후에 도입해 오고 있는 단일세율이 이런 생각을 갖게 한다.

형들에 의해 이집트 상인에게 팔려간 요셉에게 이집트 왕의 꿈을 해몽할 기회가 주어졌다. 요셉은 '칠 년 동안 풍년이 들고 이어 칠 년 동안 흉년이 든다'고 해몽했다. 요셉은 대비책까지 제시했다. "풍년이 계속되는 일곱 해 동안 이집트 땅에서 거둔 것의 오분의 일을 해마다 받아들이도록 하심이 좋을 듯합니다."(창41:34) 이 말을 들은 이집트 왕이 만족한 나머지 요셉을 이집트 총리로 임명했다. 요셉의 나이 30세.

요셉의 해몽대로 칠 년 동안 풍년이 이어지다가 칠 년 동안 흉년이 온 이집트를 강타했다. 백성들이 요셉에게 간청했다. "우리의 몸과 우리의 밭을 받고서 먹거리를 파십시오." 요셉은 이집트에 있는 밭을 모두 사서 왕의 것이 되게 했다. 요셉이 백성들에게 말했다. "내가 당신들의 몸과 당신들의 밭을 사서 왕에게 바쳤소. 여기에 씨앗이 있소. 당신들은 이것을 밭에 뿌리시오. 곡식을 거둘 때 거둔 것에서 오분의 일을 왕에게 바치고 나머지 오분의 사는 당신들이 가지시오."(창47:19-24) 요셉이 이렇게 이집트의 토지법, 곧 밭에서 거둔 것의 오분의 일을 왕에게 바치게 한 '토지세 20%'가 도입되었다.

오늘날 거의 모든 국가들은 누진소득세(累進所得稅)를 시행하고 있다.

누진소득세란 '부자가 상대적으로 더 많은 세금을, 가난한 사람이 상대적으로 더 적은 세금을 냄으로써' 소득불평등을 줄이는 데 기여한다고 일컫는 조세다.

그런데 밀튼 프리드먼은 누진소득세가 이론적으로는 소득불평등을 줄이는 데 도움이 되지만 현실적으로는 그렇지 않다고 평생 동안 주장했다.[26] 그 이유는 누진소득세는 너무 복잡하고, 조세협력 비용이 너무 많고, 높은 세율이 탈세나 조세회피 등을 유발하고, 투자보다 소비를 부추기기 때문이라는 것이다. 그래서 프리드먼은 누진소득세 대안으로 단일세를 제안했다.

단일세(單一稅, flat rate tax)란 부자에게나 가난한 사람에게나 똑같은 세율을 적용하는 비례세(比例稅)로, '부자가 상대적으로 더 적은 세금을, 가난한 사람이 상대적으로 더 많은 세금을' 내게 되어 소득불평등을 악화시키게 된다고 비판받는 조세다. 그런데도 프리드먼은 단일세 도입을 주장했고, 적정 단일세율은 미국의 경우 누진소득세로 걷는 세수(稅收)와 똑같은 세수를 보장해줄 수 있는 세율인 '17%~23%' 정도라고 제시했다.

그런데 많은 구사회주의 국가들은 시장경제로 전환한 후에 해외자본 유치를 위해 누진소득세를 버리고 단일세를 채택해 왔다. 이들 국가들의 단일세율은 그루지아의 12%에서 리투아니아의 33%로, 평균치는 20% 안팎이다. 프리드먼이 제시한 약 20%와 거의 비슷하다.

요셉이 부과한 토지세 20%는 약 3,850여 년 전의 이야기다. 구사회주의 국가들이 채택해 오고 있는 단일세 20% 수준이 요셉이 3,850여 년 전에 부과한 토지세 20%와 비슷하다는 점을 생각할 때 경제학도로서 놀라움을 금치 못한다.

(3) "시장에서 파는 것은 무엇이든지 먹어도 됩니다"

시장은 수요자와 판매자가 경쟁하는 곳이다. 수요자는 주어진 예산으로 더 좋은 물건을 사고 싶어 하고, 판매자는 주어진 비용으로 만든 상품을 더 많은 돈을 받고 팔고 싶어 한다. 친척도 아니고, 친구도 아니고, 실제로는 아는 사이도 아닌 사람들끼리 벌이는 이 같은 시장 거래에서 수요자들과 판매자들이 다 같이 원하는 것을 얻을 수 있으려면 시장에서는 '양심이 도덕의 바탕'이 되어야 한다. 시장에서 '사기'가 판을 친다면 시장은 존속할 수 없기 때문이다.

바울은 3차 전도여행 중에 고린도교회에 분쟁이 있다는 말을 듣고 고린도교회에 편지를 보냈다. 다음은 그 편지의 일부다.

"시장에서 파는 것은 양심을 위한다고 하여 그 출처를 묻지 말고 무엇이든지 다 먹으십시오. '땅과 거기에 가득 찬 것들이 다 주의 것'이기 때문입니다. 불신자들 가운데서 누가 여러분을 초대하여 거기에 가고 싶으면, 여러분 앞에 차려 놓은 것은 무엇이나 양심을 위한다고 하여 묻지 말고 드십시오. 그러나 어떤 사람이 여러분에게 '이것은 제사에 올린 음식입니다' 하고 여러분에게 말해 주거든, 그렇게 알려 준 사람과 그 양심을 위해서 먹지 마십시오."(고전10:25-28)

앞의 인용에서, "시장에서 파는 것은 양심을 위한다고 하여"를 보자. NIV성경에 따르면, 인용의 영어 표현은 "anything sold in the meat market without raising questions of conscience"로 되어 있다. 성경에는 '시장'으로 쓰여 있지만 이는 '고기시장'을 말한다.

고린도는 고대 그리스(주: 헬라)의 중요한 상업도시로, 상업과 무역이 발달했다. 고린도는 각종 사당과 신전으로 가득 차 있었고, 지중해 주변의 각종 제사가 행해진 곳이었다. 신전들 가운데 '사랑의 여신' 아프로디테 신전이 가장 유명했다. 이 신전에서는 1천 명의 '신성한 창녀'들이 거주하면서 신전매창(神殿賣娼)이 행해졌다. 바울 시대에 고린도의 인구는 약 70만 명이었는데, 그 가운데 3분의 2가 노예였다. 장애물이 이렇게 많았는데도 바울은 2차 전도여행 중에 고린도에 교회를 세웠다.

고린도에는 신전이 많아 신전에서 우상(偶像) 제사를 지낸 후 제사상에 오른 고기가 고기시장(meat market)에 나왔다. 이를 아는 기독교인들은 행여 우상 제사상에 오른 고기를 사먹는 것이 아닐까 염려되어 '양심에 거슬리지 않을까' 생각했다.(주: 성경은 이 대목을 "양심을 생각하여 묻지 않고"라고 어려운 표현을 쓰고 있다.) 이 문제를 놓고 바울은 "시장에서 파는 것은 양심을 위한다고 하여 그 출처를 묻지 말고 무엇이든지 다 먹으십시오"라고 편지에 썼다. 그 이유로, 바울은 "땅과 거기에 가득 찬 것들이 다 주의 것이기 때문"이라고 썼다.

그런데 이 대목을 읽을 때마다 경제학도인 나는 '바울이야말로 진정한 시장주의자가 아닐까' 감탄하곤 한다. 그 이유는, 만일 어떤 판매자가 양심을 속이고 우상 제사상에 오른 고기를 시장에 내다 팔다 들통이 나면 그 판매자는 시장에서 퇴출되고 말 것이기 때문이다. 이 점에서 바울은 진정한 시장주의자다.

바울은 '시장에서는 양심이 도덕의 바탕이 된다'는 것을 밝혀주었다. 시장에서 양심이 도덕의 바탕이 되지 않는다면 시장은 제 기능을 발휘할 수 없다. 시장에서 양심을 저버리고 속임수를 쓴다면 시장은 형성될 수 없기 때문이다.

(4) "부당한 이익을 남기지 말라"

성경은 경제·경영학 교과서다. 하나님이 모세에게 '부당한 이익을 삼갈 것'을 선포하라고 당부하셨다. 만일 세상의 모든 기업가가 하나님의 이 같은 말씀을 따른다면 세상은 어떤 모습일까?

하나님이 '부당한 이익을 삼갈 것'을 선포하라고 모세에게 말씀하셨다. 모세가 선포했다. "너희가 저마다 제 이웃에게 무엇을 팔거나, 또는 이웃에게서 무엇을 살 때에는 부당하게 이익을 남겨서는 안 된다. 네가 네 이웃에게서 밭을 사들일 때에는 희년에서 몇 해가 지났는지를 계산하여야 한다. 파는 사람은, 앞으로 그 밭에서 몇 번이나 더 소출을 거둘 수 있는지 그 햇수를 따져서 너에게 값을 매길 것이다. 소출을 거둘 햇수가 많으면 너는 값을 더 치러야 한다. 희년까지 남은 햇수가 얼마 되지 않으면 너는 값을 깎을 수 있다. 그가 너에게 실제로 파는 것은 거기에서 거둘 수 있는 수확의 횟수이기 때문이다."(레25:14-16)

성경의 '부당한 이익'이란 어떤 것일까? 먼저 '부당한 이익'을 측정하는 기준을 보자. 그것은 '희년(禧年, jubilee)'이다. '희년은 안식년이 일곱 번 지나 50년째가 되는 해'다.(레25: 8-10) 따라서 희년에서 20년이 지난 시점에서 밭을 살 때는 29년 동안 소출을 더 얻을 수 있기 때문에 이를 기준으로 값을 지불하면 부당 이익이 없다는 것이다.

성경은 또 왜 거래에서 '부당한 이익을 삼가야 하는가'도 밝혀준다. "너희는 서로 이웃에게서 부당하게 이익을 남기려고 해서는 안 된다. …. 너희는 내가 세운 규례를 따라서 살고, 내가 명한 법도를 지켜서 그대로 하여야 한다. 그래야만 그 땅에서 너희가 안전하게 살 수 있을 것

이다."(레25:17-19)

현대적인 의미에서 부당한 이익은 어떻게 발생할까?

생산업자는 돈을 벌기 위해 원료 값을 지불하여 원료를 구입하고, 임금을 지불하여 노동을 구입하고, 이자를 지불하여 자본(주: 기계 등 설비)을 취득하고, 임대료를 지불하여 건물이나 토지를 취득한다. 이처럼 계산하면 생산에 들어간 비용이 모두 포함된다. 그러나 생산비용은 이것으로 끝나는 것이 아니다. 현대경제학은 '경영'을 생산요소로 보는데, 그 대가가 곧 이윤이다. 따라서 이윤까지 계산해야만 생산비용은 모두 포함된다.

그런데 여기에서 꼭 알아두어야 할 것이 있다. 원료 값, 임금, 이자, 임대료 결정에서는 어떤 원리가 바탕이 되지만 이윤 결정에서는 어떤 원리도 바탕이 되지 않는다는 점이다. 이윤은 총매출액에서 총비용을 빼고 남는 액수다. 이윤은 '정상이윤'이라는 말로 표현되는 경우가 있는데, 이는 생산업자가 '부당하게 이윤을 챙기지 않는다'는 뜻이다.

그러면 현대경제에서 '부당한 이익'은 어떻게 발생할까? 이는 생산자가 '정상이윤'보다 더 많이 챙기는 경우다. 생산업자가 상품 값을 슬쩍 올려 매출액수를 부풀리거나, 임금을 적게 주어 이윤을 올리거나, 여러 가지 수단을 동원하여 원료 값이나 이자나 임대료를 적게 주어 이윤을 올리는 경우다.

부당한 이익이 발생하지 않게 하기 위해서는 정부가 공정거래법 등을 도입한다. 또 시장 정보가 완벽하면 경쟁이 부당한 이윤을 억제할 수 있다. 그런데 성경은 생산업자에게 '부당한 이윤을 올리지 말라'고 권면한다. 이는 가능할까?

(5) 돈에 눈이 멀어 신정(神政)이 왕정(王政)으로 바뀌다

하찮은 사건이 빌미가 되어 큰 사건이 일어나는 경우가 있다. 1차 세계대전이 그렇다. 오스트리아·헝가리 제국의 황태자 부부가 1914년 6월 28일 보스니아 사라예보의 한 샛길로 차를 잘못 몰고 들어갔다가 세르비아 청년에게 암살당했다. 이 사건으로, 피비린내 나는 1차 세계대전이 일어나게 되었다.

이스라엘 역사에서도 하찮은 사건이 빌미가 되어 4백여 년 동안 지속되었던 사사(師士) 중심의 신정통치가 왕정통치로 바뀌게 되었다.

마지막 사사 사무엘이 늙어 사사 역할을 감당하기 어렵게 되자 두 아들들을 사사로 세웠다. '그들은 아버지의 길을 따라 살지 않고 돈벌이에만 정신이 팔려 뇌물을 받고 재판을 치우치게 했다.'(삼상8:3)

사무엘의 스승 사사 엘리도 비슷한 경험을 했다. 엘가나라는 사람의 아내 한나는 자녀가 없었다. 그는 하나님에게 아들을 달라고 열심히 기도했다. 사무엘이 태어났다. 한나는 사무엘을 "나실인²⁷⁾으로 바치겠다"고 서원했다.(삼상1:22) 한나는 사무엘이 젖을 떼자마자 사사 엘리에게 맡겼다. 어린 사무엘은 엘리 곁에서 하나님을 섬겼다. 어느 날 하나님이 사무엘에게 나타나셨다. "엘리는 자기 아들들이 스스로 저주받을 일을 하는 줄 알면서도 자식들을 책망하지 않았다. 그 죄를 그는 이미 알고 있다. 그래서 나는 그의 집을 심판하여 영영 없애 버리겠다."(삼상3:13) 엘리의 아들들은 제사 고기를 삶고 있으면 갈고리로 찔러 제사장의 몫으로 가져갔고, 회막 어귀에서 일하는 여인들과 동침까지 하는 등 개망나니 노릇을 했다. 설상가상으로 엘리가 모시고 있던 언약궤가 블레셋 사람들에게 빼앗겼다.[28] 이 일로 엘리는 의자에서 뒤로 넘어져, 목이 부러져 죽었다.

엘리가 죽자 사무엘이 이스라엘을 다스렸다. 그는 해마다 베델과 길 갈과 미스바 지역을 돌면서, 그 곳에서 이스라엘 사람들의 분쟁을 중재했다. 사무엘이 늙자 그는 아들들을 이스라엘 사사로 세웠다. 그러나 그 아들들은 아버지의 길을 따라 살지 않고, 돈벌이에만 정신이 팔려 뇌물을 받고 재판을 치우치게 했다.

그러자 이스라엘의 모든 장로들이 사무엘을 찾아가 건의했다. "어른 께서는 늙으셨고, 아드님들은 어른께서 걸어오신 그 길을 따라 살지 않 습니다. 그러므로 이제 모든 이방 나라들처럼 우리에게 왕을 세워 주셔 서, 왕이 우리를 다스리게 하여 주십시오."(삼상8:5) 모세는 일찍이 광야 생활에서 "왕을 세우고 싶다는 생각이 들거든 겨레 가운데서 한 사람 을 왕으로 세우라"고 이스라엘 자손에게 언질을 주었었다.(신17:14-15)

사무엘은 왕을 세워달라는 장로들의 말에 마음이 상해 하나님에게 기도드렸다. 하나님이 말씀하셨다. "백성이 너에게 한 말을 다 들어 주 어라. 그들이 너를 버린 것이 아니라 나를 버려서 자기들의 왕이 되지 못하게 한 것이다."(삼상8:7) 이렇게 해서 제비뽑기를 통해 사울이 이스 라엘 최초의 왕으로 뽑혔다.

사무엘의 잘못된 두 아들들이 '돈벌이에만 정신이 팔려 뇌물을 받고 재판을 치우치게 한 하찮은 사건'이 4백여 년 동안 이어져 오던 이스라 엘의 신정통치를 왕정통치로 바꾸게 한 것이다.

(6) 성경 속의 경제체제

경제체제는 흔히 시장경제, 혼합경제, 계획경제로 나뉜다. 시장경제는 '저절로 만들어진 것'으로, 사람들이 자신들의 목표를 이룩하기 위해 자유롭게 활동하는 경제체제다. 계획경제는 사회주의경제처럼 '계획된 것'으로, 사람들이 집단주의 목표를 이룩하기 위해 계획에 따라 활동하는 경제체제다. 혼합경제는 '시장경제에다 계획경제를 혼합한' 경제체제다.

그러면 신·구약시대의 경제체제는 어떤 체제였을까? 신·구약에는 '장터(marketplace)' 뜻을 가진 시장(마23:7, 막6:56, 막12:38, 눅11:43)을 비롯하여 여러 종류의 시장이 나온다.

• 노동시장. 예수의 '포도원의 품꾼' 비유에, "자기 포도원에서 일할 일꾼을 고용하려고 이른 아침에 집을 나선 어떤 포도원 주인" 이야기가 나온다. 포도원 주인은 어디로 갔을까? 노동시장, 요즘 말로 '인력시장'으로 갔을 것이다. 구약시대에는 돈을 주고 종을 샀는데(출12:44), 종은 어디서 샀을까? 역시 인력시장이었을 것이다.

• 자본시장. 이자 이야기는 당시에 자본시장이 있었음을 시사한다. (출22:25, 신23:19-20, 잠28:8, 겔18:8-17, 느5:1-13, 시15:5, 눅19:23). 이자 이야기는 당시에도 대부업자(貸付業者)가 있었음을 시사한다. 그런데 이자에 관해 성경은 "가난하게 사는 나의 백성에게 돈을 꾸어 주었으면 이자를 받아서는 안 된다"(출22:25)라고 대부분 부정적인 입장이다. "어찌하여 내 은화를 은행에 예금하지 않았느냐?"(눅19:23)고 한 예수의 '열 므나의 비유'에서는 '은행' 용어도 나온다.

• 상품시장. 바울은 고린도에 보낸 편지에서 "시장에서 파는 것은 무엇이든지 다 먹으십시오"(고전10:25)라고 썼는데, 이 '시장'은 '고기시장'(meat market)으로 당시에는 상품시장이 있었다는 확실한 증거다. 구약시대에 대표적인 상품시장은 3천여 년 동안 국제무역의 중심 역할을 한 '두로'의 시장이다.

• 당시에도 시장규제가 있었을까? 신·구약시대에는 이집트, 시리아, 아테네, 그리스, 로마, 페르샤, 마케도니아 등 여러 형태의 국가가 있었다. 이들 국가는 세금을 거두었다. 그런데 성경을 보면, 세금은 있었지만 수입세(輸入稅)에 해당하는 관세(關稅)는 없었던 것 같다. 로마서 13:7에 나오는 '관세'는 오역으로 판단된다.[29] 신·구약시대에는 국제무역이 규제가 없는 자유무역체제로 이루어졌다고 판단된다.

• 신·구약시대에는 돈도 사용되었다. 성경에서 돈은 '문제 해결사, 보호자, 아무리 많이 벌어도 만족하지 못하는 것(전10:19, 6:12; 5; 10), 돈 사랑은 악의 뿌리(딤전6:10), 유다는 돈 도둑'(요12:6) 등으로 언급되었다.

• 성경에 나오는 세겔, 달란트, 데나리온, 드라크마 등은 화폐 이름이 아니라 계산에 쓰인 단위다. 신·구약시대에는 은이 일반 거래에서 화폐로 사용되었다. 신약시대에는 주로 그리스, 로마 화폐가 사용되었고, 주조(鑄造)화폐는 바빌로니아 포로가 된 후에 사용된 페르샤 화폐였다. 그리스, 로마 화폐가 국제적으로 사용되었다는 사실은 당시의 시장이 자유시장이었음을 시사한다.

이 같은 근거로, 기독교는 출발부터 시장경제를 지지했다고 말할 수 있다.

(7) 토지의 희년제(禧年制)는 지켜졌을까?

기독교에서 하나님의 말씀이 한 번도 지켜지지 않은 경우가 '토지의 희년제'가 아닐까? 그렇다면 토지에서 희년제가 지켜지지 않은 이유는 인간의 탐욕 때문이라고 볼 수는 없을까?(레25:2–28)

하나님이 시내 산에서 토지에 관해 모세에게 말씀하셨다.

"내가 너희에게 주기로 한 그 땅으로 너희가 들어가면, 나 주가 쉴 때에 땅도 쉬게 하여야 한다. 여섯 해 동안은 너희가 너희 밭에 씨를 뿌려라. 여섯 해 동안은 너희가 포도원을 가꾸어 그 소출을 거두어라. 그러나 일곱째 해에는 나 주가 쉬므로 땅도 반드시 쉬게 하여야 한다. …. 이것이 땅의 안식년이다."

"안식년을 일곱 번 세어라. 칠 년이 일곱 번이면, 안식년이 일곱 번 지나 사십구 년이 끝난다. 너희는 오십 년이 시작되는 이 해를 거룩한 해로 정하고, 전국의 모든 거민에게 자유를 선포하여라. 이 해는 너희가 희년으로 누릴 해이다. 이 해는 너희가 유산, 곧 분배받은 땅으로 돌아가는 해이며, 저마다 가족에게로 돌아가는 해이다. 오십 년이 시작되는 해는 너희가 희년으로 지켜야 하는 해이다. …."

"너희가 저마다 제 이웃에게 무엇을 팔거나, 또는 이웃에게서 무엇을 살 때에는, 부당하게 이익을 남겨서는 안 된다. 네가 네 이웃에게서 밭을 사들일 때에는, 희년에서 몇 해가 지났는지를 계산하여야 한다. 파는 사람은 앞으로 그 밭에서 몇 번이나 더 소출을 거둘 수 있는지, 그 햇수를 따져서 너에게 값을 매길 것이다. …."

"땅을 아주 팔지는 못한다. 땅은 나의 것이다. 너희는 다만 나그네이며, 나에게 와서 사는 임시 거주자일 뿐이다. 너희는 유산으로 받은 땅 어디에서나 땅 무르는 것을 허락하여야 한다. 네 친척 가운데 누가 가난하여 그가 가진 유산으로 받은 땅의 얼마를 팔면, 가까운 친척이 그 판 것을 무를 수 있게 하여야 한다. 그것을 무를 친척이 없으면, 형편이 좋아져서 판 것을 되돌려 살 힘이 생길 때까지 기다려야 한다. 판 땅을 되돌려 살 때에는, 그 땅을 산 사람이 그 땅을 이용한 햇수를 계산하여 거기에 해당하는 값을 빼고, 그 나머지를 산 사람에게 치르면 된다. 그렇게 하고 나면, 땅을 판 그 사람이 자기가 유산으로 받은 그 땅을 다시 차지한다. 그러나 그가 그 땅을 되돌려 살 힘이 없을 때에는, 그 땅은 산 사람이 희년이 될 때까지 소유한다. 희년이 되면, 땅은 본래의 임자에게 되돌아간다. 땅을 판 사람은, 그 때에 가서야 유산 곧 분배받은 그 땅을 다시 차지할 수 있다."

이처럼 하나님이 땅에 관해 모세에게 하신 말씀을 요약한다. 첫째, 땅도 일곱째 해에는 안식년을 가져야 한다. 둘째, 땅의 희년은 안식년이 일곱 번 지난 후 오십년 째 되는 해다. 셋째, 땅은 하나님의 것이어서 아주 팔지는 못한다. 넷째, 가난하여 땅을 팔았을 경우에도 땅은 본래 유산으로 받은 것이기 때문에 희년이 되면 본래의 임자가 다시 차지하게 된다.

그러면 이스라엘 자손과 기독교인들은 토지의 희년을 지켰고, 땅을 하나님의 것이라 믿고 나그네로 살았을까? 그런 이야기는 성경 어디에도 없다. '토지 희년에 관한 하나님의 명령'은 한 번도 실행되지 않았다고 한다.[30] 인간의 탐욕 때문이리라.

08

성경은 '세상 사람들 이야기 책'

성경은 세상 어디에나 있을 수 있는 이야기들로 가득 차 있다. 성경은 불교의 불경이나 공자사상의 논어가 보여주는 교훈과는 달리, 대부분 '세상 사람들 이야기'로 가득 차 있다.

목사들이나 신부들이나 신학자들은 성경 속의 '세상 사람들 이야기'에서 어떤 영적 교훈을 끌어낸다. 그래서 '세상 사람들 이야기 책' 성경은 '재미있는 책'이다.

14가지 이야기를 간추렸다.

(1) 예수의 지혜로우신 답변

(2) "오늘 밤에 너희는 모두 나를 버릴 것이다"

(3) 선한 사마리아인 이야기

(4) 다윗, 아들들이 많아 두 차례나 '왕자의 난'에 시달리다

(5) 솔로몬이 하나님 말씀을 거역하여 이스라엘이 망하다

(6) "나라를 되찾아 주실 때가 바로 지금입니까?"

(7) "사울아, 사울아, 네가 어찌하여 나를 핍박하느냐?"

(8) "주 예수님, 내 영혼을 받아주십시오": 스데반 순교자

(9) 삼손과 들릴라

(10) "너희는 나의 권능을 신뢰하지 않았다": 모세가 받은 벌

(11) "그들은 우리의 밥입니다": 갈렙의 용기

(12) 예수의 계보에 오른 네 여자

(13) 소돔과 고모라: 악과 타락의 표본

(14) 모세의 기도

(1) 예수의 지혜로우신 답변

　예수는 전도하라고 열두 제자를 파송하시면서 이렇게 당부하셨다. "너희는 뱀 같이 슬기롭고, 비둘기 같이 순진하라."(마10:16) 실제로 예수는 늘 '지혜로우신 답변'으로 사람들을 놀라게 하셨다.

　● 예수는 요한에게 세례를 받으신 후 얼마 있다가 광야에서 악마에게 시험을 받으셨다.(마4:1-11)

　악마: (40일 동안 금식하신 예수에게) "네가 하나님의 아들이거든 이 돌들에게 빵이 되라고 말해 보아라."

　예수: "성경에, '사람이 빵으로만 살 것이 아니라 하나님의 입에서 나오는 모든 말씀으로 살 것이다' 하였다."

　악마: (예수와 함께 성전 꼭대기로 가서) "네가 하나님의 아들이거든 여기에서 뛰어내려 보아라."

　예수: "성경에 '주 너의 하나님을 시험하지 말라' 하였다."

　악마: (예수와 함께 높은 산으로 가서) "네가 나에게 엎드려 절을 하면 이 모든 것을 네게 주겠다."

　예수: "사탄아 물러가라. 주 너의 하나님께 경배하고, 그분만을 섬겨라."

　이 때 사탄이 떠나가고, 천사들이 와서 예수를 시중들었다.

　● 바리새인들이 예수를 올무에 걸려고 트집을 잡았다.(마22:15-22)

　바리새인들: "황제에게 세금을 바치는 것이 옳습니까, 옳지 않습니까?"

　예수: (세금으로 내는 돈을 가져오게 하신 뒤) "이 초상은 누구의 것이며, 적

힌 글자는 누구를 가리키느냐? …. 황제의 것은 황제에게 돌려주고, 하나님의 것은 하나님께 돌려드려라."

- 예수는 간음한 여자를 정죄하려는 사람들에게 말씀하셨다.

바리새인들: "이 여자가 간음을 하다가 현장에서 잡혔습니다. 모세는 율법에, 이런 여자를 돌로 쳐서 죽이라고 우리에게 명령하였습니다. 선생님은 이 일을 놓고 뭐라고 하시겠습니까?"

예수: "너희 가운데 죄가 없는 사람이 먼저 이 여자에게 돌을 던져라."

사람들은 나이가 많은 사람부터 하나 둘씩 돌아가고, 예수와 간음한 여자만 달랑 남았다.

- 바리새인이 예수가 안식일에 병 고치시는 것을 꼬집었다.(마12:11-12)

바리새인: "안식일에 병을 고쳐도 괜찮습니까?"

예수: "양이 안식일에 구덩이에 빠지면 그것을 잡아 끌어올리지 않을 사람이 어디에 있겠느냐?"

- 바리새인들이 예수의 제자들에게 물었다.(마9:11-13)

바리새인: "어찌하여 당신네 선생은 세리와 죄인과 어울려서 음식을 드시오?"

예수: "건강한 사람에게는 의사가 필요하지 않으나 병든 사람에게는 필요하다. …. 나는 의인을 부르러 온 것이 아니라 죄인을 부르러 왔다."

(2) "오늘 밤에 너희는 모두 나를 버릴 것이다"

'최후의 만찬'을 마치고 예수는 제자들과 함께 찬송을 부르시며 올리브 산으로 올라가셨다. 그 때 예수가 제자들에게 말씀하셨다. "오늘 밤에 너희는 모두 나를 버릴 것이다."(마26:30-31) 제자들은 어떻게 했을까?

베드로: (예수의 말씀이 끝나자마자) "비록 모든 사람이 주님을 버릴지라도 나는 절대로 버리지 않겠습니다."

예수: "내가 진정으로 네게 말한다. 오늘 밤에 닭이 울기 전에 네가 세 번 나를 모른다고 할 것이다."

베드로: "주님과 함께 죽는 한이 있을지라도 절대로 주님을 모른다고 하지 않겠습니다."

다른 제자들도 모두 그렇게 말했다. 예수는 겟세마네로 기도하러 가셨다. …. 예수는 겟세마네에서 세 번째 기도를 마치시고 제자들에게로 오셨다.

예수: "때가 이르렀다. 인자가 죄인들의 손에 넘어간다."

그 때 열두 제자 가운데 하나인, 예수를 판 유다가 왔다. 대제사장들과 장로들이 보낸 무리가 칼과 몽둥이를 들고 유다와 함께 왔다. 유다가 어둠 속에서 예수에게 입을 맞추자 그들은 예수를 붙잡았다. 그 때 베드로가 칼을 빼어 대제사장의 종의 귀를 잘라버렸다.(요18:10) 예수가 그의 귀를 붙여주셨다.(눅22:51) 예수가 베드로에게[31] 말씀하셨다.(마26:52)

예수: "네 칼을 칼집에 도로 꽂아라. 칼을 쓰는 사람은 모두 칼로 망한다." 이어 예수는 자기를 잡으러 온 무리에게 말씀하셨다. "너희는 강도에게 하듯이, 칼과 몽둥이를 들고 나를 잡으러 왔느냐?"(마26:55)

그 때 제자들은 모두 예수를 버리고 달아났다.

예수를 잡은 사람들은 그를 대제사장 가야바에게로 끌고 갔다. 그들은 예수를 사형에 처할 수 있는 증거를 가까스로 찾아냈다. 그들은 "예수의 얼굴에 침을 뱉고, 주먹으로 치고, 손바닥으로 때리기도 했다."(마 26:67)

베드로는 멀찍이 떨어져서 예수를 뒤따라 대제사장의 집 안마당까지 갔다. 베드로가 뜰 안 바깥쪽에 앉아 있었는데, 한 하녀가 다가왔다.

하녀: "당신도 갈릴리 사람 예수와 함께 다닌 사람이네요."

베드로: (여러 사람 앞에서) "나는 네가 무슨 말을 하는지 모르겠다." 베드로가 대문 있는 데로 나갔다.

하녀: "이 사람은 나사렛 예수와 함께 다니던 사람입니다."

베드로: "나는 그 사람을 알지 못하오."

조금 뒤에 사람들이 베드로에게 다가왔다.

어떤 사람: "당신은 틀림없이 그들과 한패요. 당신의 말씨를 보니 당신이 누군지 분명히 드러나오."

베드로: (저주하고 맹세하면서) "나는 그 사람을 알지 못하오."(마27:69~75)

그러자 곧 닭이 울었다. 베드로는 "닭이 울기 전에 네가 나를 세 번 모른다고 할 것이다"고 하신 예수의 말씀이 생각나서 바깥으로 나가 몹시 울었다.

4복음서의 이 이야기는 모두 비슷하다. 예수를 버리고 도망간 제자들, "죽는 한이 있어도" 예수를 부인하지 않겠다고 큰 소리 친 베드로, 그들은 인간이기에 그렇게 했을 것이다.

(3) 선한 사마리아인 이야기

예수는 쉴 새 없이 이곳저곳 다니시며 전도하시고, 가르치시고, 병 낫게 하시고, 사람들을 먹이셨다. 그런 과정에서 한 율법교사가 예수를 시험하여 질문했다.(눅10:25-37)

율법교사: "선생님, 내가 무엇을 해야 영생을 얻겠습니까?"

예수: "율법에 무엇이라고 기록하였으며, 너는 그것을 어떻게 읽고 있느냐?"

율법교사: "'네 마음을 다하고, 네 목숨을 다하고, 네 힘을 다하고, 네 뜻을 다하여 주 너의 하나님을 사랑하라' 하였고, 또 '네 이웃을 네 몸 같이 사랑하라' 하였습니다."

예수: "네 대답이 옳다. 그대로 행하여라. 그러면 살 것이다."

율법교사: "그러면 내 이웃이 누구입니까?"

예수: "어떤 사람이 예루살렘에서 여리고로 내려가다가 강도들을 만났다. 강도들이 그 옷을 벗기고 때려서 거의 죽게 된 채로 내버려두고 갔다. 마침 어떤 제사장이 그 길로 내려가다가 그 사람을 보고 피하여 지나갔다. 이와 같이, 레위 사람도 그 곳에 이르러서 그 사람을 보고 피하여 지나갔다. 그러나 어떤 사마리아인은 길을 가다가 그 사람이 있는 곳에 이르러, 그를 보고 측은한 마음이 들어서 가까이 가서 그 상처에 올리브기름과 포도주를 붓고 싸맨 다음에 자기 짐승에 태워서 여관으로 데리고 가서 돌보아주었다. 다음날, 그는 두 데나리온을 꺼내어 여관 주인에게 주고 말하기를 '이 사람을 돌보아 주십시오. 비용이 더 들면 내가 돌아오는 길에 갚겠습니다' 하였다. 너는 이 세 사람 가운데

누가 강도 만난 사람에게 이웃이 되어 주었다고 생각하느냐?"

　율법교사: "자비를 베푼 사람입니다."

　예수: "가서, 너도 이와 같이 하여라."

　'선한 사마리아인'은 '남에게 사랑을 베푼 사람'이라는 뜻으로 통한다. 그런데 당시 유대인은 사마리아인을 개처럼 취급했고, 상종도 하지 않았다.(이는 성경에 쓰여 있다.(요4:9)) 베드로를 만난 고넬료는 '유대인이 이방인을 사귀는 것은 불법'이라는 말도 했다.(행10:28)

　이스라엘은 기원전 913년 솔로몬의 아들 르호보암 왕 때 남북으로 나뉘었다. 10지파로 구성된 북왕국 이스라엘은 기원전 722년 아시리아에 정복당했다. 아시리아는 많은 이스라엘인들을 죽이거나 추방하고, 외국인들을 끌어들여 그 지역에서 살게 했다. 이 외국인들이 그곳에 남아 있던 이스라엘인들과 결혼하여 '혼혈인(混血人)'을 낳았는데, 이들은 이스라엘의 신뿐만 아니라 외국의 신들도 섬겼다. 이들은 북왕국 이스라엘의 수도 '사마리아' 이름을 따서 '사마리아인'으로 불렸다.

　유다와 베냐민 두 지파로 구성된 남왕국 이스라엘의 유대인들은 순혈주의(純血主義)를 지켰다. 그들은 순혈주의를 지키지 않은 사마리아인들을 개처럼 취급했고, 이들을 싫어한 나머지 중앙 지역에 위치한 사마리아를 멀리 돌아서 다닐 정도였다.

　이런 처지에서 강도당해 버려진 사람을 보고, 믿음이 좋은 제사장과 레위인은 모른 체하며 지나쳤으나 '개처럼 취급받던' 사마리아인은 끝까지 돌봐주었으니, '개 같은 사마리아인'이 '선한 사마리아인'으로 대접 받지 않았겠는가!

(4) 다윗, 아들들이 많아 두 차례나 '왕자의 난'에 시달리다

다윗은 8명의 아내로부터 19명의 아들과 1명의 딸을 두었다. 아히노암이 낳은 맏아들 암논, 마아가가 낳은 셋째 아들 압살롬, 학깃이 낳은 넷째 아들 아도니야가 '왕자의 난'의 주역들이다.

압살롬에게는 친남매인 다말이라는 미혼의 아름다운 누이가 있었다.(삼하13:1) 맏아들 암논이 이복누이 다말을 사랑한 나머지 그만 상사병(相思病)에 걸리고 말았다. 암논의 교활한 친구가 꾀를 냈다. 암논이 교묘하게 다말을 침상으로 끌어들여 억지로 욕보였다. 이 이야기를 듣고 다윗은 몹시 분개했다. 압살롬은 잠자코 복수할 계획을 세웠다.

이 년 후 어느 날 압살롬은 양털 깎는 곳으로 왕자들을 모두 초대했다. 압살롬은 암논도 참석시켜 달라고 왕에게 졸랐다. 왕이 허락했다. 압살롬은 부하들에게 "암논이 술을 마시고 기분이 좋아질 때를 잘 지켜" 죽이라고 지시했다. 계획이 성공했다. 이 이야기를 듣고 다윗은 "자리에서 일어나 입고 있는 옷을 찢고 방바닥에 누워 버렸다." 그 사이 압살롬은 도망쳐 버렸다.

다윗은 맏아들 암논을 잃은 충격에서 벗어났고, 압살롬을 보고 싶은 마음이 간절해졌다. 이를 눈치 챈 요압 장군이 꾀를 내어 압살롬을 데려왔다. 그러나 다윗은 단호했다. "그를 집으로 돌아가게 하여라. 그러나 내 얼굴은 볼 수 없다."(삼하14:24)

압살롬은 예루살렘으로 돌아와 두 해를 보냈는데도 왕을 만나지 못해 화가 났다. 압살롬이 요압 장군에게 항의했다. "여기에서 이렇게 살 바에야 차라리 그 곳에 그대로 있는 것이 더 좋을 뻔했소."(삼하15:32) 어렴사리 압살롬이 왕을 만나게 되었다. 그 후 압살롬은 반란을 계획했다. 그는 아침마다 성문 길 가에 서서 왕을 찾아오는 사람들에게 '백성들의 사정을 왕에게 말해줄 사람이 없다'며 반란을 선동했다. 압살롬이 이렇게 4년을 보냈다.

압살롬은 왕의 허락을 받아 헤브론으로 갔다. 그는 헤브론에서 이스라엘의 모든 지파에게 첩자(諜者)들을 보내 나팔 소리가 나거든 "압살롬이 헤브론에서 왕이 되었다!" 하고 외치라고 시켰다. 반란 세력이 커지고 따르는 백성도 점점 많아졌다.

위험을 느낀 다윗은 왕궁을 지킬 후궁 몇 명만 남겨두고 예루살렘을 떠났다. 다윗은 올리브 산언덕으로 도망가면서 계속해서 울었다.

압살롬과 다윗 간에 전투가 치열하게 벌어졌다. 압살롬이 전투에서 패해 죽고 말았다. 압살롬의 죽음을 전해 듣고 다윗은 통곡했다. "내 아들 압살롬아, 내 아들아, 내 아들 압살롬아, 너 대신에 차라리 내가 죽을 것을, 압살롬아, 내 아들아, 내 아들아!"(삼하18:33)

다윗의 애도(哀悼)에 착안해 미국의 소설가 윌리엄 포크너가 『압살롬, 압살롬』이라는 소설을 썼다.

다윗은 말년에 왕권을 인계하지 않고 있다가 넷째 아들 아도니야가 일으킨 '왕자의 난'도 겪었다.

정주영 회장 사후 현대그룹이 겪은 '왕자의 난', 이성계가 겪은 '왕자의 난'–둘 다 아들이 많아 일어난 사건들이다. 다윗도 아들들이 많아 '왕자의 난'에 시달렸다.

(5) 솔로몬이 하나님 말씀을 거역하여 이스라엘이 망하다

솔로몬은 '지혜로운 왕'으로 잘 알려져 있다. 하나님이 솔로몬의 꿈에 나타나 "내가 너에게 무엇을 주기를 바라느냐?" 하고 물으시자 솔로몬은 '지혜로운 마음'을 요구했다. 하나님이 말씀하셨다. "네게 지혜롭고 총명한 마음을 준다. 너와 같은 사람이 네 앞에도 없었고, 네 뒤에도 없을 것이다."(왕상3:12) 그러한 솔로몬이 말년에 하나님의 말씀을 따르지 않아 이스라엘을 망하게 만들었다. 솔로몬이 치매에 걸렸을까?

솔로몬의 지혜는 '솔로몬의 재판'으로 묘사된다.(왕상3:16-28) 다윗은 성전 건축을 계획했지만 하나님은 다윗이 전쟁 하느라 피를 많이 흘렸다며 성전 건축을 다윗의 아들 솔로몬에게 넘기셨다. 솔로몬은 통치 4년째에 성전 건축을 시작하여 11년째에 완공했다.(왕상6:37-38) 그리고 나서 솔로몬은 주의 언약궤를 성전으로 옮겼다.

솔로몬이 성전과 왕궁 짓기를 마치자 하나님이 기브온에서 '지혜를 주신' 후 두 번째로 꿈에 나타나셨다. "너는 내 앞에서 네 아버지 다윗처럼 살아라. 그리하여 내가 네게 명한 것을 실천하고, 내가 네게 준 율례와 규례를 온전한 마음으로 올바르게 지켜라. …. 이스라엘을 다스릴 네 왕좌를 영원히 지켜 주겠다. 그러나 다른 신들을 숭배하면 나는 내가 준 그 땅에서 이스라엘을 끊어 버릴 것이다."(왕상9:1-7)

솔로몬은 외국 여자들을 좋아했다. 그는 많은 외국 여자들을 후궁으로 맞아들였다. 하나님이 일찍이 이방 민족을 두고 이스라엘 자손에게 경고한 일이 있었다. "너희는 그들과 결혼을 하고자 해서도 안 되고, 그들이 청혼하여 오더라도 받아들여서는 안 된다. 분명히 그들은 너희의 마음을, 그들이 믿는 신에게로 기울어지게 할 것이다."(왕상11:1-2) 그런데도 솔로몬은 외국 여자들을 좋아했으므로 마음을 돌리지 못했다. 솔로몬은 자그마치 700명의 후궁과 300명의 첩을 두었는데(왕상11:3), 그가 늙자 그 아내들이 그를 꾀어 다른 신들을 따르게 했다. 솔로몬은 예루살렘 동쪽 산에 산당을 짓고, 암몬 자손의 혐오스러운 우상을 섬겼다. 솔로몬은 외국인 아내들이 하자는 대로 그들의 신들에게 향을 피우며 제사를 지냈다.

이처럼 솔로몬의 마음이 하나님을 떠났으므로 하나님이 진노하셨다. 하나님은 두 차례나 솔로몬의 꿈에 나타나 다른 신들을 따라가지 말라고 나무라셨지만 솔로몬은 듣지 않았다. 드디어 하나님이 솔로몬에게 말씀하셨다. "네가 이러한 일을 하였고, 내 언약과 내가 너에게 명령한 내 법규를 지키지 아니하였으니 내가 반드시 네게서 왕국을 떼어서 네 신하에게 주겠다. 다만 네가 사는 날 동안에는 네 아버지 다윗을 보아서 그렇게 하지 않겠지만 네 아들 대에 이르러서는 내가 이 나라를 갈라놓겠다."(왕상11:3-12)

하나님의 말씀대로, 솔로몬이 죽자 이스라엘은 남과 북으로 나뉘어 북쪽 열 지파는 솔로몬의 신하 여로보함이, 남쪽 두 지파는 솔로몬의 아들 르호보암이 다스리다가 결국에는 둘 다 망하고 말았다. 지혜로운 솔로몬이 왜 하나님의 말씀을 따르지 않았을까? 솔로몬이 치매에 걸렸을까?

(6) "나라를 되찾아 주실 때가 바로 지금입니까?"

4복음서를 읽으면서 나는 자주 이런 생각을 한다-'내가 만일 예수의 제자였다면 예수의 말씀을 그대로 믿고 따를 수 있었을까?' 대답은 '그렇지 못했을 것이다.'

예수는 어부나 세리(稅吏) 등 '별 볼 일 없는 사람들을' 제자로 삼으셨다. 예수는 갈릴리 바닷가를 걸어가시다가 베드로와 그의 동생 안드레가 그물을 던지고 있는 것을 보시고 "나를 따라 오너라. 나는 너희를 사람 낚는 어부로 삼겠다" 하고, 그들을 제자로 삼으셨다. 그래서 그런지 예수의 열 두 제자들은 예수를 따라 다니면서도 예수의 말씀과는 거리가 먼 생각을 한 것 같다.

야고보와 요한의 어머니가 아들들과 함께 예수에게 다가와 절하며 무엇인가를 청했다. 예수가 그 여자에게 말씀하셨다.(마20:20-21)

예수: "무엇을 원하십니까?"

여자: "나의 두 아들을 선생님의 나라에서 하나는 선생님의 오른쪽에, 하나는 선생님의 왼쪽에 앉게 해주십시오."

(마가복음에 따르면) 야고보와 요한이 예수에게 다가왔다.

야고보와 요한: "선생님, 우리가 요구하는 것은 무엇이든지 해주시기 바랍니다."(막10:37-40)

예수: "너희는 내가 너희에게 무엇을 해주기를 바라느냐?"

야고보와 요한: "선생님께서 영광을 받으실 때 하나는 선생님의 오른쪽에, 하나는 선생님의 왼쪽에 앉게 하여 주십시오."

예수: "너희는 너희가 구하는 것이 무엇인지를 모르고 있다. 내가 마

시는 잔을 너희가 마실 수 있고, 내가 받는 세례를 너희가 받을 수 있느냐?"

야고보와 요한: "할 수 있습니다."

예수: "내가 마시는 잔을 너희가 마시고, 내가 받는 세례를 너희가 받을 것이다. 그러나 내 오른쪽과 왼쪽에 앉는 그 일은 내가 허락할 수 있는 일이 아니다. 정해 놓으신 사람들에게 돌아갈 것이다."

열 제자가 이 말을 듣고 야고보와 요한에게 분개했다. 그래서 예수는 그들을 곁에 불러 놓고 말씀하셨다.

예수: "너희가 아는 대로, 이방인들을 다스린다고 자처하는 사람들은 그들을 마구 내리누르고, 고관들은 백성들에게 세도를 부린다. 그러나 너희끼리는 그렇게 해서는 안 된다. 너희 가운데서 누구든지 위대하게 되고자 하는 사람은 너희를 섬기는 사람이 되어야 하고, 너희 가운데서 누구든지 으뜸이 되고자 하는 사람은 모든 사람의 종이 되어야 한다. 인자는 섬김을 받으러 온 것이 아니라 섬기러 왔으며, 많은 사람을 구원하기 위하여 치를 몸값으로 자기 목숨을 내주러 왔다."(막10:41–45)

예수가 부활 후 사도들에게 나타나셨을 때 누군가가 물었다.

한 사도: "주님, 주님께서 이스라엘을 위하여 나라를 되찾아 주실 때가 바로 지금입니까?"

야고보와 요한, 사도들의 생각은 한 마디로, 생뚱맞다. 당시 이스라엘이 로마의 지배를 받고 있었기 때문에 제자들은 아마 그런 질문을 했을 것이다. 그들은 예수 부활 후 오순절에 성령의 감동을 받고 나서야 비로소 예수의 '진정한' 제자가 될 수 있었다.

(7) "사울아, 사울아, 네가 어찌하여 나를 핍박하느냐?"

바울이 없었다면 기독교가 세계종교가 되었을까? 되지 못했을 것이다. 바울은 어떻게 '이방인 선교'에 매달려, 기독교가 세계종교가 되는데 기여했을까?(⟨3장 10⟩ 참조)

바울은 3차 전도여행을 마치고 예루살렘으로 갈 계획이었다. 바울이 예루살렘에 가면 그를 죽이려 하는 유대인들에게 붙잡히게 된다고 모두들 간곡히 만류했다. 그런데도 바울은 '죽음을 각오하고' 뜻을 굽히지 않았다. 예루살렘에 도착한 바울은 곧바로 붙잡혔다. 그는 죽을 뻔했으나 다행히도 로마 군대 천부장의 도움으로 구출되었다. 바울은 공회 앞에서 변론할 기회도 얻었다. 바울의 변론을 요약한다.(행22:1-16)

바울은 다소의 유대인 가정에서 태어나 석학 가말리엘로부터 율법을 배운 열렬한 유대교도였다. 바울은 기독교를 박해하는 데 앞장섰다. 바울은 스데반이 순교당할 때 그 일에 찬동하면서 그를 죽이는 사람들의 옷을 지키는 일을 맡기도 했다. 바울은 기독교인들을 죽이기까지 했고, 남자든 여자든 가리지 않고 감옥에 처넣었다. 그는 기독교인들을 붙잡아 예루살렘으로 끌고 오기 위해 213㎞나 떨어진 다마스쿠로 가는 길이었다.

사울(주: 바울 이전의 이름)이 다마스쿠스에 이르렀을 때 갑자기 하늘로부터 큰 빛이 비추었다. 그는 땅바닥에 엎어졌다. 한 소리가 들렸다.

소리: "사울아, 사울아, 네가 어찌하여 나를 핍박하느냐?"

사울: "주님, 누구십니까?"

소리: "나는 네가 핍박하는 나사렛 예수다." 동행한 사람들은 빛은

보았으나 소리는 듣지 못했다.

사울: "주님, 어떻게 하라 하십니까?"

소리: "일어나 다마스쿠스로 가거라. 거기에서 네가 해야 할 모든 일을 누가 말해 줄 것이다." 사울은 눈이 멀어서 같이 가는 사람들의 손에 이끌려 다마스쿠스로 갔다.

다마스쿠스에 아나니아라는 사람이 있었다. 주님은 환상을 통해 아나니아에게 사울을 맞이하도록 이미 대비해 놓으셨다.

아나니아: "형제 사울이여, 눈을 뜨시오." 그 순간 사울은 시력을 회복하여 아나니아를 쳐다보았다. "우리 조상의 하나님께서 당신을 택하셔서 그분의 뜻을 알게 하시고, 그 의로우신 분을 보게 하시고, 그분의 입에서 나오는 음성을 듣게 하셨습니다. 당신은 그 분을 위하여 모든 사람에게 당신이 보고 들은 것을 증언하는 증인이 될 것입니다. …. 일어나, 주님의 이름을 불러서 세례를 받고, 당신의 죄 씻음을 받으시오."

이어 사울은 이방인 사도가 된 경위를 설명했다.(행 22:17–21)

"그 뒤에 나는 예루살렘으로 돌아와서, 성전에서 기도하는 가운데 황홀경에 빠져 주님이 내게 말씀하시는 것을 보았습니다. '서둘러서 예루살렘을 떠나라. 예루살렘 사람들이 나에 관한 네 증언을 받아들이지 않을 것이기 때문이다.' 그래서 내가 말했습니다. '주님, 제가 주님을 믿는 사람들을 가는 곳마다 회당에서 잡아 가두고 때리고 하던 사실을 사람들이 잘 알고 있습니다.' 그 때 주님께서 말씀하셨습니다. '가라. 내가 너를 멀리 이방인들에게로 보내겠다.'"

이처럼 사울은 유대교에서 기독교로 개종한 뒤 이방인 선교에 몸을 바쳐, 기독교가 세계종교가 되는 데 기여했다.

'사울'은 사도행전 13장 9절부터 설명 없이 '바울'로 바뀐다.

(8) "주 예수님, 내 영혼을 받아주십시오": 스데반 순교자

어떤 사람은 수명이 다하기도 전에 스스로 목숨을 끊거나, 스스로 죽음의 길을 택하기도 한다. 기독교가 세계종교가 된 데는 '스스로 죽음의 길을 택한' 수많은 순교자들의 값진 죽음이 있었다. 기독교 최초의 순교자 스데반 이야기는 감동적이다.(행6~7장)

초대 교회에서 12제자들이 예수의 가르침을 전하면서 구호, 음식 나누는 일도 하다 보니 어려움이 생겼다. 일곱 일꾼을 뽑아 음식 베푸는 일을 맡기기로 했다. 스데반 등이 뽑혔다.

스데반은 은혜와 능력이 충만하여 백성 가운데서 놀라운 일과 큰 기적을 행하고 있었다. 그러자 이를 시기한 리버다노 회당에 소속된 사람들이 "스데반이 모세와 하나님을 모독하는 말을 하는 것을 우리가 들었습니다" 하고 꾸며대, 스데반이 공의회로 끌려 왔다. 대제사장이 물었다. "이것이 사실이오?" 스데반은 "부형 여러분, 내 말을 들어보십시오"라고 말하고, 긴 설교를 하여 스스로 순교자의 길을 택했다. 다음은 사도행전 7장을 가득채운 '스데반의 설교' 일부를 요약한 것이다.

우리 조상 아브라함이 하란에 거주하기 전 메소포타미아에 있을 때 "너는 네 고향과 친척을 떠나 어디든지 내가 지시하는 땅으로 가라" 하셨습니다. 하나님은 자식이 없는 아브라함에게 이삭을 준 다음, 그의 후손들에게 가나안 땅을 주되 외국 땅에서 400년 동안 종살이를 할 것이라고 말씀하셨습니다. 아브라함의 손자 야곱은 열 두 족장이 될 아들들을 두었습니다. 그 가운데 요셉이 형들의 시기로 이집트로 팔려갔습니다. 이를 계기로, 야곱 가족이 이집트로 옮겨가 430년 동안 종살이를 했습니다.

모세가 등장하여 이스라엘 민족의 출애굽을 도왔습니다. 그러나 모세는 하나님을 거역한 이스라엘 자손의 불순종 때문에 크게 시달림을 받았습니다. 이스라엘 백성은 광야에서 금송아지를 만들어놓고, 우상숭배를 했습니다. ….

설교를 마치고 스데반은 이렇게 말했다. "목이 곧고 마음과 귀에 할례를 받지 못한 사람들이여, 당신들은 언제나 성령을 거역하고 있습니다."(행7:51)

스데반의 설교를 듣고 나서 그들은 격분해서 이를 갈았다. 그런데 스데반이 성령이 충만하여 하늘을 쳐다보니 하나님의 영광이 보이고, 예수가 하나님의 오른쪽에 서 계신 것이 보였다. 스데반이 외쳤다. "보십시오, 하늘이 열려 있고, 하나님의 오른쪽에 인자가 서 계신 것이 보입니다."(행7:56)

그러자 사람들이 귀를 막고, 큰소리를 지르고, 스데반에게 달려들어 그를 성 바깥으로 끌어내 돌로 쳐 죽였다. 증인들이 옷을 벗어서 사울이라는 청년의 발 앞에 두었다. 이 '사울'이 후에 '바울'이 되어 기독교를 이방인 나라 로마까지 전도했다.

사람들이 스데반을 돌로 칠 때 스데반이 부르짖었다. "주 예수님, 내 영혼을 받아 주십시오." 그는 무릎을 꿇고 큰소리로 외쳤다. "주님, 이 죄를 저 사람들에게 돌리지 마십시오."(행7:59-60)

스데반은 기독교 역사상 최초의 순교자다.

(9) 삼손과 들릴라

사사[32]시대 삼손 이야기.(삿13장~16장) 삼손은 폭력, 욕망, 배반, 복수
가 어우러진 드라마의 주인공으로도 잘 알려져 있다.

사사시대에 이스라엘 자손 마노아라는 사람의 아내가 임신하지 못
했다. 천사가 그 여인에게 나타났다. "이제 임신하여 아들을 낳게 될
것이다. …. 그 아이의 머리에 면도칼을 대서는 안 된다. 그 아이는 하
나님께 바쳐진 나실인이기 때문이다."

그 여인이 아들을 낳자 이름을 '삼손'으로 지었다. 아이는 잘 자랐다.
그가 자라서 딤나에 갔다가 블레셋 처녀를 좋아했다.

삼손이 아버지와 함께 아내를 맞으려 딤나로 갔다. 그들이 딤나에
이르렀을 때 어린 사자 한 마리가 달려들었다. 삼손은 사자를 찢어 죽
였다. 얼마 후 삼손이 딤나 처녀를 아내로 맞으려 그곳을 지나다가 사
자의 주검에 벌떼가 있고, 꿀이 고여 있는 것을 보았다. 삼손은 꿀을 먹
다가 수수께끼를 생각해 냈다.

블레셋 풍습에 따라 결혼식을 축하하기 위해 모인 젊은이 30명과 삼
손이 자리를 같이 했다. 수수께끼―"먹는 자에게서 먹는 것이 나오고,
강한 자에게서 단 것이 나왔다."

알아맞힐 리 없었다. 블레셋 사람들은 삼손의 아내를 협박까지 했다.
삼손의 아내가 울며불며 졸라댔다. 삼손이 아내에게 답을 말해 수수께
끼가 풀리고 말았다. 삼손이 벌을 받았다. 화가 난 삼손이 30명을 죽이
고, 아버지 집으로 돌아와 버렸다.

얼마 뒤 삼손이 아내를 보러 갔다. 아내는 삼손의 들러리로 왔던 친

구의 아내가 되어 있었다. 화가 난 삼손은 여우 300마리를 잡아 꼬리에 꼬리를 비끄러매고는 두 꼬리 사이에 홰를 하나씩 매달은 다음 그 홰에 불을 붙였다. 온갖 농원이 불타고, 그 여자와 그 여자의 아버지가 불타 죽었다.

블레셋과 유다 간에 싸움이 벌어졌다. 다급해진 유다 사람들이 삼손을 블레셋에 넘겼다. 삼손은 나귀 턱뼈 하나로 블레셋 사람 천 명을 죽였다. 그 후 삼손은 20년 동안 사사로 일했다.

삼손이 들릴라라는 여자를 사랑하게 되었다. 블레셋 통치자들이 들릴라에게 삼손의 힘이 어디서 나오는가를 알아보도록 간청했다. 들릴라가 끈질기게 삼손을 졸라댔다. 드디어 삼손이 말해 버렸다. "내 머리털을 깎으면 나는 힘을 잃고 약해져서 여느 사람처럼 될 것이오."

들릴라는 삼손을 자기 무릎에서 자게 한 뒤 사람을 불러 일곱 가닥으로 땋은 그의 머리털을 깎게 했다. 주님이 그를 떠났다. 삼손이 붙잡혔다. 블레셋 사람들이 삼손의 두 눈을 뽑고, 놋사슬로 묶어 연자맷돌을 돌리게 하고, 재주를 부리게 했다.

깎였던 삼손의 머리털이 다시 나기 시작했다. 블레셋 사람들이 삼손을 끌어내 재주 부리게 한 뒤 기둥 사이에 세워 두었다. 삼손은 자기 손을 붙들어 주는 소년에게 자기를 신전을 버티고 있는 기둥 곁으로 데려다 달라고 부탁했다.

삼손이 부르짖었다. "주 하나님, 나의 두 눈을 뽑은 블레셋 사람들에게 단번에 원수를 갚게 해주십시오. …. 블레셋 사람들과 함께 죽게 해주십시오." 삼손은 있는 힘을 다해 기둥을 밀어냈다. 신전이 무너져 내렸다. 삼천 명쯤 되는 남녀가 모두 돌더미에 깔려 죽고 말았다.

(10) "너희는 나의 권능을 신뢰하지 않았다": 모세가 받은 벌

모세는 하나님이 택하신 지도자다. 하나님 말씀에 따라 이스라엘 백성을 인도하던 모세도 '하나님의 거룩한 권능을 신뢰하지 않았다'는 이유로 가나안 땅에 들어가지 못하고 죽었다.

출애굽 후 첫째 달 이스라엘 백성이 가데스에 머물렀다. 마실 물이 없었다. 백성은 모세와 아론을 비방했다.

백성: "어쩌자고 당신들은 주의 백성을 이 광야로 끌고 와서 우리와 우리의 가축을 여기에서 죽게 하는 거요. 여기는 씨를 뿌릴 곳도 못 되오. 무화과도, 포도도, 석류도 없고, 마실 물도 없소."(민20:4-5) 모세와 아론이 회막 어귀로 가서 얼굴을 땅에 대고 엎드렸다.

주님: "너는 지팡이를 잡아라. 너와 너의 형 아론은 회중을 불러 모아라. 그들이 보는 앞에서 저 바위에게 명령하여라. 그러면 그 바위가 그 속에 있는 물을 밖으로 흘릴 것이다. 너는 바위에서 물을 내어 회중과 그들의 가축 떼가 마시게 하여라."(민20:8) 모세가 주님의 말씀대로 지팡이를 잡았다. 모세와 아론이 백성을 바위 앞에 불러 모았다.

모세: "반역자들은 들으시오. 우리가 이 바위에서 너희가 마실 물을 나오게 하리오?" 모세가 팔을 높이 들고 지팡이로 바위를 두 번 쳤다. 그러자 많은 물이 솟아나왔고, 백성과 가축 떼가 물을 마셨다.

주님: "너희는 이스라엘 자손이 보는 앞에서 나의 거룩함을 나타낼 만큼 나를 신뢰하지 않았다. 그러므로 너희는 내가 이 백성에게 주기로 한 그 땅으로 그들을 데리고 가지 못할 것이다."(민20:12) 하나님의 말씀은 한 번으로 끝나지 않았다. "너희 둘이 신 광야에서 나의 명을

어겼기 때문에 그 땅에는 들어가지 못한다. 온 회중이 므리바(주: 가데스 바네아와 같은 이름)에서 나를 거역하여 반란을 일으켰을 때 너희들은 물을 터뜨려 회중이 보는 앞에서 나의 거룩한 권능을 보였어야만 했는데 너희는 그렇게 하지 않았다."(민27:12-14)

모세의 인도로 이스라엘 백성은 요단강 동쪽을 점령했다. 요단강 서쪽은 가나안 땅. 모세가 모압 평원, 여리고 맞은쪽에 있는 느보 산의 비스가 봉우리에 오르자, 주님이 그에게 단까지 이르는 길르앗 지방 온 땅을 보여 주셨다. 또 온 납달리와 에브라임과 므낫세의 땅과 서해까지 온 유다 땅과 네겝과 종려나무의 성읍 여리고 골짜기에서 소알까지 평지를 보여 주셨다. 그러고 나서 주님이 모세에게 말씀하셨다.

주님: "이것은 내가 아브라함과 이삭과 야곱에게 맹세하여 그들의 자손에게 주겠다고 약속한 땅이다. 내가 너에게 이 땅을 보여 주기는 하지만 네가 그리로 들어가지는 못한다."(신34:1-4)

모세는 끝내 가나안 땅에 들어가지 못한 채 멀리서 가나안 땅을 바라보기만 하고 모압 땅에서 죽었다.

모세는 죽기 전 하나님께 자기의 후계자를 결정해주실 것을 간청했다. 주님이 말씀하셨다. "너는 눈의 아들 여호수아를 데리고 오너라. 너는 그를 제사장 엘르아살과 온 회중 앞에 세우고, 그들이 보는 앞에서 그를 후계자로 임명하여라."(민27:18-19)

모세는 주님이 말씀하신 대로 했다. 여호수아는 모세의 후계자가 되어 가나안 땅을 정복하고, 땅 분배도 마무리 지었다.

(11) "그들은 우리의 밥입니다": 갈렙의 용기

세상에는 용기 있는 사람들이 많다. 성경에도 용기 있는 사람들이 많이 나온다. 그 가운데 용기 있는 사람의 하나는 여호수아와 함께 가나안 땅을 치러 가자고 제안한 갈렙이 아닐까?

하나님이 모세에게 12지파에서 지도자를 한 사람씩 뽑아 가나안 땅을 정탐하라고 말씀하셨다.(민13:2) 모세가 바란 광야에서 12지파의 지도자를 한 사람씩 뽑았다. 그들은 가나안 땅 정탐을 마치고, 40일 만에 돌아와 모세에게 보고했다.

정탐꾼들: "우리더러 가라고 하신 그 땅에 우리가 갔었습니다. 그 곳은 정말 젖과 꿀이 흐르는 곳입니다. 이것이 바로 그 땅에서 난 과일입니다. 그렇지만 그 땅에 살고 있는 백성은 강하고, 성읍들은 요새처럼 되어 있고, 매우 큽니다.(민13:27-28) 그러자 갈렙이 모세 앞에서 백성을 진정시키면서 격려했다.

갈렙: "올라갑시다. 올라가서 그 땅을 점령합시다. 우리는 반드시 그 땅을 점령할 수 있습니다."(민13:30) 이에 질세라 가나안 땅을 탐지하러 갔던 12명 가운데 10명은 그 땅이 나쁘다고 계속 소문을 퍼뜨렸다.

정탐꾼들: "우리가 그 땅에서 본 백성은 키가 장대 같은 사람들이다. 우리는 스스로가 보기에도 메뚜기 같았지만 그들의 눈에도 그렇게 보였을 것이다."(민13:32-33) 그러자 온 회중이 소리 높여 아우성을 쳤다.

회중: "차라리 우리가 이집트 땅에서 죽었더라면 더 좋았을 것이다. 우두머리를 세우자. 그리고 이집트로 돌아가자."(민14:1-4)

여호수아와 갈렙: "우리가 탐지하려고 두루 다녀 본 그 땅은 매우 좋

은 땅입니다. 주님께서 우리를 사랑하신다면, 그 땅으로 우리를 인도하실 것입니다. 여러분은 그 땅 백성을 두려워하지 마십시오. 그들은 우리의 밥입니다."(민14:6-9) 그러자 온 회중이 여호수아와 갈렙을 돌로 쳐 죽이려고 했다. 하나님이 진노하셨다.

하나님: "너희 가운데 스무 살이 넘은 사람으로, 인구조사(주: 이집트에서 나온 지 2년 째 되던 해에 실시한 첫 번째 인구조사)를 받은 모든 사람들, 곧 나를 원망한 사람들은 이 광야에서 시체가 되어 뒹굴게 될 것이다."(민 14:29)

실제로 땅을 탐지하러 간 12명의 지도자 가운데 여호수아와 갈렙을 제외한 10명은 재앙을 받아 모두 죽고 말았다.(민14:37-38) 또 인구조사에서 20살이 넘은 남자는 여호수아와 갈렙을 제외하고 모두 가나안 땅을 밟지 못하고 모조리 죽고 말았다.(민26:64-65) 하나님이 또 말씀하셨다.

하나님: "너희가 그 땅을 40일 동안 탐지했으니, 그 날 수대로 하루를 일 년으로 쳐서 너희는 40년 동안 죄의 짐을 져야 한다."(민14:29-34) 실제로 그들은 40년 동안이나 광야를 헤맸다.

어느 날 유다 자손이 여호수아를 만나게 되었다.

갈렙: "이제 나는 여든다섯 살이 되었습니다. 모세가 나를 정탐꾼으로 보낼 때와 같이 나는 오늘도 여전히 건강합니다. 이제 주님께서 그 날 약속하신 이 산간지방을 나에게 주십시오. 주님께서 나와 함께 하신다면, 나는 그들을 쫓아낼 수 있습니다."(수14:10-12) 갈렙은 헤브론까지 정복했다. 갈렙의 용기로 가나안 정복이 마무리 되었다.

(12) 예수의 계보에 오른 네 여자

마태복음 1장 1~16절은 42대에 걸친 예수의 계보를 보여준다. 예수의 계보에는 네 여자가 등장한다. 이들 네 여자 이야기는 성경이 '세상 사람들 이야기 책'이라는 느낌을 갖게 한다.

먼저 예수의 계보에서 관련된 내용을 인용한다. "유다(4대)는 다말에게서 베레스를 낳고, … 살몬(10대)은 라합에게서 보아스를 낳고, 보아스(11대)는 룻에게서 오벳을 낳고, … 다윗(14대)은 우리야의 아내였던 이(주: 밧세바)에게서 솔로몬을 낳고, …."(마1:1–6) 인용한 계보에서 '다말, 라합, 룻, 밧세바' 네 여자가 등장하는데, 이들 네 여자의 행적을 요약한다.

● 첫 번째 여자 다말(창38:1–30). 유다는 세 아들을 두었는데, 큰 아들만 결혼했다. 큰 며느리의 이름은 다말. 큰 아들이 일찍 죽었다. 당시 풍습은, 큰 아들이 자식이 없이 죽으면 둘째 아들이 형수와 결혼하여 대를 잇게 되어 있었다. 형수와 잠자리를 한 둘째 아들도 죽었다. 유다는 셋째 아들이 어린 데다 큰 며느리와 잠자리를 함께 했다가는 죽게 될지도 모른다고 염려하여 다말에게 이렇게 일렀다. "나의 아들 셀라가 다 클 때까지 너는 네 친정으로 돌아가서 과부로 살고 있거라."(창38:11)

시간이 흘렀다. 홀아비 신세인 유다가 친구와 함께 어느 곳을 지나가다가 창녀로 생각되는 여자와 잠자리를 함께 했다. 그 창녀는 유다가 셋째 아들과 결혼시켜주지 않자 창녀로 둔갑하여 시아버지에게 복수할 계획을 세운 며느리 다말이었다. 유다와 다말에게서 낳은 아들이 예수의 계보에 오른 베레스다.

- 두 번째 여자 라합(수6:1-27). 여호수아는 가나안 땅 정복을 눈앞에 두고 난관에 부딪혔다. 여리고 성을 함락하는 문제였다. 정보를 얻기 위해 여호수아는 여리고 성에 두 명의 정탐꾼을 보냈다. 그들은 라합이라고 하는 창녀로부터 유익한 정보를 얻었다. 라합이 정탐꾼들에게 말했다. "나는 주님께서 이 땅을 당신들에게 주신 것을 압니다." 라합의 도움으로 가나안 땅 정복의 관문(關門)인 여리고 성이 무사히 함락되었다. 라합은 살몬과 결혼하여 보아스를 낳았다.

- 세 번째 여자 룻(룻1-4). 사사(士師)시대에 기근이 들어 나오미는 남편과 두 아들을 이끌고 모압 지방으로 가서 10년쯤 살았다. 남자들이 모두 죽자 나오미는 며느리 룻과 함께 고향 베들레헴으로 돌아왔다. 룻은 이삭을 주우면서 시어머니를 모시고 살았다. 나오미는 머리를 써서 며느리 룻이 친척 보아스와 결혼할 수 있게 도와주었다. 룻과 보아스가 낳은 아들이 다윗의 할아버지 오벳이다.

- 네 번째 여자 밧세바(삼하11). 다윗이 왕궁 옥상을 산책하고 있었는데, 아름다운 여인이 목욕하고 있는 장면이 눈에 들어왔다. 다윗은 그 여자를 불러다가 정을 통했다. 그 여자는 전쟁터에서 싸우고 있는 우리야의 아내 밧세바였다. 밧세바가 임신했다. 다윗은 우리야를 전선에서 죽게 하고, 그의 아내를 빼앗아다가 자기의 아내로 삼았다. 다윗은 8명의 아내로부터 19명의 아들과 1명의 딸을 낳았다. 솔로몬은 밧세바가 낳은 다윗의 아홉 번째 아들로, 다윗으로부터 왕권을 물려받았다. 이렇게 하여 밧세바가 예수의 계보에 올랐다.

(13) "열 명을 보아서라도 내가 그 성을 멸하지 않겠다"

나라에 따라 동성애가 허용되자 최근 세계가 떠들썩해졌다. 성경은 남자끼리의 동침은 '사형에 해당되는 죄'라고 규정한다. '소돔과 고모라'의 sodomy(男色) 이야기는 무엇을 시사할까?

하나님이 아이를 못 낳는 아브라함을 찾아오셨다.

하나님: "다음 해 이맘때에 내가 다시 너를 찾아오겠다. 그 때 사라에게 아들이 있을 것이다.(창18:14) (하나님은 또 말씀하셨다.) "내가 아브라함을 선택한 것은 그가 자식들과 자손을 잘 가르쳐서 나에게 순종하게 하고, 옳고 바른 일을 하도록 가르치라는 뜻에서 한 것이다. 그의 자손이 아브라함에게서 배운 대로 하면 나는 아브라함에게 약속한 대로 다 이루어 주겠다."(창18:19)

하나님은 '소돔과 고모라에서 울부짖는 소리가 너무 크다'고 말씀하셨다. 아브라함은 소돔에서 사는 조카 롯이 염려되었다.

아브라함: (주님 가까이 가서) "주님께서 의인을 기어이 악인과 함께 쓸어버리시렵니까? 그 성 안에 의인이 쉰 명이 있으면 어떻게 하시겠습니까?"

하나님: "소돔 성에서 내가 의인 쉰 명만 찾을 수 있으면 그들을 보아서라도 그 성 전체를 용서하겠다."

아브라함은 계속 하나님에게 매달렸다. 아브라함이 하나님에게 목타게 제시한 의인 수는 50명에서 45명으로, 45명에서 40명으로, 40명에서 30명으로, 계속 줄어들었다. 아브라함은 포기하지 않았다.

아브라함: "주님! 노하지 마시고, 한 번만 더 말씀드리게 허락하여

주시기 바랍니다. 거기에서 열 명만 찾으시면 어떻게 하시겠습니까?"

하나님: "열 명을 보아서라도 내가 그 성을 멸하지 않겠다."

저녁 때 두 천사가 소돔에 이르렀다. 롯은 그들을 집으로 안내했다. 그들이 잠자리에 들 무렵 소돔 성의 모든 남자들이 롯의 집을 둘러싸고 두 천사를 내놓으라고 소리쳤다. "오늘 밤에 너의 집에 온 그 남자들이 어디에 있느냐? 그들을 우리에게로 데리고 나오너라. 우리가 그 남자들과 상관 좀 해야 하겠다."

롯이 그들을 타일렀지만 그들은 막무가내였다. 결국 하나님이 소돔과 고모라에 유황과 불을 소나기처럼 퍼 부으셨다.

'소돔과 고모라' 이야기는 '악과 타락의 표본'으로 일컫는다. 소돔 (Sodom) 성의 남자들이 두 천사와 남색(男色)을 하려고 했는데, sodomy 라는 말은 여기에서 유래되었다고 한다.

2015~6년에 세계는 동성애 이슈로 떠들썩했다. 동성애자는 여성 (lesbian)과 남성(gay)으로 구분된다. 미국에서는 동성결혼이 2003년 매사추세츠 주에서 합법화되었고, 2015년 연방대법원 판결로 미국 전역에서 합법화되었다. 미국 이외의 국가들도 동성애를 합법화하는 추세다. 한국 인권위원회도 동성애자에 대한 차별을 금지하고 있다.

동성결혼을 성경은 어떻게 볼까? 성경은 남색을 '사형 죄'로 규정한다. "너는 여자와 교합하듯 남자와 교합하면 안 된다. 그것은 망칙한 짓이다."(레18:22) "남자가 같은 남자와 동침하여 여자에게 하듯 남자에게 하면 그 두 사람은 망측한 짓을 한 것이므로 반드시 사형에 처해야 한다. 그들은 자기 죄 값으로 죽는 것이다."(레20:13)

(14) 모세의 기도

〈시편 90편〉은 〈모세의 기도〉로 불리는데, 이는 3400여 년 전에 모세가 쓴 시로 잘 알려져 있다. 이 시는 광야생활이 끝나갈 무렵 출애굽 세대들이 거의 다 죽고 난 후에 모세가 인생의 허망함과 여호와의 영원하심을 노래한 것이다. 모세는 사람은 아침에 돋아나서 저녁에 사라지고 마는 한 포기 풀과 같은 운명이라고 노래한다. 모세는 "우리의 연수가 칠십이요 강건하면 팔십이라도, 그 연수의 자랑은 수고와 슬픔뿐"이라고 노래한다. 그러면서도 모세는 여호와께 "우리에게 은총을 베풀어 주실 것"을 간절히 간구한다. 다음은 〈모세의 기도〉다.

주님은 대대로 우리의 거처이셨습니다.
산들이 생기기 전에, 땅과 세계가 생기기 전에, 영원부터 영원까지, 주님은 하나님이십니다.
주님께서는 사람을 티끌로 돌아가게 하시고 "죽을 인생들아, 돌아가거라" 하고 말씀하십니다.
주님 앞에서는 천 년도 지나간 어제와 같고, 밤의 한 순간과도 같습니다.
주님께서 생명을 거두어 가시면, 인생은 한 순간의 꿈일 뿐, 아침에 돋아난 한 포기 풀과 같이 사라져 갑니다.
풀은 아침에는 돋아나서 꽃을 피우다가도, 저녁에는 시들어서 말라 버립니다.
주님께서 노하시면 우리는 사라지고, 주님께서 노하시면 우리는 소스라치게 놀랍니다.

주님께서 우리 죄를 주님 앞에 들추어 내놓으시니, 우리의 숨은 죄가 주님 앞에 환히 드러납니다.

주님께서 노하시면, 우리의 일생은 사그라지고, 우리의 한평생은 한숨처럼 스러지고 맙니다.

우리의 연수가 칠십이요 강건하면 팔십이라도, 그 연수의 자랑은 수고와 슬픔뿐이요, 빠르게 지나가니, 마치 날아가는 것 같습니다.

주님의 분노의 위력을 누가 알 수 있겠으며, 주님의 진노의 위세를 누가 알 수 있겠습니까?

우리에게 우리의 날을 세는 법을 가르쳐 주셔서 지혜의 마음을 얻게 해 주십시오.

주님, 돌아와 주십시오. 언제까지입니까? 주님의 종들을 불쌍히 여겨 주십시오.

아침에는 주님의 사랑으로 우리를 채워 주시고, 평생토록 우리가 기뻐하고 즐거워하게 해주십시오.

우리를 괴롭게 하신 날 수만큼, 우리가 재난을 당한 햇수만큼, 우리에게 즐거움을 주십시오.

주님의 종들에게 주님께서 하신 일을 드러내 주시고, 그 자손에게는 주님의 영광을 나타내 주십시오.

주 우리 하나님, 우리에게 은총을 베푸셔서, 우리의 손으로 하는 일이 견실하게 하여 주십시오. 우리의 손으로 하는 일이 견실하게 하여 주십시오.

예수는 사람의 몸으로 이 세상에 오셔서 하나님나라를 선포하시고, 진리의 말씀을 가르

치시고, 죽은 자들을 살리시고, 병든 자들을 낫게 하시고, 배교로 자들을 떠이시는 등 참

으로 많은 일을 하셨다.

예수가 이 세상에 오셔서 하신 이 같은 일들은 '예수의 공생애(公生涯) 행적'으로 불린다.

'예수의 공생애 행적'은 예수가 왜 이 세상에 오셨고, 기독교를 어떻게 완성하셨는가를 보

여준다.

다룰 주제는 다음과 같다. 관련된 이야기는 모두 2쪽으로 제한했다.

2장

예수는 왜
이 세상에 오셨는가?

01

하나님나라 선포하심

예수는 누구인가? 이는 기독교신학의 핵심 주제다. 기독교가 등장한 이후로 셀 수 없을 만큼 많은 논문과 저서가 이 주제를 다뤄왔을 것이다. 그런데도 평신도가 이 주제를 다룬다는 것은 한 마디로, 웃기는 이야기다.

요한복음에는 예수가 "나는 …이다"라고 밝히신 대목이 일곱 군데 나온다. 이 대목을 한 데 모으면, '예수는 누구인가?'에 대한 대답이 나오지 않을까 생각된다. 그래서 여기서는 이를 정리한다.

그런데 예수의 '하나님나라 선포하심'은 곧 이어 이야기할 예수의 '가르치심'과 구별하기가 쉽지 않다. 그럼에도 불구하고 '하나님나라 선포하심'과 '가르치심'을 따로 다루었다.

다룰 이야기는 다음과 같다.

(1) 예수의 '하나님나라 선포하심': 요약

(2) 예수, "나는 생명의 빵이다"

(3) 예수, "나는 세상의 빛이다"

(4) 예수, "나는 양의 문이다"

(5) 예수, "나는 선한 목자다"

(6) 예수, "나는 부활이요 생명이다"

(7) 예수, "나는 길이요 진리요 생명이다"

(8) 예수, "나는 참포도 나무다"

(1) 예수의 '하나님나라 선포하심': 요약

예수는 요한에게 세례를 받으신 후 하나님나라를 선포하기 시작하셨다. "회개하라. 하늘나라가 가까이 왔다."(마4:1-17) 여기서는 예수의 '하나님나라 선포하심'을 간략히 정리한다.

- 예수는 산에 올라가 '산상 설교'를 통해 '어떻게 해야 하나님나라를 볼 수 있는가'를 제자들에게 가르치셨다.(마5:1-10)
- "원수를 사랑하라. 그래야만 너희가 하늘에 계신 너희 아버지의 자녀가 될 것이다."(마5:44-45)
- "구하라. 그리하면 하나님께서 주실 것이다."(마7:7)
- "나더러, '주님, 주님' 하는 사람이라고 해서 다 하늘나라에 들어가는 것이 아니다. 하늘에 계신 내 아버지의 뜻을 행하는 사람이라야 들어간다."(마7:21)
- "수고하며 무거운 짐을 진 사람은 모두 내게로 오라. 내가 너희를 쉬게 하겠다."(마11:28)
- 사마리아 여자가 예수에게 말했다. "나는 그리스도라고 하는 메시아가 오실 줄 압니다." 그러자 예수가 말씀하셨다. "너에게 말하고 있는 내가 그다."(요4:25-26)
- 예수는 '씨 뿌리는 사람'을 비롯하여 많은 이야기를 비유로 말씀하셨다. 이들 비유는 모두 하나님나라에 관한 것들이다.
- "부자는 하늘나라에 들어가기가 어렵다. 사람은 이 일을 할 수 없으나 하나님은 무슨 일이나 다 하실 수 있다."(마19:23,26)
- "하나님께서 세상을 이처럼 사랑하셔서서 외아들을 주셨으니 이는

그를 믿는 사람마다 멸망하지 않고 영생을 얻게 하려는 것이다. 하나님께서 아들을 세상에 보내신 것은 세상을 심판하려는 것이 아니라 아들을 통해 세상을 구원하려는 것이다."(요3:16–17)

• 예수는 나사로를 살리시기 직전 마르다에게 말씀하셨다. "나는 부활이요 생명이니 나를 믿는 사람은 죽어도 살고, 살아서 나를 믿는 사람은 영원히 죽지 아니할 것이다."(요11:25–26)

• 예수는 율법학자들에게 '가장 큰 계명'을 말씀하셨다. "네 마음을 다하고, 네 목숨을 다하고, 네 뜻을 다하고, 네 힘을 다하여, 너의 하나님이신 주님을 사랑하라."(막12:30)

• 예수가 제자들에게 "사람들이 인자를 누구라고 하느냐?"고 물으시자 베드로가 대답했다. "선생님은 살아계신 하나님의 아들 그리스도십니다."(마16:15–16)

• 예수는 '최후의 만찬'에서 말씀하셨다. (빵을 떼어 제자들에게 주시며) "이것은 너희를 위하여 주는 내 몸이다. 이것을 행하여 나를 기억하라."(잔을 들어 감사를 드리시고) "이 잔은 너희를 위하여 흘리는 내 피로 세우는 새 언약이다."(눅22:19–20)

• 부활하신 예수가 여자들에게 나타나셨다. "평안하냐? …. 가서 나의 형제들에게 갈릴리로 가라고 전하라."(마28:9–10)

• 부활하신 예수가 갈릴리에서 제자들 앞에 나타나 말씀하셨다. "나는 하늘과 땅의 모든 권세를 받았다. 그러므로 너희는 가서, 모든 민족을 제자로 삼아 아버지와 아들과 성령의 이름으로 세례를 주고, 내가 너희에게 명령한 모든 것을 가르쳐 지키게 하라."(마28:18–20)

(2) 예수, "나는 생명의 빵이다"(요6:22-59)

제자들은 예수가 물위를 걸으신 것을 보고 무서워했다. 다음 날, 무리는 예수가 5천 명을 먹이신 곳에 계시지 않다는 것을 알고, 배를 타고 예수를 찾아 가버나움으로 떠났다.

무리: "선생님, 언제 여기에 오셨습니까?"

예수: "너희가 나를 찾는 것은 표징을 보았기 때문이 아니라 빵을 먹고 배가 불렀기 때문이다. 너희는 썩어 없어질 양식을 얻으려고 일하지 말고, 영생에 이르도록 남아 있을 양식을 얻으려고 일하라. 이 양식은, 인자가 너희에게 줄 것이다."

무리: "우리가 무엇을 해야 하나님의 일을 하게 됩니까?"

예수: "하나님께서 보내신 이를 믿는 것이 곧 하나님의 일이다."

무리: "우리에게 무슨 표징을 행하셔서 우리로 하여금 보고 당신을 믿게 하시겠습니까? 당신이 하시는 일이 무엇입니까?"

예수: "내가 진정으로 진정으로 너희에게 말한다. 하늘에서부터 너희에게 빵을 내려다 주신 이는 모세가 아니다. 하늘에서 너희에게 참빵을 너희에게 주시는 분은 내 아버지시다. 하나님의 빵은 하늘에서 내려와 세상에 생명을 주는 것이다."

무리: "주님, 그 빵을 언제나 우리에게 주십시오."

예수: "내가 생명의 빵이다. 내게로 오는 사람은 결코 주리지 않을 것이요, 나를 믿는 사람은 다시는 목마르지 않을 것이다. 그러나 내가 이미 말한 대로, 너희는 나를 보고도 믿지 않는다. 아버지께서 내게 주시는 사람은 다 내게로 올 것이요, 또 내게로 오는 사람은 내가 물리치지 않을 것이다. 그것은, 내가 내 뜻을 행하려고 하늘에서 내려온 것이

아니라 나를 보내신 분의 뜻을 행하려고 왔기 때문이다. 나를 보내신 분의 뜻은, 내게 주신 사람을 내가 한 사람도 잃어버리지 않고 마지막 날에 모두 살리는 일이다. 또한 아들을 보고 그를 믿는 사람이면 누구나 영생을 얻게 하시는 것이 내 아버지의 뜻이다. 나는 마지막 날에 그들을 살릴 것이다."

유대인들이 수군거렸다.

예수: "서로 수군거리지 말라. …. 내가 진정으로 진정으로 너희에게 말한다. 믿는 사람은 영생을 가지고 있다. 나는 생명의 빵이다. 너희의 조상은 광야에서 만나를 먹었어도 죽었다. 그러나 하늘에서 내려오는 빵은 이러하니, 누구든지 그것을 먹으면 죽지 않는다. 나는 하늘에서 내려온 살아 있는 빵이다. 이 빵을 먹는 사람은 누구나 영원히 살 것이다. 내가 줄 빵은 나의 살이다. 그것은 세상에 생명을 준다."

유대인들: (서로 논란을 벌이며) "이 사람이 어떻게 우리에게 자기 살을 먹으라고 줄 수 있을까?"

예수: "내가 진정으로 진정으로 너희에게 말한다. 너희가 인자의 살을 먹지 아니하고, 또 인자의 피를 마시지 아니하면, 너희 속에는 생명이 없다. 내 살을 먹고, 내 피를 마시는 사람은 영원한 생명을 가지고 있고, 마지막 날에 내가 그를 살릴 것이다. 내 살은 참 양식이요, 내 피는 참 음료다. 내 살을 먹고, 내 피를 마시는 사람은 내 안에 있고, 나도 그 사람 안에 있다. 살아 계신 아버지께서 나를 보내셨고, 내가 아버지로 말미암아 사는 것과 같이, 나를 먹는 사람도 나 때문에 살 것이다. 이것은 하늘에서 내려온 빵이다. 이것은 너희의 조상이 먹고서도 죽은 그런 것과는 같지 아니하다. 이 빵을 먹는 사람은 영원히 살 것이다."

(3) 예수, "나는 세상의 빛이다"(요8:12-20)

예수는 율법학자들과 바리새인들이 간음하다가 잡힌 여자를 끌고 와서 자신을 시험하려고 하자 이렇게 말씀하셨다. "너희 가운데서 죄가 없는 사람이 먼저 이 여자에게 돌을 던져라." 사람들은 나이가 많은 이로부터 시작하여 하나하나 떠나가고, 예수와 그 여자만 남았다. 예수가 말씀하셨다. "나도 너를 정죄하지 않는다. 이제부터 다시는 죄를 짓지 말아라."

예수는 계속 말씀하셨다.

예수: "나는 세상의 빛이다. 나를 따르는 사람은 어둠 속에 다니지 아니하고, 생명의 빛을 얻을 것이다."

바리새인들: "당신이 스스로 자신에 대하여 증언하니 당신의 증언은 참되지 못하오."

예수: "비록 내가 나 자신에 대하여 증언할지라도 내 증언은 참되다. 나는 내가 어디에서 와서 어디로 가는지를 알고 있기 때문이다. 그러나 너희는 내가 어디에서 왔는지도 모르고, 어디로 가는지도 모른다. 너희는 사람이 정한 기준을 따라 심판한다. 나는 아무도 심판하지 않는다. 그러나 내가 심판하면 내 심판은 참되다. 그것은, 내가 혼자 있는 것이 아니라 나를 보내신 아버지께서 나와 함께 하시기 때문이다. 너희의 율법에도 기록하기를 '두 사람이 증언하면 참되다' 하였다. 내가 나 자신에 대하여 증언하는 사람이고, 나를 보내신 아버지께서도 나에 대하여 증언하여 주신다."

바리새인들: "당신의 아버지가 어디에 계십니까?"

예수: "너희는 나도 모르고, 나의 아버지도 모른다. 너희가 나를 알았더라면 나의 아버지도 알았을 것이다."

이는 예수가 성전에서 가르치실 때 헌금궤가 있는 데서 하신 말씀이다.

유대인들이 예수를 죽이려고 했으므로 예수는 유대 지방에는 돌아다니기를 원치 않으셨다. 대제사장들과 바리새인들은 예수를 죽이려고 성전 경비병들을 보냈다. 그들은 돌아와 이렇게 말했다. "그 사람이 말하는 것처럼 말한 사람은 지금까지 아무도 없었습니다."(요7:46)

그를 잡는 사람은 아무도 없었다. 그것은 아직도 그의 때가 이르지 않았기 때문이다.

예수는 다른 곳에서도 "나는 세상의 빛이다"고 말씀하셨다.(요9:1~5)

예수가 길을 가시다가 나면서부터 눈먼 사람을 보셨다.

제자들: "선생님, 이 사람이 눈먼 사람으로 태어난 것이 누구의 죄 때문입니까? 이 사람의 죄입니까? 부모의 죄입니까?"

예수: "이 사람이 죄를 지은 것도 아니요, 그의 부모가 죄를 지은 것도 아니다. 하나님께서 하시는 일들을 그에게서 드러내시려는 것이다. 우리는 나를 보내신 분의 일을 낮 동안에 해야 한다. 아무도 일할 수 없는 밤이 곧 온다. 내가 세상에 있는 동안 나는 세상의 빛이다."

그러고 나서 예수는 땅에 침을 뱉어 그것으로 진흙을 개어 나면서부터 눈 먼 사람의 눈에 바르시고, 실로암 못으로 가서 씻으라고 말씀하셨다. 그의 눈이 밝아졌다.

(4) 예수, "나는 양의 문이다"(요10:1-10)

예수의 은혜로 '나면서부터 눈먼 사람'이 눈을 뜨게 되자 유대인들은 믿을 수가 없었다. 그들은 눈뜬 사람의 부모를 불러다가 다그쳐 물었다. 그의 부모는 유대인들이 무서워서 아들에게 물어보라고 발뺌했다.

유대인들: (눈이 멀었다가 보게 되었다는 사실을 믿지 않고, 마침내 그 부모를 불러다가 협박했다.) "영광을 하나님께 돌려라. 우리가 알기로, 그 사람은 죄인이다."

눈뜬 사람: "나는 그분이 죄인인지 아닌지는 모릅니다. 다만 한 가지 아는 것은, 내가 눈이 멀었다가 지금은 보게 되었다는 것입니다."

유대인들은 묻고, 또 묻고, 심지어 욕설까지 퍼부었다.

눈뜬 사람: "그분이 내 눈을 뜨게 하여 주셨는데도 여러분은 그분이 어디에서 왔는지 알지 못하니, 참 이상한 일입니다. 하나님께서는 죄인들의 말은 들어 주시지 않으시지만 하나님을 공경하고, 그의 뜻을 따라 사는 사람의 말은 들어 주시는 줄을 우리는 압니다."

유대인들은 눈뜬 사람을 밖으로 내쫓았다. 예수는 눈뜬 사람이 쫓겨났다는 이야기를 들으시고, 그를 만나자 물으셨다.

예수: "네가 인자를 믿느냐?"

눈뜬 사람: "선생님, 그분이 어느 분입니까? 내가 그분을 믿겠습니다."

예수: "너는 이미 그를 보았다. 너와 말하고 있는 사람이 바로 그다."

눈뜬 사람: "주님, 내가 믿습니다."

예수: "나는 이 세상을 심판하러 왔다. 못 보는 사람은 보게 하고, 보는 사람은 못 보게 하려는 것이다."

예수는 계속 말씀하셨다.(요10:1-10)

예수: "내가 진정으로 진정으로 너희에게 말한다. 양 우리에 들어갈 때 문으로 들어가지 않고 다른 곳으로 넘어 들어가는 사람은 도둑이요 강도다. 그러나 문으로 들어가는 사람은 양의 목자다. 문지기는 목자에게 문을 열어 주고, 양들은 그의 음성을 듣는다. 그리고 목자는 자기 양들의 이름을 하나하나 불러서 이끌고 나간다. 자기 양을 다 불러낸 다음에 그는 앞서서 가고, 양들은 그를 따라 간다. 양들이 목자의 소리를 알고 있기 때문이다. 양들은 결코 낯선 사람을 따라가지 않을 것이고, 그에게서 달아날 것이다. 그것은 양들이 낯선 사람의 목소리를 알지 못하기 때문이다."

예수가 그들에게 이러한 비유로 말씀하셨으나 그들은 그가 무슨 뜻으로 그렇게 말씀하시는지를 깨닫지 못했다.

예수가 다시 말씀하셨다.

예수: "내가 진정으로 진정으로 너희에게 말한다. 나는 양들이 드나드는 문이다. 나보다 먼저 온 사람은 다 도둑이고, 강도다. 그래서 양들이 그들의 말을 듣지 않았다. 나는 그 문이다. 누구든지 나를 통해 들어오면 구원을 얻고, 드나들면서 꼴을 얻을 것이다. 도둑은 다만 훔치고, 죽이고, 파괴하려고 오는 것뿐이다. 나는 양들이 생명을 얻고, 또 더 넘치게 얻게 하려고 왔다."

(5) 예수, "나는 선한 목자다"(요10:11-42)

이어 예수는 "나는 선한 목자다" 하고 선포하셨다.

예수: "나는 선한 목자다. 선한 목자는 양들을 위하여 자기 목숨을 버린다. 삯꾼은 목자가 아니요, 양들도 자기의 것이 아니므로 이리가 오는 것을 보면 양들을 버리고 달아난다. 그는 삯꾼이어서 양들을 생각하지 않기 때문이다. 나는 선한 목자다. 나는 내 양들을 알고, 내 양들은 나를 안다. 그것은 마치 아버지께서 나를 아시고, 내가 아버지를 아는 것과 같다. 나는 양들을 위하여 내 목숨을 버린다. 나에게는 이 우리에 속하지 않은 다른 양들이 있다. 나는 그 양들도 이끌어 와야 한다. 그들도 내 음성을 들을 것이며, 한 목자 아래에서 한 무리 양 떼가 될 것이다. 아버지께서 나를 사랑하신다. 그것은 내가 목숨을 다시 얻으려고 내 목숨을 기꺼이 버리기 때문이다. 아무도 내게서 내 목숨을 빼앗아 가지 못한다. 나는 스스로 원해서 내 목숨을 버린다. 나는 목숨을 버릴 권세도 있고, 다시 얻을 권세도 있다. 이것은 내가 아버지께로부터 받은 명령이다."

이 때문에 유대인이 다시 갈라졌다.

사람들: (서로 갈라져서) "그가 귀신이 들려서 미쳤는데, 어찌하여 그의 말을 듣느냐? …. 이 말은 귀신이 들린 사람의 말이 아니다. 귀신이 어떻게 눈먼 사람의 눈을 뜨게 할 수 있겠느냐?"

성전 봉헌절로, 때는 겨울. 예수가 성전에 있는 솔로몬 행각을 거닐고 계셨다. 그 때 유대인들이 예수를 둘러싸고 말했다.

유대인들: "당신은 언제까지 우리의 마음을 졸이게 하시렵니까? 당

신이 그리스도이면, 그렇다고 분명하게 말해 주십시오."

예수: "내가 너희에게 이미 말하였는데도 너희가 믿지 않는다. 내가 내 아버지의 이름으로 하는 이 일들이 곧 나를 증언해 준다. 그런데 너희가 믿지 않는 것은 너희가 내 양이 아니기 때문이다. 내 양들은 내 목소리를 듣는다. 나는 내 양들을 알고, 내 양들은 나를 따른다. 나는 그들에게 영생을 준다. 그들은 영원토록 멸망하지 아니할 것이요, 또 어느 누구도 그들을 내 손에서 빼앗아 가지 못할 것이다. 그들을 나에게 주신 내 아버지는 만유보다도 더 크시다. 아무도 아버지의 손에서 그들을 빼앗아 가지 못한다. 나와 아버지는 하나다."

이 때 유대인들이 다시 돌을 들어서 예수를 치려고 했다.

예수: "내가 아버지의 권능을 힘입어 선한 일을 많이 보여 주었는데, 그 가운데서 어떤 일로 나를 돌로 치려고 하느냐?"

유대인들: "우리가 당신을 돌로 치려고 하는 것은 당신이 선한 일을 하였기 때문이 아니라, 하나님을 모독하였기 때문이오. 당신은 사람이면서 자기를 하나님이라고 하였소."

예수: "너희의 율법에 '내가 너희를 신들이라고 하였다' 하는 말이 기록되어 있지 않으냐? 하나님께서 하나님의 말씀을 받은 사람을 신이라고 하셨다. 또 성경은 폐하지 못한다. 그런데 아버지께서 거룩하게 하여 세상에 보내신 사람이, 자기를 하나님의 아들이라고 한 말을 가지고 너희는 그가 하나님을 모독한다고 하느냐? 내가 내 아버지의 일을 하지 아니하거든 나를 믿지 말라. 그러나 내가 그 일을 하고 있으면 나를 믿지는 않더라도 그 일은 믿어라. 그러하면 너희는 아버지께서 내 안에 계시고, 또 내가 아버지 안에 있다는 것을 깨달아 알게 될 것이다."

(6) 예수, "나는 부활이요 생명이다"(요11:11-42)

예수가 "나는 부활이요 생명이다" 하고 선포하신 배경은 예수가 죽은 나사로를 살리신 사건이다. 예수의 '병 고치심' 가운데, 예수가 죽은 지 나흘이나 되어 냄새까지 나는 나사로를 살리신 사건은 세상에서는 상상할 수도 없는, 분명히 하나님나라에서만 있을 수 있는 일이다.

실제로 예수는 이 사건의 중요성을 스스로 드러내셨다. 죽은 나사로를 앞에 두고, 예수는 하늘을 우러러보시며 이렇게 말씀하셨다. "아버지, 내 말을 들어주신 것을 감사드립니다. 나는 아버지께서 언제나 내 말을 들어주시는 줄 압니다. 그런데도 이렇게 말씀을 드리는 것은, 둘러선 무리를 위해서입니다. 그들로 하여금 아버지께서 나를 보내신 것을 믿게 하려는 것입니다." 이렇게 말씀하신 뒤에 예수는 큰소리로 외치셨다. "나사로야, 나오너라." 죽은 나사로가 살아났다.

이 사건은 그 중요성을 감안해 곧 이어 〈병 고치심〉 첫 번째 이야기로 다룰 것이다. 예수가 나사로의 여동생 마르다에게 하신 말씀이 곧 '하나님나라 선포'이기 때문이다. "나는 부활이요 생명이니 나를 믿는 사람은 죽어도 살고, 살아서 나를 믿는 사람은 영원히 죽지 아니할 것이다."

이 이야기를 여기서 모두 다루게 되면 〈병 고치심〉 첫 번째 이야기와 중복이 된다. 그래서 여기서는 예수가 '죽은 나사로를 살리신 사건'이 바리새인들 사회에 몰고 온 충격이 어떠했는가를 이야기한다. (요11:45-57, 12:1-11)

나사로를 조문하러 왔다가 예수가 하신 일을 본 유대인들 가운데 많은 사람이 예수를 믿게 되었다. 그러나 그 가운데 몇몇 사람은 바리새인들에게 가서 예수가 하신 일을 알렸다.

바리새인들: "이 사람이 표적을 많이 나타내고 있으니 어떻게 하면 좋겠습니까? 이 사람을 그대로 두면 모두 그를 믿을 것이요, 그렇게 되면 로마 사람들이 와서 우리의 땅과 민족을 빼앗아 갈 것입니다."

그들은 그 날부터 예수를 죽이려고 모의했다. 그래서 예수는 장소를 옮겨 제자들과 함께 지내셨다. 유월절이 가까워지자 예수를 붙잡으려는 대제사장들과 바리새인들은 예수가 예루살렘으로 오시리라고 기다렸다.

유월절 엿새 전에 예수는 베다니로 가셨다. 거기서 예수를 위해 잔치가 베풀어졌다. 마르다는 시중을 들고 있었고, '죽었다 살아난' 나사로는 예수와 함께 음식을 먹고 있는 사람 가운데 끼어 있었다. 그 때 마리아가 매우 값진 순 나드 향유 한 근을 가져다가 예수의 발에 붓고, 자기 머리털로 그 발을 닦았다. 온 집 안에 향유 냄새가 가득 찼다. 가룟 유다가 항의했다.

예수: "그대로 두어라. 그는 나의 장례 날에 쓰려고 간직한 것을 쓴 것이다. 가난한 사람들은 언제나 너희와 함께 있지만 나는 언제나 너희와 함께 있는 것이 아니다."

유대인들이 예수가 거기에 계신다는 것을 알고, 떼를 크게 지어 몰려왔다. 그들은 예수뿐만 아니라 그가 죽은 사람 가운데서 살리신 나사로도 보려고 왔다. 그래서 대제사장들은 나사로도 죽이려고 모의했다. 그것은 나사로 때문에 많은 유대인들이 떨어져 나가 예수를 믿었기 때문이다.

(7) 예수, "나는 길이요 진리요 생명이다"^(요14:1-42)

예수는 곧 붙잡히실 것을 아시고 제자들에게 당부하셨다.

예수: "내가 너희를 사랑한 것 같이 서로 사랑하라."

베드로: (이상한 분위기를 눈치 채고) "주님, 어디로 가십니까? 나는 주님을 위하여 내 목숨이라도 바치겠습니다."

예수: "내가 진정으로 진정으로 너에게 말한다. 닭이 울기 전에 너는 세 번 나를 모른다고 할 것이다."

이어 예수는 '자신이 하나님께 이르는 길'이라고 말씀하셨다.

예수: "너희는 마음에 근심하지 말아라. 하나님을 믿고 또 나를 믿어라. 내 아버지의 집에는 있을 곳이 많다. 그렇지 않다면 내가 너희가 있을 곳을 마련하러 간다고 너희에게 말했겠느냐? 이미 너희에게 일러주었을 것이다. 나는 너희가 있을 곳을 마련하러 간다. 내가 가서 너희가 있을 곳을 마련하면, 다시 와서 너희를 나에게로 데려다가 내가 있는 곳에 너희도 함께 있게 하겠다. 너희는 내가 어디로 가는지 그 길을 알고 있다."

도마: "주님, 우리는 주님께서 어디로 가시는지도 모르는데, 어떻게 그 길을 알 수 있겠습니까?"

예수: "나는 길이요, 진리요, 생명이다. 나를 거치지 않고서는 아무도 아버지께로 갈 사람이 없다. 너희가 나를 알았더라면 내 아버지도 알았을 것이다. 이제 너희는 내 아버지를 알고 있으며, 그분을 이미 보았다."

빌립: "주님, 우리에게 아버지를 보여 주십시오. 그러면 좋겠습니다."

예수: "빌립아, 내가 이렇게 오랫동안 너희와 함께 지냈는데도 너는

나를 알지 못하느냐? 나를 본 사람은 아버지를 보았다. 그런데 네가 어찌하여 '우리에게 아버지를 보여 주십시오' 하고 말하느냐? 내가 아버지 안에 있고, 아버지께서 내 안에 계시다는 것을, 네가 믿지 않느냐? 내가 너희에게 하는 말은 내 마음대로 하는 것이 아니다. 아버지께서 내 안에 계시면서 자기의 일을 하신다. 내가 아버지 안에 있고, 아버지께서 내 안에 계시다는 것을 믿어라. 믿지 못하겠거든 내가 하는 그 일들을 보아서라도 믿어라. 내가 진정으로 진정으로 너희에게 말한다. 나를 믿는 사람은 내가 하는 일을 그도 할 것이요, 그보다 더 큰 일도 할 것이다. 그것은 내가 아버지께로 가기 때문이다. 너희가 내 이름으로 구하는 것은 내가 무엇이든지 다 이루어 주겠다. 이것은 아들로 말미암아 아버지께서 영광을 받으시게 하려는 것이다. 너희가 무엇이든지 내 이름으로 구하면, 내가 다 이루어 주겠다."

(8) 예수, "나는 참포도 나무다"(요15:1-5)

예수는 "나는 길이요, 진리요, 생명이다. 나를 거치지 않고서는 아무도 아버지께로 갈 사람이 없다"고 말씀하신 후 "나는 참포도 나무다"라고 선포하셨다.

예수: "나는 참 포도나무요, 내 아버지는 농부이다. 내게 붙어 있으면서도 열매를 맺지 못하는 가지는 아버지께서 다 잘라 버리시고, 열매를 맺는 가지는 더 많은 열매를 맺게 하시려고 손질하신다."

"너희는 내가 너희에게 말한 그 말로 말미암아 이미 깨끗하게 되었다. 내 안에 머물러 있어라. 그리하면 나도 너희 안에 머물러 있겠다. 가지가 포도나무에 붙어 있지 아니하면 스스로 열매를 맺을 수 없는 것과 같이, 너희도 내 안에 머물러 있지 아니하면 열매를 맺을 수 없다. 나는 포도나무요, 너희는 가지다. 사람이 내 안에 머물러 있고, 내가 그 안에 머물러 있으면, 그는 많은 열매를 맺는다. 너희는 나를 떠나서는 아무것도 할 수 없다. 사람이 내 안에 머물러 있지 아니하면, 그는 쓸모 없는 가지처럼 버림을 받아서 말라 버린다. 사람들이 그것을 모아다가 불에 던져서 태워 버린다."

"너희가 내 안에 머물러 있고, 나의 말이 너희 안에 머물러 있으면, 너희가 무엇을 구하든지 다 그대로 이루어질 것이다. 너희가 열매를 많이 맺어서 나의 제자가 되면, 이것으로 나의 아버지께서 영광을 받으실 것이다. 아버지께서 나를 사랑하신 것과 같이, 나도 너희를 사랑하였다. 너희는 내 사랑 안에 머물러 있어라. 그것은 마치 내가 내 아버지의 계명을 지켜서 그 사랑 안에 머물러 있는 것과 같다."

"내가 너희에게 이러한 말을 한 것은, 내 기쁨이 너희 안에 있게 하고, 또 너희의 기쁨이 넘치게 하려는 것이다. 내 계명은 이것이다. 내가 너희를 사랑한 것과 같이, 너희도 서로 사랑하라. 사람이 자기 친구를 위하여 자기 목숨을 내놓는 것보다 더 큰 사랑은 없다. 내가 너희에게 명한 것을 너희가 행하면 너희는 내 친구다. 이제부터는 내가 너희를 종이라고 부르지 않겠다. 종은 그의 주인이 무엇을 하는지 알지 못한다. 나는 너희를 친구라고 불렀다. 내가 아버지에게서 들은 모든 것을 너희에게 알려 주었기 때문이다."

"너희가 나를 택한 것이 아니라, 내가 너희를 택하여 세운 것이다. 그것은 너희가 가서 열매를 맺어, 그 열매가 언제나 남아 있게 하려는 것이다. 그리하여 너희가 내 이름으로 아버지께 구하는 것은 무엇이든지 다 받게 하려는 것이다. 내가 너희에게 명하는 것은 이것이다. 너희는 서로 사랑하라."

02

가르치심

예수는 제자들은 물론 따르는 무리에게도 많은 것을 가르치셨다. 예수의 가르치심은 어느 것 하나 버릴 것 없이 우리들의 믿음생활과 일상생활에서 소중한 길잡이가 되는 것들이다. 예수의 훌륭한 가르치심으로, 기독교는 세계종교가 될 수 있었다.

예수의 가르치심은 폭넓은 것이어서 여기서는 '가장 큰 계명, 영생, 죄, 용서, 구원 등' 14개 주제를 선정하여 이야기한다.

이야기는 '비유' 하나만 4쪽으로, 나머지는 모두 2쪽으로 제한했다. 다룰 이야기는 다음과 같다.

(1) 예수, 자신이 누구인가를 손수 밝히시다

(2) 가장 큰 계명

(3) 영생

(4) 구원

(5) "진리가 너희를 자유롭게 하리라"

(6) 사마리아 여자와의 대화

(7) "부자는 하늘나라에 들어가기가 어렵다"

(8) "죄가 없는 사람이 먼저 이 여자에게 돌을 던져라"

(9) "하나님, 이 죄인을 용서하여 주십시오."

(10) 산상 설교

(11) 섬김

(12) 비유

(13) 용서

(14) 기도

(1) 예수, 자신이 누구인가를 손수 밝히시다

4복음서에서, 예수는 자신이 누구인가를 손수 밝히셨다. 이를 정리한다.

- 예수는 악마에게 시험을 받으신 후 나사렛으로 가셔서 안식일에 회당에 들어가셨다. 예수는 이사야의 두루마리를 펴서 가르치신 후 말씀하셨다. "아무 예언자도 자기 고향에서는 환영을 받지 못한다."(눅 4:16-24)
- 예수는 가이사랴에서 제자들에게 물으셨다. "사람들이 인자를 누구라고 하느냐?" 베드로가 대답했다. "선생님은 살아계신 하나님의 아들 그리스도십니다." 예수는 '자기가 그리스도'라는 것을 아무에게도 말하지 말라고 엄명하셨다.(마16:13-20)
- 예수는 제자들에게 자신이 "반드시 많은 고난을 받고, 장로들과 대제사장들과 율법학자들에게 배척을 받아 죽임을 당하고 나서, 사흘 후에 살아나야 한다"고 말씀하셨다.(막8:31-38)
- 대제사장들과 율법학자들이 예수에게 물었다. "당신은 무슨 권한으로 이런 일을 합니까?" 예수가 대답 대신 물으셨다. "요한의 세례가 하늘에서 난 것이냐? 사람에게서 난 것이냐?" 진퇴양난에 빠진 그들은 모른다고 대답했다.(눅20:1-8)
- 바리새인 가운데 니고데모라는 지도자가 있었다. 그가 밤에 예수를 찾아왔다. 예수가 그에게 말씀하셨다. "하나님께서 세상을 이처럼 사랑하셔서 외아들을 주셨으니, 이는 그를 믿는 사람마다 멸망하지 않고 영생을 얻게 하려는 것이다. 아버지께서 아들을 세상에 보내신 것

은 세상을 심판하시려는 것이 아니라 아들을 통하여 세상을 구원하시려는 것이다."(요3:1-17)

• 유월절이 가까워지자 예수는 예루살렘으로 가셨다. 예수는 성전에서 장사하는 사람들, 돈 바꿔주는 사람들을 보시고 성전을 청결하게 하셨다. 그리고 그들에게 말씀하셨다. "이 성전을 허물어라. 그러면 내가 사흘 만에 다시 세우겠다."(요2:13-19)

• 명절 마지막 날에 예수가 큰 소리로 말씀하셨다. "목마른 사람은 다 나에게로 와서 마셔라. 나를 믿는 사람은 … 그의 배에서 생수가 강물처럼 흘러나올 것이다."(요7:37-38)

• 예수가 말씀하셨다. "나는 세상의 빛이다. 나를 따르는 사람은 어둠 속에 다니지 아니하고, 생명의 빛을 얻을 것이다." "진리가 너희를 자유롭게 할 것이다. …. 죄를 짓는 사람은 다 죄의 종이다. 그러므로 아들이 너희를 자유롭게 하면 너희는 자유롭게 될 것이다.(요8:12-36)

• 예수는 죽은 나사로를 살리시기 전 나사로의 누이동생 마르다에게 말씀하셨다. "나는 부활이요 생명이니, 나를 믿는 사람은 죽어도 살고, 살아서 나를 믿는 사람은 영원히 죽지 아니할 것이다."(요11:25-26)

• '최후의 만찬'에서 예수는 이렇게 말씀하셨다. "(빵을 제자들에게 떼어주시며) 받아서 먹어라. 이것은 내 몸이다." "(포도주 잔을 제자들에게 주시며) 모두 돌려가며 이 잔을 마셔라. 이것은 죄를 사하여 주려고 많은 사람을 위하여 흘리는 나의 피, 곧 언약의 피다."(마26:26-28)

• 엠마오로 가는 길에 예수가 나타나셨다는 이야기를 제자들이 하고 있을 때 예수가 그들에게 나타나셨다. "너희에게 평화가 있어라. …. 내 손과 발을 보아라. 바로 나다. 나를 만져 보아라. 유령은 살과 뼈가 없지만 너희가 보다시피 나는 살과 뼈가 있다."(눅24:36-39)

(2) 가장 큰 계명

예수의 말기 사역 중에 일어난 일이다. 예수는 제자들과 함께 예루살렘성에 입성하여 율법학자들과 여러 가지 문제를 놓고, 변론을 벌이셨다. 예수가 대답을 잘 하시는 것을 보고 한 율법학자가 시험하고자 예수에게 다가와 물었다.(막12:28~34; 마22:34~40; 요13:31~35;)

율법학자: "모든 계명 가운데서 가장 으뜸 되는 것은 어느 것입니까?"

예수: "첫째는 이것이다. '이스라엘아, 들어라. 주, 곧 우리 하나님은 오직 한 분이신 주님이시다. 네 마음을 다하고, 네 목숨을 다하고, 네 뜻을 다하고, 네 힘을 다하여, 주 너의 하나님을 사랑하라.' 둘째는 이것이다. '네 이웃을 네 몸 같이 사랑하라.' 이 계명보다 더 큰 계명은 없다."

율법학자: "선생님, 옳은 말씀입니다. 하나님은 한 분이시요, 그 밖에 다른 이는 없다고 하신 그 말씀은 옳습니다. 또 마음을 다하고, 지혜를 다하고, 힘을 다하여, 하나님을 사랑하는 것과 이웃을 자기 몸 같이 사랑하는 것이 모든 번제와 희생제보다 더 낫습니다."

예수: (예수는 그가 슬기롭게 대답하는 것을 보시고) "너는 하나님의 나라에서 멀리 있지 않다."

그 뒤에는 감히 예수에게 더 묻는 사람이 없었다. 예수는 "이 두 계명에 온 율법과 예언서의 본뜻이 달려 있다"(마22:40)고 강조하셨다.

하나님은 일찍이 시내산에서 모세에게 십계명을 주셨다. 이 가운데 제1~4 계명은 하나님 사랑, 제9~10 계명은 사실상 이웃 사랑에 관한 것이다. 그러면 우리는 예수가 말씀하신 '가장 큰 계명'을 지킬 수 있을까? 즉, '마음을 다하고, 목숨을 다하고, 뜻을 다하고, 힘을 다하여' 하나님을 사랑할 수 있을까? 또 '이웃을 내 몸 같이' 사랑할 수 있을까?

이웃 사랑에 관해 예수가 말씀하신 이야기를 소개한다.

• 선한 사마리아인 이야기(눅10:25-37)

율법 교사: "선생님, 내가 무엇을 해야 영생을 얻겠습니까?"

예수: "율법에 무엇이라고 기록되어 있느냐?"

율법 교사: "'네 이웃을 네 몸 같이 사랑하라' 하였습니다. 그런데 내 이웃이 누구입니까?"

예수: ('선한 사마리아인' 이야기를 들려주신 다음) "가서, 너도 그와 같이 하여라."

율법 교사가 '선한 사마리아인'처럼 이웃을 사랑했을까?

• 부자청년 이야기(마19:26-30; 막10:17-31; 눅18:18-30)

부자 청년: "선생님, 내가 영생을 얻으려면 무슨 선한 일을 해야 합니까?"

예수: "계명들을 지켜라." 부자 청년은 모든 계명을 다 지켰다고 자신 있게 말했다.

예수: "네가 완전한 사람이 되고자 하거든 가서 네 소유를 팔아서 가난한 사람에게 주어라. 그리하면, 네가 하늘에서 보화를 차지하게 될 것이다. 그리고 와서 나를 따르라."

부자 청년은 근심하면서 떠나갔다. 그에게는 재산이 많았기 때문이다.

(3) 영생

영생이란 세상에서 말하는 장수(長壽)나 영혼불멸(靈魂不滅)이 아니라 그리스도에 의해 주어지는 영원한 생명을 말한다. 달리 말하면, 영생이란 인간이 그리스도를 믿고, 하나님과의 관계를 맺는 것을 말한다. 영생에 관한 예수의 말씀이다. "하나님께서 세상을 이처럼 사랑하셔서 독생자를 주셨으니, 이는 그를 믿는 사람마다 멸망하지 않고 영생을 얻게 하려는 것이다."(요3:16)

바리새인 가운데 니고데모라는 사람이 있었다. 그는 유대인의 한 지도자였다. 이 사람이 밤에 예수를 찾아왔다.

니고데모: "랍비님, 우리는 선생님이 하나님께로부터 오신 분임을 압니다. 하나님께서 함께 하지 않으시면 선생님께서 행하시는 그런 표징들을 아무도 행할 수 없습니다."

예수: "내가 진정으로 진정으로 너에게 말한다. 누구든지 다시 태어나지 않으면 하나님 나라를 볼 수 없다."

니고데모: "사람이 늙었는데 그가 어떻게 다시 태어날 수 있겠습니까? 어머니 뱃속에 다시 들어갔다가 태어날 수야 없지 않습니까?"

예수: "내가 진정으로 너에게 말한다. 누구든지 물과 성령으로 나지 아니하면 하나님 나라에 들어갈 수 없다. 육으로 난 것은 육이요, 영으로 난 것은 영이다. 너희가 다시 태어나야 한다고 내가 말한 것을 너희는 이상히 여기지 말라. …."

니고데모: "어떻게 이런 일이 있을 수 있습니까?"

예수: "너는 이스라엘의 선생이면서 이런 것도 알지 못하느냐? 내가

진정으로 진정으로 너에게 말한다. 우리는 우리가 아는 것을 말하고, 우리가 본 것을 증언하는데 너희는 우리의 증언을 받아들이지 않는다. 내가 땅의 일을 말하여도 너희가 믿지 아니하거든, 하물며 하늘의 일을 말하면 어떻게 믿겠느냐? 하늘에서 내려온 이, 곧 인자 밖에는 하늘로 올라간 이가 없다. 모세가 광야에서 뱀을 든 것과 같이 인자도 들려야 한다. 그것은 그를 믿는 사람마다 영생을 얻게 하려는 것이다. 하나님께서 세상을 이처럼 사랑하셔서 독생자를 주셨으니, 이는 그를 믿는 사람마다 멸망하지 않고 영생을 얻게 하려는 것이다. 하나님께서 아들을 세상에 보내신 것은, 세상을 심판하시려는 것이 아니라 아들을 통하여 세상을 구원하시려는 것이다. 아들을 믿는 사람은 심판을 받지 않는다. 그러나 믿지 않는 사람은 이미 심판을 받았다. 그것은 하나님의 독생자의 이름을 믿지 않았기 때문이다. 심판을 받았다고 하는 것은, 빛이 세상에 들어왔지만 사람들이 자기들의 행위가 악하므로 빛보다 어둠을 더 좋아하였다는 것을 뜻한다. 악한 일을 저지르는 사람은 누구나 빛을 미워하며 빛으로 나아오지 않는다. 그것은 자기 행위가 드러날까 보아 두려워하기 때문이다. 그러나 진리를 행하는 사람은 빛으로 나아온다. 그것은 자기의 행위가 하나님 안에서 이루어졌음을 드러내려는 것이다.”(요3:1-21)

훗날 대제사장들이 예수를 잡으려고 성전 경비병들을 보냈으나 그들은 빈손으로 돌아왔다. 이 때 전에 예수를 찾은 니고데모가 항의했다. “율법은 먼저 그 사람의 말을 들어보거나 또 그가 한 일을 알아본 다음에 심판하는 것이 아니요?”(요7:32-52)

(4) 구원

요셉이 마리아와 약혼하고 나서 같이 살기 전 마리아가 성령으로 잉태한 사실이 드러났다. 요셉은 파혼하려 했다. 주님의 천사가 요셉의 꿈에 나타났다. "마리아가 아들을 낳을 것이니 너는 그 이름을 예수라고 하라. 그가 자기 백성을 그들의 죄에서 구원할 것이다."(마1:20–21)

부활하신 예수가 열한 제자가 식사하고 있을 때 나타나셔서 당부하셨다. "너희는 온 세상에 나가서 만민에게 복음을 전하라. 믿고 세례를 받는 사람은 구원을 얻을 것이요, 믿지 않는 사람은 정죄를 받을 것이다."(막16:14–16)

구원이란 무엇인가? 앞의 두 인용이 말해 주듯이, 구원이란 사람이 예수의 은혜에 힘입어 죄로부터 용서받는 것이다.

• 요한복음은 하나님이 독생자 예수를 이 세상에 보내신 이유가 '세상을 구원하시려는 데 있다'고 분명하게 밝혀준다.

"하나님께서 세상을 이처럼 사랑하셔서 외아들을 주셨으니, 이는 누구든지 그를 믿는 사람마다 멸망하지 않고 영생을 얻게 하려는 것이다. 하나님께서 아들을 세상에 보내신 것은, 세상을 심판하시려는 것이 아니라 아들을 통하여 세상을 구원하시려는 것이다."(요3:16–17)

• 예수는 무리에게 자신이 세상을 구원하러 왔다고 밝히셨다.

"내가 진정으로 너희에게 말한다. 나는 양들이 드나드는 문이다. … 누구든지 나를 통하여 들어오면 구원을 받을 것이다."(요10:7–9)

"어떤 사람이 내 말을 듣고서 그것을 지키지 않는다 하더라도 나는 그를 심판하지 아니한다. 나는 세상을 심판하려는 온 것이 아니라 구

원하러 왔다."(요12:47)

· 바울은 '아담으로 인해 모든 사람이 지은 죄'가 '하나님의 은혜와 예수 그리스도 한 사람의 은혜로 말미암아 … 무죄 선언이 내려졌다' 고 강조했다.(롬5:12-16)

"우리가 아직 죄인이었을 때 그리스도께서 우리를 위하여 죽으셨습니다. 이리하여 하나님께서는 우리들에 대한 자기의 사랑을 실증하셨습니다. 그러므로 지금 우리가 그리스도의 피로 의롭게 되었으니, 그리스도로 말미암아 하나님의 진노에서 구원을 얻으리라는 것은 더욱 확실합니다."(롬5:8-9)

"아담 한 사람의 범죄 때문에 그 한 사람으로 말미암아 죽음이 왕노릇 하게 되었다면, 넘치는 은혜와 의의 선물을 받은 사람들은 예수 그리스도 한 분으로 말미암아 생명 안에서 왕노릇 하게 되리라는 것은 더욱 확실합니다. 그러니 한 사람의 범죄 행위 때문에 모든 사람이 유죄 판결을 받았는데, 이제는 한 사람의 의로운 행위 때문에 모든 사람이 의롭다는 인정을 받아서 생명을 얻게 되었습니다."(롬5:17-18)

"하나님께 감사하는 것은, 여러분이 전에는 죄의 종이었으나 이제 여러분은 전해 받은 교훈의 본에 마음으로부터 순종함으로써 죄에서 해방을 받아 의의 종이 된 것입니다. …. 이제 여러분은 죄에서 해방을 받고, 하나님의 종이 되어서, 거룩함에 이르는 삶의 열매를 맺고 있습니다. 그 마지막은 영생입니다."(롬6:17-22)

(5) "진리가 너희를 자유롭게 하리라"

"진리가 너희를 자유롭게 하리라"에 관한 설교는 현학적(衒學的)이거나 철학적으로 느껴지는 경우가 있었다.

예수는 유대인들을 상대로 '자신이 세상의 빛이요, 그리스도'라고 가르치셨다.(요8:12-30) 그 때 예수는 자기를 믿는다고 말하는 유대인들에게 말씀하셨다.

예수: "너희가 나의 말에 머물러 있으면 너희는 참으로 나의 제자들이다. 그리고 너희는 진리를 알게 될 것이며, 진리가 너희를 자유롭게 할 것이다."(요8:31-32)

유대인들: "우리는 아브라함의 자손이라 아무에게도 종노릇한 일이 없는데, 당신은 어찌하여 우리가 자유롭게 될 것이라고 말합니까?"

예수: "내가 진정으로 진정으로 너희에게 말한다. 죄를 짓는 사람은 다 죄의 종이다. …. 그러므로 아들이 너희를 자유롭게 하면 너희는 참으로 자유롭게 될 것이다."

예수는 강조해서 '죄'(sin)와 '종'(slave)을 연관시키셨다.

유대인들: "우리에게는 하나님이신 아버지 한 분만 계십니다."

예수: "하나님이 너희의 아버지라면 너희가 나를 사랑할 것이다. …. 내가 내 마음대로 온 것이 아니라 아버지께서 나를 보내신 것이다. 내가 진리를 말하기 때문에 너희는 나를 믿지 않는다." 유대인들은 예수가 귀신들렸다며 돌로 치려했다.

앞에서 언급한 요한복음 8장 31-59절은 다음과 같이 요약될 수 있을 것 같다.

첫째, 예수는 유대인들이 자기의 제자가 되면 진리를 알게 되고, 진리가 그들을 자유롭게 한다고 강조하셨다. 둘째, 예수는 죄를 짓는 사람은 죄의 종이 되는데, "아들"이 죄인을 자유롭게 한다고 강조하셨다. 셋째, 예수는 자기가 하나님 아버지가 보내신 "아들"이라고 강조하셨다.

종합하면, "진리가 너희를 자유롭게 하리라"는 '우리가 예수를 믿으면 예수가 우리를 죄로부터 자유롭게 한다'는 것을 뜻한다고 볼 수 있다.

영어로, "진리가 너희를 자유롭게 하리라"는 "the truth will set you free."(NIV 성경) 또는 "the truth will free you."(Message 성경)로 표현된다. 'free' 다음에는 일반적으로 전치사 'from'이 뒤따른다. 예수는 from 다음에 올 단어를 '죄'(sins)라고 암시하셨다.

영어로, '자유'는 liberty 또는 freedom이다. liberty는 '타고난' 자유를, freedom은 '어떤 구속으로부터 풀려난' 자유를 뜻한다. 앞의 두 성경이 보여주듯이, freedom의 동사는 free다. 따라서 "진리가 너희를 자유롭게 하리라"는 '진리가 우리를 어떤 구속, 곧 죄로부터 풀려나게 한다'는 뜻으로 볼 수 있다.

그러면 '진리'란 무엇을 뜻할까? 우리는 우리를 자유롭게 하는 어떤 '주체'를 생각해볼 수 있다. 그 주체를, 예수는 '아버지가 보내신 아들' 곧, 자기 자신이라고 강조하셨다. 실제로 예수는 자신이 '진리'라고 선포하셨다. "나는 길이요, 진리요, 생명이다."(I am the way and the truth and the life.)(요:14:6)

결론: "진리가 너희를 자유롭게 하리라"는 '우리가 예수를 믿으면 예수가 우리를 죄로부터 풀려나게 한다'는 뜻이다. 쉽다!

(6) 사마리아 여자와의 대화

예수와 사마리아 여자와의 대화는 읽을 때마다 감동을 준다.(요4:3-42) 한 사마리아 여자가 예수를 그리스도라고 믿은 나머지 물동이를 내 버려둔 채 동네로 달려가는 모습은 마치 기독교가 세계종교가 되어가 는 장면을 보여주는 한 편의 동영상처럼 느껴지기 때문이다.

예수는 남쪽 유대에서 세례를 주시다가 북쪽 갈릴리로 가셨다. 그렇 게 하려면 사마리아를 거쳐 갈 수밖에 없었다. 예수는 사마리아에 있 는 수가라는 동네에 이르러, 우물가에 앉으셨다.

사마리아 여자 하나가 물을 길으러 나왔다. 예수는 그 여자에게 물 을 좀 달라고 말씀하셨다.

여자: "선생님은 유대인인데 어떻게 사마리아 여자인 나에게 물을 달라고 하십니까?"

이어 성경에는 이렇게 쓰여 있다-"(유대인은 사마리아인과 상종하지 않기 때 문이다.)" 왜 그렇게 쓰였을까?

이스라엘이 망한 후 북왕국 백성은 외국인과 결혼하여 순혈주의(純血 主義)를 지키지 못한 데다 이방신까지 믿었다. 북왕국 수도는 사마리아 였기 때문에 북왕국 백성은 '사마리아인'으로 불렸다. 유다와 베냐민 두 지파로 구성된 남왕국 유대인들은 순혈주의를 지켰다. 그래서 그들 은 순혈주의를 지키지 않은 북왕국 백성을 '사마리아인'이라 불렀고, 그들을 개처럼 취급했고, 사마리아를 돌아서 갈 정도였다.[34]

예수: "네가 하나님의 선물을 알고 또 너에게 물을 달라는 사람이 누 구인지를 알았더라면 도리어 네가 그에게 청하였을 것이고, 그는 너에

게 생수를 주었을 것이다. …. 내가 주는 물을 마시는 사람은 영원히 목마르지 않을 것이다. 내가 주는 물은 그 사람 속에서 영생에 이르게 하는 샘물이 될 것이다. …. 가서, 네 남편을 불러오너라."

여자: "나에게는 남편이 없습니다."

예수: "네 말이 옳다. 너에게는 남편이 다섯이나 있었고, 지금 같이 살고 있는 남자도 네 남편이 아니니 바로 말하였다."

여자: "선생님, 내가 보니 선생님은 예언자이십니다. …. 나는 그리스도라고 하는 메시아가 오실 것을 압니다. 그가 오시면 우리에게 모든 것을 알려 주실 것입니다."

예수: "너에게 말하고 있는 내가 그다."

이때 제자들이 돌아와 예수가 사마리아 여자와 대화하시는 것을 보고 놀랐다. 그러나 아무도 묻는 사람이 없었다.

사마리아 여자는 물동이를 내버려둔 채 부리나케 동네로 달려갔다. "내가 한 일을 모두 알아맞히신 분이 계십니다. 와서 보십시오. 그분이 그리스도가 아닐까요?" 사람들이 예수에게로 모여들었다.

그 동네에서 많은 사마리아인들이 예수를 믿게 되었다. 그것은 그 여자가 자기가 한 일을 예수가 다 알아맞혔다고 증언했기 때문이다. 예수는 '사마리아인에 대한 차별을 무시하고' 사마리아인들의 요청에 따라 그 곳에서 이틀 동안 머무르셨다. 그래서 더 많은 사람들이 예수의 말씀을 듣고, 믿게 되었다.

마침내 동네 사람들이 그 여자에게 말했다. "우리가 믿는 것은 이제 당신의 말 때문만은 아니오. 우리가 그 말씀을 직접 들어 보고, 이분이 참으로 구주이심을 알았기 때문이오."

(7) "부자는 하늘나라에 들어가기가 어렵다"

예수와 부자 청년과의 대화는 여러 가지 '영적 교훈'을 느끼게 한다. (마19:16-26; 막10:17-26; 눅18:18-27) 그 가운데 대표적인 것은 '베풂'일 것 같다.

청년: "선생님, 내가 영생을 얻으려면 무슨 선한 일을 해야 합니까?"

예수: "어찌하여 너는 나에게 선한 일을 묻느냐? 선한 분은 오직 한 분뿐이시다. 네가 생명에 들어가고자 하거든 계명들을 지켜라."

청년: "어느 계명들입니까?"

예수: "'살인하지 말라, 간음하지 말라, 도둑질하지 말라, 거짓으로 증언하지 말라' 부모를 공경하라.' 그리고 '네 이웃을 네 몸과 같이 사랑하라' 하는 계명들이 있지 않으냐?"

청년: "나는 이 모든 것을 다 지켰습니다. 아직도 무엇이 부족합니까?"

예수: "네가 완전한 사람이 되고자 하거든 네 소유를 팔아서 가난한 사람에게 주어라. 그리하면, 네가 하늘에서 보화를 차지하게 될 것이다. 그리고 와서 나를 따르라."

그러나 청년은 이 말을 듣고 근심하면서 떠나갔다. 그에게는 재산이 많았기 때문이다. 부자 청년이 떠나가자 예수는 제자들을 둘러보셨다.

예수: "내가 진정으로 너희에게 말한다. 부자는 하늘나라에 들어가기가 어렵다. 내가 다시 너희에게 말한다. 부자가 하나님나라에 들어가는 것보다 낙타가 바늘귀로 지나가는 것이 더 쉽다."

제자들: (놀라며) "그러면, 누가 구원을 받을 수 있겠습니까?"

예수: "사람은 이 일을 할 수 없으나 하나님은 무슨 일이나 다 하실 수 있다."

위 대화는 읽을 때마다 충격을 준다. 예수와 부자 청년과의 대화는 예수가 천국, 구원, 심판 등에서 사용하신 비유법과는 달리 직설법이어서 이해하는 데는 어려움이 없다. 충격의 원인을 세 가지로 간추린다.

첫째, 예수는 "부자가 하늘나라에 들어가기가 어렵다"고 말씀하시면서도 '하나님은 하실 수 있다'고 시사하셨다.

둘째, 예수는 부자 청년에게 "네 소유를 팔아서 가난한 사람에게 주라"고 직설적으로 말씀하셨다. 가진 것을 나눠주되, '엄청나게 많이' 가진 것을 나눠주는 것이고, 더군다나 그것도 '가난한 사람에게' 나눠주는 것'이다. 사람으로서 가능한 일인가?

셋째, 예수는 '하나님 사랑'에 이어 '이웃 사랑'을 둘째 계명이라고 가르치셨는데(마22:37-39), 위 대화에서는 이웃 사랑의 대상을 구체적으로 '가난한 사람'이라고 밝히셨다. 가난한 사람을 도울 수 있는 사람은 사실상 부자인데, '부자가 하늘나라에 들어갈 수 없다니!'

예수와 부자 청년과의 대화는, 돈벌이에 관심을 갖고 세상을 살아가는 우리 모두에게, 특히 부자들에게 몇 번이고 되새겨볼 만한 '영적 교훈'을 준다. 그 가운데 대표적인 것은 '베풂'이 아닐까? '부자가 하늘나라에 들어가는 것보다 낙타가 바늘귀로 지나가는 것이 더 쉽다!' 만일 부자 청년이 재산을 팔아 가난한 사람들에게 베풀었다면?

(8) "죄 없는 사람이 먼저 이 여자에게 돌을 던져라"

예수는 세상 사람들에게 죄를 짓지 말라고 강조, 강조하셨다. 그런데 예수는 "너희 가운데 죄가 없는 사람이 먼저 이 여자에게 돌을 던져라"는 말씀 하나로 세상 사람들로 하여금 '나는 죄인입니다' 하고 고백하도록 위력을 발휘하셨다.(요8:1-11)

예수는 올리브 산으로 가셨다. 이른 아침에 예수가 다시 성전으로 들어가시자 많은 사람들이 그에게로 모여들었다. 예수가 앉아서 그들을 가르치실 때 율법학자들과 바리새인들이 간음하다가 잡힌 여자를 끌고 와서, 가운데 세워 놓고 예수에게 말했다.

바리새인들: "선생님, 이 여자가 간음을 하다가 현장에서 잡혔습니다. 모세는 율법에, 이런 여자를 돌로 쳐서 죽이라고 우리에게 명령하였습니다. 그런데 선생님은 이 일을 놓고 뭐라고 하시겠습니까?"

그들이 이렇게 말한 것은 예수를 시험해 보고, 고소할 구실을 찾으려는 것이었다. 만일 예수가 간음한 여자를 죽이는 것이 옳지 않다고 말했다면 예수는 율법을 어겼다는 죄목으로 고소당했을 것이다. 반대로, 만일 예수가 율법에 따라 간음한 여자를 돌로 쳐서 죽이라고 말했다면 예수는 죄인을 사랑하고 구원하려는 사명을 저버렸다고 비난받았을 것이다. 예수는 진퇴양난(進退兩難)의 상황에서 어떻게 빠져나오셨을까?

예수는 몸을 굽혀 손가락으로 땅에 무엇인가를 쓰셨다. 그들이 다그쳐 물었다. 그러자 예수는 몸을 일으켜 그들에게 말씀하셨다.

예수: "너희 가운데 죄가 없는 사람이 먼저 이 여자에게 돌을 던져

라.”

예수는 다시 몸을 굽혀 땅에 무엇인가를 쓰셨다.

이 말을 듣자 사람들은 나이가 많은 사람부터 시작하여 하나 둘씩 돌아가고, 마침내 예수만 남으셨다. 그 여자는 그대로 서 있었다.

예수가 몸을 일으켜 여자에게 말씀하셨다.

예수: “여자여, 사람들은 어디에 있느냐? 너를 정죄한 사람이 하나도 없느냐?”

여자: “주님, 한 사람도 없습니다.”

예수: “나도 너를 정죄하지 않는다. 가서, 이제부터 다시는 죄를 짓지 말라.”

‘간음하다 잡힌 여자’ 이야기는 너무나도 유명하다. 이 이야기는 ‘죄인에 대한 하나님의 무조건적인 용서’라는 영적 교훈을 주는 것으로 풀이되는 것 같다. 그런데 예수는, 율법학자들과 바리새인들이 자신들도 죄인이라는 것을 깨닫지 못한 채 간음한 여자를 정죄한 것을 ‘정죄하신 셈’이다. 나아가 예수는, 시키지도 않으셨는데 “나이가 많은 사람부터 시작하여 하나 둘씩 돌아가게” 만드셨다.

이 사건이 벌어진 장소가 전 세계라고 가정해 보자. 예수가 말씀하신다. “너희 가운데 죄가 없는 사람이 먼저 이 여자에게 돌을 던져라.” 세상 사람들이 하나 둘씩 돌아가고, 이 넓고 넓은 세상에는 예수와 간음한 여자만 달랑 남았다!

(9) "하나님, 이 죄인을 용서하여 주십시오."

"이 죄인을 용서하여 주십시오"라고 회개한 '세리(稅吏)'를 놓고, 예수는 "누구든지 자기를 높이는 사람은 낮아지고, 자기를 낮추는 사람은 높아질 것이다"고 말씀하셨다.

마태복음 23장은 온통 예수가 율법에 얽매인 바리새인들과 유대인들의 위선을 꾸짖으시는 이야기다. 예수가 말씀하셨다.

예수: "바리새인들이 너희에게 말하는 것은 무엇이든지 다 실행하고 지켜라. 그러나 그들의 행실은 따르지 말라. 그들은 말만 하고, 실행하지는 않는다. …. 율법학자들과 바리새인들아, 위선자들아, 너희에게 화가 있다! 너희가 회칠한 무덤과 같기 때문이다.(마23:23~27)

바리새인들과 유대인들은 예수를 따라다니며 고발할 구실을 열심히 찾고 있었다. 예수는 이들의 고발로 결국에는 십자가에 못 박혀 돌아가셨다. 예수는 율법의 작은 부분까지 지키려고 노력하면서도 겉으로 드러내기를 힘쓰는 유대인들과 바리새인들을 '위선자'라고 꾸짖으셨다. 그러나 예수는 당시 창녀처럼 천하게 대접받던 세리는 달리 보셨다.(마21:31)

예수는 길을 가시다가 레위(또는 마태)라는 사람이 세관에 앉아 있는 것을 보시고 말씀하셨다.

예수: "나를 따라 오너라"(마9:9)

레위는 모든 것을 버려두고 일어나 예수를 따라갔다. (마태는 후에 〈마태복음〉을 썼다.) 예수 시대에 세리는 지배자 로마 정부를 위해 일한다는 이유로, 이스라엘 민족으로부터 배신자 대접을 받았다. 실제로 대부분 세리는 정직하지 못했고, 세금에서 떼어낸 돈으로 자기 호주머니를 불렸다. 그래서 세리들은 스스로 죄인이라고 생각했을까? 예수가 이곳저곳 다니시며 가르치실 때 "많은 세리가 예수를 따랐다."(막2:15)

예수는 바리새인들과 세리를 놓고, 다음과 같이 말씀하셨다.

예수: "두 사람이 기도하러 성전에 올라갔다. 하나는 바리새인이고, 다른 하나는 세리였다. 바리새인은 서서 혼잣말로 이렇게 기도했다. '하나님, 감사합니다. 나는 남의 것을 빼앗은 자나 불의한 자나 간음하는 자와는 같지 않으며, 더구나 이 세리와는 같지 않습니다. 나는 이레에 두 번씩 금식하고, 내 모든 소득의 십일조를 바칩니다.' 그런데 세리는 멀찍이 서서 하늘을 우러러볼 엄두도 못 내고, 가슴을 치며 '아, 하나님, 이 죄인을 용서하여 주십시오' 하고 말했다."

"내가 너희에게 말한다. 의롭다는 인정을 받고 자기 집으로 내려간 사람은 저 바리새인이 아니라 이 세리다. 누구든지 자기를 높이는 사람은 낮아지고, 자기를 낮추는 사람은 높아질 것이다."(눅18:9-14)

예수를 따라간 레위는 자기 집에서 큰 잔치를 베풀었다. 많은 세리와 죄인이 와서 예수와 자리를 같이 했다. 이를 본 바리새인들이 꼬집었다.

바리새인들: "어찌하여 당신네 선생은 세리와 죄인과 어울려서 음식을 드시오?"

예수: "건강한 사람에게는 의사가 필요하지 않으나 병든 사람에게는 필요하다. …. 나는 의인을 부르러 온 것이 아니라 죄인을 부르러 왔다."(마9:10-1)

(10) 산상 설교

요한에게 세례를 받으신 예수는 하나님나라를 선포하기 시작하셨다. "회개하라. 하늘나라가 가까이 왔다."

이어 예수는 갈릴리 바닷가를 걸어가시다가 두 형제, 시몬과 그 동생 안드레가 그물을 던지고 있는 것을 보시고, 그들을 제자로 삼으셨다. "나를 따라오너라. 내가 너희를 사람을 낚는 어부로 삼겠다." 거기서 조금 더 가시다가, 예수는 다른 두 형제, 곧 야고보와 그 동생 요한을 보시고, 그들을 부르셨다.

예수는 온 갈릴리를 두루 다니시면서 회당에서 가르치시며, 하늘나라의 복음을 선포하시며, 사람들의 질병과 아픔을 고쳐 주셨다. 예수의 소문이 온 시리아에 퍼졌다. 그리하여 갈릴리와 데가볼리와 예루살렘과 유대와 요단 강 건너편으로부터 많은 무리가 예수를 따라왔다.(마 4:17-25)

예수는 무리를 보시고 산에 올라가 앉으시니 제자들이 나아왔다. 예수는 입을 열어 그들을 가르치셨다.(마5:1-10)

마음이 가난한 사람은 복이 있다. 하늘나라가 그들의 것이다.

슬퍼하는 사람은 복이 있다. 하나님이 그들을 위로하실 것이다.

온유한 사람은 복이 있다. 그들이 땅을 차지할 것이다.

의에 주리고 목마른 사람은 복이 있다. 그들이 배부를 것이다.

자비한 사람은 복이 있다. 하나님이 그들을 자비롭게 대하실 것이다.

마음이 깨끗한 사람은 복이 있다. 그들이 하나님을 볼 것이다.

평화를 이루는 사람은 복이 있다. 하나님이 그들을 자기의 자녀라고 부르실 것이다.

의를 위하여 박해를 받은 사람은 복이 있다. 하늘나라가 그들의 것이다.

위 설교는 '산상 설교(sermon on the mount)' 또는 '산상 보훈(山上寶訓)'이라고 불리는데, 예수의 말씀 가운데 가장 많이 인용되는 것으로 이야기된다. 이 설교는 '팔복(八福)'에 관한 가르침이다. 예수는 산상 설교의 핵심이 말을 이해하는 데 있지 않고, 행동으로 옮기는 데 있다는 것을 가르치려 하셨을 것이다.

(11) 섬김

제자들은 예수가 '이스라엘을 되찾아 주실 것'으로 기대했던 것 같다. 그들은 예수에게 "주님께서 영광을 받으실 때 하나는 선생님의 오른쪽에, 하나는 왼쪽에 앉게 하여 주십시오"(막10:37)라고 부탁까지 했다. 그러나 예수는 "섬김을 받으러 온 것이 아니라 섬기러 왔으며, 많은 사람을 구원하기 위하여 치를 몸값으로 자기 목숨을 내주러 왔다"고 말씀하셨다.(막10:45)

실제로 예수는 '섬김'을 가르치셨다. 예수는 제자들의 발을 씻기심으로써 섬김을 행동으로 보여주신 것이다.(요13:1-20)

예수는 유월절 전에 이 세상을 떠나 아버지께로 가야 할 때가 된 것을 아셨다. 예수는 식탁에서 일어나 겉옷을 벗고, 수건을 가져다가 허리에 두르셨다. 그리고 대야에 물을 담아다가 제자들의 발을 씻으시고, 그 두른 수건으로 닦아 주기 시작하셨다. 시몬 베드로에게 이르셨을 때 베드로가 말했다.

베드로: "주님, 주님께서 내 발을 씻으시렵니까?"

예수: "내가 하는 일을 지금은 네가 알지 못하나 나중에는 알게 될 것이다."

베드로: "아닙니다. 내 발은 절대로 씻지 못하십니다."

예수: "내가 너를 씻어 주지 않으면 너는 나와 상관이 없다."

베드로: (마지못해) "주님, 내 발뿐만 아니라 손과 머리까지도 씻어 주십시오."

예수는 제자들의 발을 씻어 주신 뒤 옷을 입고 식탁에 다시 앉으셨다.

예수: "내가 너희에게 한 일을 알겠느냐? …. 내가 너희의 발을 씻어

주었으니, 너희도 서로 남의 발을 씻어 주어야 한다. 내가 너희에게 한 것과 같이 너희도 이렇게 하라고, 내가 본을 보여 준 것이다. ….”

섬김이란 무엇인가? 선생이신 예수가 제자들의 발을 씻어주신 것이 섬김이다. 가난한 과부가 ‘구차한 가운데서 가지고 있는 생활비 전부(곧, 동전 두 닢)를 헌금궤에 털어 넣는 것’도 섬김이다.(눅21:1-3) “유대인 이 이방인과 가까이 하는 것은 불법”임을 알면서도 베드로가 고넬료 집에 머물면서 설교한 것도 섬김이다.(행10:28) 섬김 가운데 가장 값진 섬김은 어떤 것일까? 그것은 ‘목숨마저 버리는 것’이 아닐까?

- 베드로: 베드로는 로마로 가서 대규모 그리스도 집단을 이끌다가 폭군 네로 황제에 의해 처형당했다고 전한다. 그러한 베드로를 기념하기 위해 콘스탄티누스 황제가 349년에 베드로의 묘지 위에 성 베드로 대성당을 세웠다.

- 안드레: 안드레는 그리스에서 전도 활동을 벌였고, 거기서 십자가에 처형되었다고 한다. 그는 그리스, 러시아, 스코틀랜드에서 수호신으로 추앙받는다고 한다.

- 세베대의 아들 야고보: 야고보는 예수의 제자 가운데 최초로 순교한 사람이다. 그는 헤롯 아그립바 1세 치하에서 기독교가 박해를 받을 때 칼에 찔려 죽었다.

- 바울: 로마 네로 황제가 기독교를 박해할 때 64년에 순교했다고 전한다.

(12) 비유

예수의 말씀은 처음부터 끝까지 비유였다. 그래서 예수의 말씀은 어떤 것이 됐건 읽으면 읽을수록 영적 교훈에 빠져들기 마련이다. 비유로 가르치신 예수의 네 가지 말씀을 정리한다.

• 씨 뿌리는 사람의 비유(마13:1-23)

예수는 갈릴리 해변 근처 바닷가에 앉으셨다. 큰 무리가 모여들자 예수는 배에 올라가 앉으셨다. 무리는 모두 물가에 서 있었다. 예수는 그들에게 비유로 여러 가지를 말씀하셨다.

예수: "씨를 뿌리는 사람이 씨를 뿌리러 나갔다. 그가 씨를 뿌리는데 더러는 길가에 떨어지니, 새들이 와서 쪼아먹었다. 또 더러는 흙이 많지 않은 돌짝밭에 떨어지니, 흙이 깊지 않아서 싹은 곧 났지만 해가 뜨자 타 버리고 뿌리가 없어서 말라 버렸다. 또 더러는 가시덤불에 떨어지니, 가시덤불이 자라서 그 기운을 막았다. 그러나 더러는 좋은 땅에 떨어져서 열매를 맺었는데, 어떤 것은 백 배가 되고, 어떤 것은 육십 배가 되고, 어떤 것은 삼십 배가 되었다."(마13:1-8)

제자들: "어찌하여 그들에게는 비유로 말씀하십니까?"

예수: "너희는 씨를 뿌리는 사람의 비유가 무슨 뜻을 지녔는지 들어라. 누구든지 하늘나라를 두고 하는 말씀을 듣고도 깨닫지 못하면 악한 자가 와서 그 마음에 뿌려진 것을 빼앗아 간다. 길가에 뿌린 씨는 그런 사람을 두고 하는 말이다. 또 돌짝밭에 뿌린 씨는 이런 사람이다. 그는 말씀을 듣고 곧 기쁘게 받아들이기는 하지만 그 속에 뿌리가 없어서 오래 가지 못하고 그 말씀 때문에 환난이나 박해가 일어나면 곧

걸려 넘어진다. 또 가시덤불 속에 뿌린 씨는 이런 사람이다. 그는 말씀을 듣기는 하지만 세상의 염려와 재물의 유혹이 말씀을 막아 열매를 맺지 못한다. 그런데 좋은 땅에 뿌린 씨는 말씀을 듣고서 깨닫는 사람을 두고 하는 말인데, 그 사람이야말로 열매를 맺되 백 배 혹은 육십 배 혹은 삼십 배의 결실을 낸다."(요13:18–23)

• '좁은 문'으로 들어가기를 힘써라(눅13:22–30)

예수는 병든 자를 낫게 하시고, 비유로 가르치셨다. 그런데 어떤 사람이 물었다.

어떤 사람: "주님, 구원받을 사람은 적습니까?"

예수: "너희는 좁은 문으로 들어가기를 힘써라. 내가 너희에게 말한다. 들어가려고 해도 들어가지 못하는 사람이 많을 것이다. 집주인이 일어나서 문을 닫아 버리면 너희가 밖에 서서 문을 두드리면서 '주인님, 문을 열어 주십시오' 하고 졸라도, 주인은 '너희가 어디에서 왔는지 나는 모른다' 하고 대답할 것이다. 그 때 너희가 말하기를 '우리는 주인님 앞에서 먹고 마셨으며, 주인님은 우리를 길거리에서 가르치셨습니다' 할 터이나, 주인이 너희에게 말하기를 '나는 너희가 어디에서 왔는지 모른다' 할 것이다. 아브라함과 이삭과 야곱과 모든 예언자는 하나님나라 안에 있는데, 너희는 바깥으로 쫓겨난 것을 보게 될 때 거기서 슬피 울면서 이를 갈 것이다. … 보아라, 꼴찌가 첫째가 될 사람이 있고, 첫째가 꼴찌가 될 사람이 있다."

이 비유는 초대를 받았지만 하나님나라에 들어가기를 게을리 한 유대인을 비판한 말씀이다.

● 부자와 나사로(눅16:19-31)

예수는 비유로 말씀하셨다.

"어떤 부자가 있었는데 그는 호화롭게 살았다. 그 집 대문 앞에는 나사로라고 하는 거지 하나가 헌데 투성이 몸으로 누워서, 그 부자의 상에서 떨어지는 부스러기로 배를 채우려고 했다. 개들까지도 와서 그의 헌데를 핥았다. 그러다가 그 거지와 부자가 죽었다. 부자가 지옥에서 고통을 당하다가 눈을 들어서 보니 멀리 아브라함이 보이고, 그의 품에 나사로가 있었다."

부자: "아브라함 조상님, 나를 불쌍히 여겨 주십시오. 나사로를 보내 그 손가락 끝에 물을 찍어서 내 혀를 시원하게 해 주십시오. 나는 이 불 속에서 몹시 고통을 당하고 있습니다."

아브라함: "얘야, 되돌아보아라. 살아 있을 때 너는 온갖 호사를 다 누렸지만 나사로는 온갖 괴로움을 다 겪었다. 그래서 그는 지금 여기서 위로를 받고, 너는 고통을 받는다. 그뿐만 아니라 우리와 너희 사이에는 큰 구렁텅이가 가로놓여 있어서 여기서 너희에게로 건너가고자 해도 갈 수 없고, 거기서 우리에게로 건너오지도 못한다."

부자: "조상님, 소원입니다. 그를 내 아버지 집으로 보내 주십시오. 나는 형제가 다섯이나 있습니다. 제발 나사로가 가서 그들에게 경고하여 그들만은 고통 받는 이 곳에 오지 않게 해주십시오."

아브라함: "그들에게는 모세와 예언자들이 있으니 그들의 말을 들어야 한다."

부자: "아닙니다. 아브라함 조상님, 죽은 사람들 가운데서 누가 살아나서 그들에게 가야만 그들이 회개할 것입니다."

아브라함: "그들이 모세와 예언자들의 말을 듣지 않는다면 죽은 사

람들 가운데서 누가 살아난다고 해도 그들은 믿지 않을 것이다."

● 열 처녀(마25:1-13)

예수는 비유로 가르치셨다.

"하늘나라는 저마다 등불을 들고 신랑을 맞으러 나간 열 처녀에 비길 수 있을 것이다. 그 가운데 다섯은 어리석고, 다섯은 슬기로웠다. 어리석은 처녀들은 등불을 가졌으나 기름은 갖고 있지 않았다. 그러나 슬기로운 처녀들은 자기들의 등불과 함께 통에 기름도 마련했다. 신랑이 늦어지니, 처녀들은 모두 졸다가 잠이 들었다. 그런데 한밤중에 외치는 소리가 났다. '보아라. 신랑이다. 나와서 맞이하여라.' 그 때 그 처녀들이 모두 일어나 제 등불을 손질했다. 미련한 처녀들이 슬기로운 처녀들에게 말하기를 '우리 등불이 꺼져 가니, 너희의 기름을 좀 나누어 다오' 했다. 그러나 슬기로운 처녀들이 대답했다. '그렇게 하면, 우리에게나 너희에게나 다 모자랄 터이니, 안 된다. 차라리 기름 장수들에게 가서, 사서 써라.' 미련한 처녀들이 기름을 사러 간 사이에 신랑이 왔다. 준비하고 있던 처녀들은 신랑과 함께 혼인 잔치에 들어가고, 문은 닫혔다. 그 뒤에 나머지 처녀들이 와서 '주님, 주님, 문을 열어 주십시오' 하고 애원했다. 그러나 신랑이 대답하기를 '내가 진정으로 말한다. 나는 너희를 알지 못한다' 했다. 그러므로 깨어 있어라. 너희는 그 날과 그 시각을 알지 못하기 때문이다."

(13) 용서

예수는 제자들에게 열심히 가르치셨다. 예수는 용서는 '일곱 번까지가 아니라 일곱 번을 일흔 번까지라도 해야 한다'고 가르치셨다.(마 18:15-35)

예수: "네 형제가 너에게 죄를 짓거든 가서, 단 둘이 있는 자리에서 그에게 충고하여라. 그가 너의 말을 들으면 네가 그 형제를 얻은 것이다. 그러나 듣지 않거든 한두 사람을 더 데리고 가거라. 그가 하는 모든 말을, 두세 증인의 입을 빌어서 확정지으려는 것이다. 그러나 그 신도가 그들의 말도 듣지 않거든 교회에 말하여라. 교회의 말조차 듣지 않거든 그를 이방 사람이나 세리와 같이 여겨라."

"내가 진정으로 너희에게 말한다. 무엇이든지 너희가 땅에서 매는 것은 하늘에서도 매일 것이요, 땅에서 푸는 것은 하늘에서도 풀릴 것이다. 내가 진정으로 거듭 너희에게 말한다. 땅에서 너희 가운데 두 사람이 합심하여 무슨 일이든지 구하면, 하늘에 계신 내 아버지께서 그들에게 이루어 주실 것이다. 두세 사람이 내 이름으로 모여 있는 자리, 거기에 내가 그들 가운데 있다."

그 때 베드로가 다가왔다.

베드로: "주님, 내 형제가 나에게 자꾸 죄를 지으면 내가 몇 번이나 용서해 주어야 합니까? 일곱 번까지 해야 합니까?"

예수: "일곱 번만이 아니라 일흔 번을 일곱 번이라도 해야 한다.

그러므로 하늘나라는 자기 종들과 셈을 가리려고 하는 어떤 왕과 같다. 왕이 셈을 가리기 시작하니 만 달란트 빚진 종 하나가 왕 앞에 끌려왔다. 그런데 그는 빚을 갚을 돈이 없으므로 주인은 그 종에게 자신과 그 아내와 자녀들과 그 밖에 그가 가진 모든 것을 팔아서 갚으라고 명령했다. 그랬더니 종이 그 앞에 무릎을 꿇고, '참아 주십시오. 다 갚겠습니다' 하고 애원했다. 주인은 그 종을 가엾게 여겨서 그를 놓아 주고, 빚을 없애 주었다.

그러나 그 종은 나가서 자기에게 백 데나리온 빚진 동료 하나를 만나자 붙들어서 멱살을 잡고 말하기를 '내게 빚진 것을 갚아라' 했다. 그 동료는 엎드려 간청했다. '참아 주게. 내가 갚겠네.' 그러나 그는 들어주려 하지 않고, 가서 그 동료를 감옥에 집어넣고, 빚진 돈을 갚을 때까지 갇혀 있게 했다. 다른 종들이 이 광경을 보고 매우 딱하게 여겨서, 가서 주인에게 그 일을 다 일렀다. 그러자 주인이 그 종을 불러다 놓고 말했다. '이 악한 종아, 네가 간청하기에 내가 네게 그 빚을 다 없애 주었다. 내가 너를 불쌍히 여긴 것처럼, 너도 네 동료를 불쌍히 여겼어야 할 것이 아니냐?' 주인이 노하여, 그를 형무소 관리에게 넘겨주고, 빚진 것을 다 갚을 때까지 가두어 두게 했다. 너희가 각각 진심으로 자기 형제 자매를 용서해 주지 않으면 나의 하늘 아버지께서도 너희에게 그와 같이 하실 것이다."

(14) 기도

예수는 제자들에게 '기도하는 방법'도 가르쳐 주셨다.(마6:5-18; 눅 11:2-13) 기독교에서 기도는 하나님과 신자와의 대화요, 영적 교제다. 그래서 기독교는 '기도의 종교'로 일컫는다.

예수는 기도에 관해서 자상하게 가르쳐 주셨다.

• "너희는 기도할 때 위선자들처럼 하지 말라. 그들은 사람들에게 보이려고 회당과 큰길 모퉁이에 서서 기도하기를 좋아한다. 그들은 자기네 상을 이미 다 받았다."(마6:5)

• "너희는 기도할 때 골방에 들어가 문을 닫고, 숨어서 계시는 너의 아버지께 기도하라. 그리하면 숨어서 보시는 너의 아버지께서 갚아 주실 것이다."(마6:6)

• "너희는 기도할 때 빈 말을 되풀이하지 말라. 그들은 말을 많이 해야만 들어주시는 줄로 생각한다. 하나님 너희 아버지께서는 너희가 구하기 전에 너희에게 필요한 것이 무엇인지를 알고 계신다."(마6:7-8)

• "내가 너희에게 말한다. 구하라, 그리하면 너희에게 주실 것이다. 찾으라, 그리하면 찾을 것이다. 문을 두드리라, 그리하면 너희에게 열어 주실 것이다. 구하는 사람마다 받을 것이요, 찾는 사람마다 찾을 것이요, 문을 두드리는 사람에게 열어 주실 것이다."(눅11:9-10)

• "너희 가운데 아버지가 된 사람으로서 아들이 생선을 달라고 하는데 생선 대신에 뱀을 줄 사람이 어디 있겠느냐? 너희가 악할지라도 너희 자녀에게 좋은 것을 줄 줄 알거든, 하물며 하늘에 계신 아버지께서야 구하는 사람에게 성령을 주시지 않겠느냐?"(눅11:11-13)

• "너희가 기도하면서 구하는 것은 무엇이든지 이미 그것을 받은 줄로 믿으라. 그리하면, 너희에게 그대로 이루어질 것이다."(막11:24)

• "너희가 기도할 때 어떤 사람과 서로 등진 일이 있으면, 용서하라. 그래야, 하늘에 계신 너희 아버지께서도 너희의 잘못을 용서해 주실 것이다."(막11:25)

• 예수의 형제 야고보가 썼다고 하는 『야고보서』의 말씀이다. "믿음으로 간절히 드리는 기도는 병든 사람을 낫게 할 것이니, 주님께서 그를 일으켜 주실 것입니다."(약5:15)

한 제자가 예수에게 물었다. "주님, 요한이 자기 제자들에게 기도하는 것을 가르쳐 준 것과 같이 우리에게도 그것을 가르쳐 주십시오."(눅11:1-13) 그러자 예수는 기도문을 가르쳐 주셨다. 이 기도문은 오늘날 기독교에서 '주기도문'으로 사용되고 있다.

"하늘에 계신 우리 아버지여, 그 이름을 거룩하게 하여 주시며,

그 나라를 오게 하여 주시며, 그 뜻을 하늘에서 이루심 같이 땅에서도 이루어 주십시오.

오늘 우리에게 필요한 양식을 내려 주시고,

우리가 우리에게 죄지은 사람을 용서하여 준 것 같이 우리의 죄를 용서하여 주시고,

우리를 시험에 들지 않게 하시고, 악에서 구하여 주십시오. (나라와 권세와 영광은 영원히 아버지의 것입니다. 아멘.)"

03

병 고치심

4복음서에는 예수가 죽은 자를 살리시고, 병자와 귀신들린 자를 고치신 이야기가 많이 들어 있다. 예수의 이 같은 행적의 메시지는 무엇일까? 그것은 예수가 나사로를 살리시기 직전에 마르다에게 하신 말씀 곧, "나는 부활이요 생명이니 나를 믿는 사람은 죽어도 살고, 살아서 나를 믿는 사람은 영원히 죽지 않을 것이다"가 아닐까? 또 예수가 야이로의 딸을 살리실 때 하신 말씀 곧, "두려워하지 말고, 믿기만 하여라"가 아닐까?

4복음서에서 '병 고치심' 이야기는 중복되는 경우가 적잖다. 중복되는 경우에는 내용이 가장 구체적이고, 환자의 입장에서 가장 절실하다고 생각되는 것을 택했다.

4복음서에 나오는 예수의 병 고치심 이야기는 많은 무리가 대상이 된 경우를 제외하면 여기에서 대부분 언급되었으리라고 생각된다. 다룰 이야기는 다음과 같다.

(1) 죽은 나사로를 살리시다
(2) 안식일에 병자를 고치시다
(3) 나병 환자를 깨끗하게 하시다
(4) 중풍병 환자를 고치시다
(5) 귀신들린 사람을 고치시다
(6) 눈 먼 사람을 고치시다
(7) 야이로의 죽은 딸을 살리시고, 혈루증 환자를 고치시다
(8) 기타 병 고침 이야기

(1) 죽은 나사로를 살리시다 (요11:1-44)

나사로의 누이들은 오빠가 아프다고 예수에게 알려드렸다.

예수: "그 병은 죽을병이 아니다. …. 친구 나사로가 잠들었다. 내가 가서 그를 깨우겠다."

제자들: "주님, 그가 잠들었으면 일어날 것입니다."

예수: "나사로는 죽었다. 그에게로 가자."

나사로가 무덤 안에 있은 지 벌써 나흘이나 되었다.

마르다: "주님, 주님이 여기에 계셨더라면 내 오라버니가 죽지 않았을 것입니다. 그러나 나는 지금이라도 주님께서 하나님께 구하시면 하나님께서 무엇이나 다 이루어 주실 줄 압니다."

예수: "네 오라버니가 살아날 것이다."

마르다: "부활 때에 그가 다시 살아나리라는 것은 압니다."

예수: "나는 부활이요 생명이니 나를 믿는 사람은 죽어도 살고, 살아서 나를 믿는 사람은 영원히 죽지 않을 것이다. 네가 이것을 믿느냐?"

마르다: "예, 주님! 주님은 세상에 오실 그리스도이시며 하나님의 아들이신 줄을 내가 믿습니다."

마르다가 마리아에게 가서 "선생님께서 와 계시는데 너를 부르신다" 하고 가만히 말했다. 마리아는 급히 일어나 예수에게로 갔다. 예수는 동네 밖에 그냥 서 계셨다.

마리아를 위로하던 유대인들은 마리아가 급히 일어나서 나가는 것을 보고, 무덤으로 가는 줄 알고 따라갔다. 마리아는 예수가 계신 곳으로 가서 예수의 발 아래 엎드렸다.

마리아: "주님, 주님이 여기에 계셨더라면 내 오라버니가 죽지 않았

을 것입니다.”

예수는 마리아와 사람들이 우는 것을 보시고 괴로워하셨다.

예수: “그를 어디에 두었느냐?”

사람들: “주님, 와 보십시오.” 예수는 눈물을 흘리셨다. 그러자 유대인들은 “그가 나사로를 얼마나 사랑하셨는가!” 하고 말했다. 그 가운데 몇몇 사람은 “눈 먼 사람의 눈을 뜨게 하신 분이 이 사람을 죽지 않게 하실 수 없었단 말이오?” 하고 말했다. 예수는 무덤으로 가셨다. 동굴 무덤은 돌로 막혀 있었다.

예수: “돌을 옮겨 놓아라.”

마르다: “주님, 죽은 지가 나흘이나 되어 냄새가 납니다.”

예수: “네가 믿으면 하나님의 영광을 보게 될 것이라고 내가 말하지 않았느냐?” 사람들이 돌을 옮겨 놓았다. 예수는 하늘을 우러러보시고 말씀하셨다. “아버지, 내 말을 들어주신 것을 감사드립니다. 나는 아버지께서 언제나 내 말을 들어주시는 줄 압니다. 그런데도 이렇게 말씀을 드리는 것은, 둘러선 무리에게 아버지께서 나를 보내신 것을 믿게 하려는 것입니다.” 이렇게 말씀하신 뒤에 큰소리로 외치셨다. “나사로야, 나오너라.”

죽은 나사로가 걸어 나왔다. 손발은 천으로 감겨 있었고, 얼굴은 수건으로 싸 매여 있었다.

예수: “그를 풀어줘 가게 하여라.”

예수가 죽은 나사로를 살리신 행적의 메시지는 무엇일까? “나는 부활이요 생명이니 나를 믿는 사람은 죽어도 살고, 살아서 나를 믿는 사람은 영원히 죽지 않을 것이다.”

(2) 안식일에 병자를 고치시다

십계명에 따르면, "안식일에 일하는 사람은 반드시 죽여야 한다." 그런데도 예수는 안식일에도 많은 병자를 고치셨다. 예수의 말씀이다. "안식일이 사람을 위하여 생긴 것이지, 사람이 안식일을 위하여 생긴 것이 아니다. 인자는 안식일에도 주인이다."(막2:27-28)

● 38년 된 중풍 환자를 고치시다(요5:1-18)

명절이 되어 예수는 예루살렘으로 가셨다. '양의 문' 곁에 베드자다 라는 못이 있는데, 거기에 다섯 개의 행각이 있었다. 이 행각 안에는 눈먼 사람들과 다리 저는 사람들과 중풍병 환자들 등 많은 환자들이 누워 있었다. 그들은 물이 움직이기를 기다리고 있었다. 가끔 주의 천사가 못에 내려와 물을 휘저어 놓는데, 물이 움직일 때 맨 먼저 들어가는 사람은 무슨 병에 걸렸든지 낫기 때문이었다. 거기에 38년 된 중풍병 환자 한 사람이 있었다. 예수는 오랜 세월 누워 있는 그 사람에게 물으셨다.

예수: "낫고 싶으냐?"

환자: "선생님, 물이 움직일 때 나를 들어서 못에다가 넣어 주는 사람이 없습니다. 내가 가는 동안에 남들이 나보다 먼저 못으로 들어갑니다."

예수: "일어나서 네 자리를 걷어 가지고 걸어가거라."

그 사람은 곧 나아서 자리를 걷어 가지고 걸어갔다. 그 날은 안식일이었다.

유대인들: "오늘은 안식일이니 자리를 들고 가는 것은 옳지 않소."

환자: "나를 낫게 하여 주신 분이 나더러 '네 자리를 걷어 가지고 걸어가거라' 하셨소."

유대인들: "당신에게 자리를 걷어 가지고 걸어가라고 한 분이 누구요?" 환자는 그 분이 누구인지 알지 못했다.

그 뒤 예수는 그 사람을 성전에서 만나셨다. 그 사람은 자기를 낫게 해주신 분이 예수라고 유대인들에게 말했다.

● 등 굽은 여자를 고치시다(눅13:10–17)

예수는 안식일에 한 회당에서 가르치셨다. 거기에 18년 동안이나 병마에 시달린 여자가 있었다. 그 여자는 허리가 굽어서 몸을 조금도 펼수 없었다.

예수: (여자를 가까이 불러 손을 얹으시고) "여자야, 너는 병에서 풀려났다."

그러자 그 여자는 곧 허리를 펴고, 하나님께 영광을 돌렸다. 그런데 회당장은 예수가 안식일에 병 고치신 것에 분개하여 무리에게 말했다.

회당장: "일할 날이 엿새가 있으니, 엿새 가운데서 어느 날에든지 와서 고침을 받으시오. 안식일에는 그러지 마시오."

예수: "너희 위선자들아, 너희는 저마다 안식일에도 소나 나귀를 외양간에서 끌어내 물을 먹이지 않느냐? 그렇다면 아브라함의 딸인 이여자가 열여덟 해 동안이나 사탄에게 매여 있었으니 안식일에라도 이매임에서 풀어 주어야 하지 않겠느냐?"

그러자 예수를 반대하던 사람들은 모두 부끄러워했고, 무리는 모두 예수가 하신 영광스러운 일을 기뻐했다.

(3) 나병 환자를 깨끗하게 하시다

성경에서 가장 많이 언급된 질병은 나병이다. 레위기 13장에는 나병에 관한 설명이 자세히 나온다. 나환자는 찢어진 옷을 입고 머리를 풀어헤친 차림으로 진영 밖에 살면서 "부정하다! 부정하다!" 하고 외치면서 다녀야 했고, 병이 심하면 격리되어 나환자 수용소에서 삶을 마감했다. 그러한 나병 환자를 예수는 깨끗하게 해주셨다.(마8:1~4; 막1:40~45; 눅5:12~16, 17:11~19)

- **무릎 꿇고 간청하는 나병 화자를 낫게 하시다**(막1:40~45)

나병 환자 한 사람이 예수에게로 와서 그 앞에 무릎을 꿇고 간청했다.

나병 환자: "선생님께서 하고자 하시면 나를 깨끗하게 해주실 수 있습니다."

예수: (그를 불쌍히 여겨 손을 내밀어 그에게 대시고) "그렇게 해주마. 깨끗하게 되어라."

곧 나병이 그에게서 떠났고, 그는 깨끗하게 되었다.

예수: "아무에게도 아무 말도 하지 말아라. 가서, 제사장에게 네 몸을 보이고, 네가 깨끗하게 된 것에 대해 모세가 명령한 것을 바쳐서 사람들에게 증거로 삼도록 하여라."

그러나 그는 나가서 모든 일을 널리 알리고, 그 이야기를 퍼뜨렸다. 그러므로 예수는 드러나게 동네로 들어가지 못하시고, 바깥 외딴 곳에 머물러 계셨다. 그래도 사람들이 사방에서 예수에게로 모여들었다.

- **열 명의 나병 환자를 낫게 하시다**(눅17:11~19)

예수가 예루살렘으로 가시는 길에 사마리아와 갈릴리 사이를 지나가시게 되었다. 예수가 어떤 마을에 들어가시다가 나병 환자 열 사람을 만나셨다. 그들은 멀찍이 멈추어 서서 소리를 높여 말했다.

나병 환자들: "예수 선생님, 우리를 불쌍히 여겨 주십시오."

예수: "가서, 제사장들에게 너희 몸을 보여라."

그들이 가는 동안에 몸이 깨끗해졌다. 그런데 그들 가운데 하나는 자기의 병이 나은 것을 보고, 큰소리로 하나님께 영광을 돌리면서 되돌아와 예수의 발 앞에 엎드려 감사를 드렸다. 그는 사마리아인이었다.

예수: "열 사람이 깨끗해지지 않았느냐? 그런데 아홉은 어디에 있느냐? 하나님께 영광을 돌리러 되돌아온 사람은 이 이방인 한 명밖에 없느냐?" 그런 다음에 그에게 말씀하셨다. "일어나서 가거라. 네 믿음이 너를 구원하였다."

나병 환자들은 예수가 병을 '낫게 해주실 수 있다'고 굳게 믿었다. 예수를 대하는 그들의 자세를 보자. 그들은 "절하면서 말했다."(마8:1) 그들은 "무릎을 꿇고 간청했다."(막1:40) 그들은 "얼굴을 땅에 대고 엎드려 간청했다."(눅5:12) 그들은 "소리를 높여 말했다."(눅17:13)

이처럼 나병 낫기를 간절히 바라는 환자들을 예수가 모른 척 하실 리 있겠는가. 예수는 "손을 내밀어 그에게 대시고" 나병을 낫게 하시지 않았는가!

(4) 중풍병 환자를 고치시다

예수는 중풍병 환자를 고치셨다. 중풍병 환자는 제대로 움직일 수 없어 남의 도움을 받아야 했는데, 그래서 이야기는 더욱 감동적이다.(마 8:5-13, 9:1-8; 막2:1-12; 눅5:17-26; 요5:1-18)

• 지붕에 구멍 뚫어 내려온 중풍 환자를 낫게 하시다(막2:1-12)

예수가 회당에서 말씀을 전하실 때 들어설 자리가 없었다. 한 중풍병 환자를 네 사람이 데리고 왔다. 예수 가까이 갈 수 없자 그들은 지붕을 걷어 내고 구멍을 뚫어서 중풍병 환자 자리를 달아 내렸다. 예수가 그들의 믿음을 보시고 말씀하셨다.

예수: "아들아, 네 죄가 용서함을 받았다."

율법학자 몇이 앉아 있다가 의아하게 생각했다. '이 사람이 하나님을 모독하는구나.' 예수는 그들의 마음을 알아채셨다.

예수: "어찌하여 너희는 그런 생각을 품고 있느냐? 중풍병 환자에게 '네 죄가 용서함을 받았다' 하고 말하는 것과 '일어나서 네 자리를 거두어 가지고 걸어가거라' 하고 말하는 것 가운데 어느 쪽이 더 쉬우냐? 인자가 땅에서 죄를 용서하는 권세를 가지고 있음을 너희에게 알게 하겠다." 예수가 중풍병 환자에게 말씀하셨다. "내가 네게 말한다. 일어나서 네 자리를 거두어 가지고 집으로 가거라."

중풍병 환자가 일어나 모든 사람이 보는 앞에서 자리를 거두어 가지고 나갔다. 사람들은 모두 크게 놀라 하나님을 찬양했다. "우리는 이런 일을 전혀 본 적이 없다."

지붕에 구멍을 뚫어서라도 병 낫기를 바라는 마음, 대단하다!

● 백부장의 종을 낫게 하시다(마8:5-13; 눅7:1-10)

예수가 가버나움에 들어가시니 한 백부장이 다가와서 간청했다.

백부장: "주님, 내 종이 중풍으로 집에 누워서 몹시 괴로워하고 있습니다."

예수: "내가 가서 고쳐주마."

예수는 그들과 함께 가셨다. 예수가 백부장의 집에서 그리 멀지 않은 곳에 이르셨을 때 백부장이 친구들을 보내 예수에게 이렇게 말씀드리게 했다.

백부장의 친구들: "주님, 더 수고하실 것 없습니다. 나는 주님을 내 집에 모셔 들일만한 자격이 없습니다. 그래서 내가 주님께로 나아올 엄두도 못 냈습니다. 그저 말씀만 하셔서, 내 종을 낫게 해주십시오. 나도 상관을 모시는 사람이고, 내 밑에도 병사들이 있어서 내가 이 사람더러 가라고 하면 가고, 저 사람더러 오라고 하면 옵니다. 또 내 종더러 이것을 하라고 하면 합니다."

예수: (백부장 친구들의 말을 들으시고, 그를 놀랍게 여기시며 돌아서서 자기를 따라오는 무리에게) "내가 너희에게 말한다. 나는 이스라엘 사람 가운데서 이런 믿음을 본 적이 없다."

심부름 왔던 사람들이 집에 가서 보니 종은 나아 있었다.

지붕을 뚫어서라도 예수 가까이만 가면 병 낫게 된다는 믿음, 말씀만으로도 병 낫게 된다는 믿음을 예수는 받아주셨다!

(5) 귀신들린 사람을 고치시다

예수는 귀신 들린 사람을 고치셨다. 그러다 보니 예수는 "귀신들의 두목인 바알세불의 힘을 빌어서 귀신을 내쫓는다"는 모함을 받기도 하셨다.(마8:16, 8:28-34, 12:22-32, 17:14-20; 막1:21-28, 3:20-30, 5:1-20, 9:14-29; 눅4:31-39, 8:26-39, 9:37-43, 11:14-23)

• '군대'라는 귀신 들린 사람을 고치시다(막5:1-20)

예수가 제자들과 함께 배에서 내리시자 귀신 들린 사람 하나가 무덤 사이에서 나왔다. 그는 무덤 사이에서 사는데, 쇠고랑과 쇠사슬로 묶어 두었으나 아무도 그를 휘어잡을 수 없었다. 그가 멀리서 예수를 보고 달려와 엎드려서 큰소리로 외쳤다.

귀신: "가장 높으신 하나님의 아들 예수님, 나와 무슨 상관이 있습니까? 제발 나를 괴롭히지 마십시오."

예수: "네 이름이 무엇이냐?"

귀신: "군대입니다. 우리의 수가 많기 때문에 붙은 이름입니다." 귀신은 그 지역에서 쫓아내지 말아 달라고 간청했다. 그 곳 산기슭에 놓아기르는 큰 돼지 떼가 있었다.

귀신: "우리를 돼지들에게로 보내셔서 그것들 속으로 들어가게 해주십시오."

예수가 허락하시니, 악한 귀신들이 나와서 돼지들 속으로 들어갔다. 이천 마리나 되는 돼지 떼가 바다 쪽으로 달려 바다에 빠져 죽었다. 사람들은 무슨 일이 일어났는가 보러 왔다. 그들은 예수에게로 와서 귀신 들린 사람, 곧 군대 귀신에 사로잡혔던 사람이 옷을 입고 제정신이 들어 앉아 있는 것을 보고 두려워했다. 그들은 예수에게 그 지역을 떠나 달라고 간청했다.

● 귀신 들린 아이를 고치시다(막9:14-24)

제자들이 율법학자들과 논쟁을 하고 있었다. 예수가 오시자 사람들이 달려와서 인사했다.

예수: "너희는 그들과 무슨 논쟁을 하고 있느냐?"

아이 아버지: "선생님, 내 아들을 선생님께 데려왔습니다. 그 아이는 말을 못하게 하는 귀신이 들려 있습니다. 어디서나 귀신이 아이를 사로잡으면 아이를 거꾸러뜨립니다. 그러면 아이는 거품을 흘리며, 이를 갈며, 몸이 뻣뻣해집니다. 그래서 선생님의 제자들에게 그 귀신을 내쫓아 달라고 했으나 그들은 내쫓지 못했습니다."

예수: "아, 믿음이 없는 세대여, 내가 언제까지 너희와 함께 있어야 하겠느냐? 내가 언제까지 너희에게 참아야 하겠느냐? 아이를 내게 데려오너라."

아이를 데려왔다. 귀신이 예수를 보자 아이가 즉시 심한 경련을 일으켜 땅에 넘어져 거품을 흘리면서 뒹굴었다.

예수: "아이가 이렇게 된 지 얼마나 되었느냐?"

아이 아버지: "어릴 때부터입니다. 귀신이 그 아이를 죽이려고 여러 번 불 속에도 던지고, 물 속에도 던졌습니다. 하실 수 있으면, 우리를 불쌍히 여기시고, 도와주십시오."

예수: "'할 수 있으면'이 무슨 말이냐? 믿는 사람은 모든 것을 할 수 있다."

아이 아버지: (큰 소리로) "내가 믿습니다. 믿음 없는 나를 도와주십시오."

(6) 눈 먼 사람을 고치시다

예수는 눈 먼 사람을 고치셨다. 예수는 안식일에 눈 먼 사람을 고치셨다. 예수는 안식일의 주인이기 때문이다.(막2:27-28)

● 나면서부터 눈 먼 사람을 고치시다(요9:1-14)

예수는 제자들과 함께 길을 가시다가 나면서부터 눈 먼 사람을 보셨다.

제자들: "선생님, 이 사람이 눈 먼 사람으로 태어난 것이 누구의 죄 때문입니까? 이 사람의 죄입니까? 부모의 죄입니까?"

예수: "이 사람이 죄를 지은 것도 아니요, 그의 부모가 죄를 지은 것도 아니다. 하나님께서 하시는 일들을 그에게서 드러내시려는 것이다. 우리는 나를 보내신 분의 일을 낮 동안에 해야 한다. 아무도 일 할 수 없는 밤이 곧 온다. 내가 세상에 있는 동안 나는 세상의 빛이다."

예수는 이 말씀을 하신 다음에 땅에 침을 뱉어서 그것으로 진흙을 개어 눈 먼 사람의 눈에 바르셨다.

예수: "실로암 못으로 가서 씻으라." ('실로암'은 번역하면 '보냄을 받았다'는 뜻이다.)

눈먼 사람이 가서 씻고 눈이 밝아져서 돌아갔다.

이웃 사람들: "이 사람은 앉아서 구걸하던 사람이 아니냐?" 사람들은 "이 사람이 그 사람이다" 하고, "그가 아니라 그와 비슷한 사람이다" 하고 말했다.

눈 뜬 사람: "내가 바로 그 사람이오."

사람들: "그러면 어떻게 눈을 뜨게 되었소?"

눈 뜬 사람: "예수라는 사람이 진흙을 개어 내 눈에 바르고, 나더러

실로암에 가서 씻으라고 하였소. 그래서 내가 가서 씻었더니 보게 되었소."

사람들: (눈을 뜨게 된 사람에게) "그 사람이 어디에 있소?"

눈 뜬 사람: "모르겠소."

예수가 진흙을 개어 눈을 뜨게 하신 날이 안식일이었다.

• 눈 먼 거지를 고치시다(눅18:35−43)

예수가 여리고에 가까이 이르셨을 때 일어난 일이다. 어떤 눈먼 사람이 길가에 앉아서 구걸을 하고 있다가 무리가 지나가는 소리를 듣고 무슨 일이 일어났느냐고 물어 보았다. 사람들이 나사렛 사람 예수가 지나가신다고, 그에게 일러주었다. 그러자 거지가 소리를 질렀다.

거지: "다윗의 자손 예수님, 나를 불쌍히 여겨 주십시오."

앞서 가던 사람들이 조용히 하라고 그를 꾸짖었으나 그는 더욱더 크게 "다윗의 자손이여, 나를 불쌍히 여겨 주십시오" 하고 외쳤다.

예수: (걸음을 멈추시고 그를 데려오라고 분부하셨다. 그가 가까이 왔다.) "내가 네게 무엇을 해주기를 바라느냐?"

거지: "주님, 내가 다시 볼 수 있게 해주십시오"

예수: "눈을 떠라. 네 믿음이 너를 구원하였다."

그러자 그는 곧 보게 되었고, 하나님께 영광을 돌리면서 예수를 따라갔다. 사람들은 모두 이것을 보고 하나님께 찬양을 드렸다.

(7) 야이로의 죽은 딸을 살리시고, 혈루증 환자를 고치시다

예수는 죽은 나사로뿐만 아니라 죽은 회당장의 어린 딸도 살려내셨다. 예수는 혈루증 환자도 고치셨다.

* 야이로의 죽은 어린 딸을 살리시다

예수가 갈릴리 지방 맞은편에 있는 거라사 지방에서 귀신 들린 사람을 고치고 돌아오시자 무리가 그를 환영했다. 그들은 모두 예수를 기다리고 있었다.

그 때 야이로라고 하는 사람이 왔는데, 그는 회당장이었다. 그가 예수의 발 앞에 엎드려 자기 집으로 가시자고 간청했다. 그에게 12살쯤 된 외동딸이 있는데, 그 딸이 죽어 가고 있었기 때문이다.

야이로: "저의 어린 딸이 죽게 되었습니다. 오셔서 그 아이에게 손을 얹어 고쳐 주시고, 살려 주십시오."

예수가 야이로와 함께 가셨다. 예수가 말씀을 계속하고 계시는데, 회당장의 집에서 사람들이 와서 회당장에게 "따님이 죽었습니다. 이제 선생님을 더 괴롭혀서 무엇 하겠습니까?" 하고 말했다.

예수: (그들이 하는 말을 곁에서 들으시고 회당장에게) "두려워하지 말고 믿기만 하여라."

예수는 베드로와 야고보와 야고보의 동생 요한 밖에는 아무도 따라오는 것을 허락하지 않으셨다. 그들이 회당장의 집에 이르렀다. 예수는 사람들이 울며 통곡하며 떠드는 것을 보시고 들어가셨다.

예수: "어찌하여 떠들며 울고 있느냐? 그 아이는 죽은 것이 아니라 자고 있다."

사람들은 예수를 비웃었다. 예수는 아이의 부모와 일행을 데리고 아이가 있는 곳으로 들어가셨다. 그리고 아이의 손을 잡으고 말씀하셨다.

예수: "달리다굼!"(번역하면 "소녀야, 내가 네게 말한다. 일어나거라"이다.)

소녀가 일어나서 걸어 다녔다. 소녀의 나이는 열두 살이었다. 사람들은 크게 놀랐다.

예수는 이 일을 아무에게도 알리지 말라고 그들에게 엄하게 명하시고, 소녀에게 먹을 것을 주라고 말씀하셨다.

● 혈루증 환자를 고치시다(눅8:40-56)

예수가 야이로의 집으로 가시는데, 무리가 그에게 바싹 붙어 밀어댔다. 무리 가운데 12년 동안이나 혈루증으로 앓는 여자가 있었다. 혈루증 환자는 여러 의사에게 치료를 받았지만 고생만 하고, 재산만 날렸다. 병은 더욱 악화되었다. 혈루증 환자가 예수의 소문을 들었다. 이 여자가 뒤에서 다가와 예수의 옷술에 손을 대니 곧 출혈이 그쳤다.

예수: "내게 손을 댄 사람이 누구냐?"

사람들이 모두 부인했다.

베드로: "선생님, 무리가 선생님을 밀치고 있습니다."

예수: "누군가가 내게 손을 댔다. 내게서 능력이 빠져 나간 것을 나는 알고 있다."

혈루병 환자는 떨면서 예수 앞에 엎드려 그에게 손을 댄 이유와 또 곧 낫게 된 경위를 모든 백성 앞에서 이야기했다.

예수: "딸아, 네 믿음이 너를 구원하였다. 평안히 가거라."

(8) 기타 병 고치심 이야기

기타 병 고치심을 '기타 병 고치심 이야기'로 정리한다.

• 왕의 신하의 아들의 병을 고치시다(요4:43-54)

예수가 물로 포도주를 만드신 갈릴리 가나에서 왕의 신하의 아들이 앓고 있었다.

왕의 신하: (애원하면서) "아들을 고쳐 주십시오."

예수: "너희는 표적이나 기이한 일들을 보지 않고는 결코 믿으려 하지 않는다. 집으로 돌아가거라. 네 아들이 살 것이다."

그는 예수의 말씀을 믿고 떠나갔다. 그의 아들은 예수가 "네 아들이 살 것이다" 하고 말씀하신 바로 그 시각에 살아났다. 그래서 그와 그의 온 집안이 함께 예수를 믿게 되었다.

• 베드로 장모의 열병을 고치시다(막1:29-34)

그들은 회당을 나와 시몬(베드로)의 집으로 갔다. 마침 시몬의 장모가 열병으로 누워 있었는데, 사람들은 그 사정을 예수에게 말씀드렸다. 예수가 그 여자에게 다가가서 손을 잡아 일으키시니 열병이 떠나갔다. 그 여자가 일어나 시중을 들었다.

• 귀 먹고 말 더듬는 사람을 고치시다(막7:32-37)

사람들이 귀 먹고 말 더듬는 사람을 예수에게 데리고 와서, 손을 얹어 주시기를 간청했다. 예수가 그를 무리로부터 따로 데려가서 손가락을 그의 귀에 넣고, 침을 뱉어서 그의 혀에 손을 대셨다. 그리고 하늘을 우러러보시고 탄식하신 다음 그에게 "에바다" 하고 말씀하셨다. (그것은 '열리라'는 뜻이다.) 그러자 곧 그의 귀가 열리고 혀가 풀려서 말을 똑바로 했다.

• 환자들이 옷술만이라도 손 대고 싶어하다(막6:53-56)

예수는 게네사렛으로 가셨다. 사람들은 예수를 알아보고, 온 지방을 뛰어다니면서 예수가 어디에 계시든지, 병자들을 침대에 눕혀서 그 곳으로 데리고 오기 시작했다. 예수가 마을이든 성읍이든 농촌이든, 어디에 들어가시든지 사람들이 병자들을 장터거리에 데려다 놓고, 예수에게 환자의 옷술만이라도 손을 대게 해달라고 간청했다. 손을 댄 사람은 모두 병이 나았다.

• 안식일에 수종병 앓는 사람을 고치시다(눅14:1-6)

안식일에 예수는 음식을 잡수시러 어느 바리새인 지도자의 집에 들어가셨다. 예수 앞에 수종병 환자가 한 사람 있었다. 예수가 율법교사들과 바리새인들에게 "안식일에 병을 고치는 것이 옳으냐? 옳지 않으냐?" 하고 물으셨다. 그들은 잠잠했다. 예수가 그 병자를 고쳐 주시어 돌려보내신 다음 말씀하셨다. "너희는 아이나 소가 우물에 빠지면, 안식일에라도 당장 끌어내지 않겠느냐?" 그들은 이 말씀에 대답할 수 없었다.

• 안식일에 손이 오그라든 사람을 고치시다(막3:1-6)

한쪽 손이 오그라든 사람이 있었다. 사람들은 예수를 고발하려고, 예수가 안식일에 그 사람을 고쳐주시는지 지켜보고 있었다. 예수가 손이 오그라든 사람에게 말씀하셨다. "일어나서 가운데로 나오너라." 그리고 예수는 사람들에게 말씀하셨다. "안식일에 선한 일을 하는 것이 옳으냐? 악한 일을 하는 것이 옳으냐? 목숨을 구하는 것이 옳으냐? 죽이는 것이 옳으냐?"

04

먹이심

예수는 요한에게 세례를 받으신 후 공생애를 시작하시자마자 악마에게 시험을 받으셨다. 당시 예수는 40일간 금식하신 상태였다. 악마는 예수를 시험산으로 데리고 가서 "네가 하나님의 아들이거든 이 돌들에게 빵이 되라고 말해 보라"고 말했다. 그러자 예수는 "사람이 빵으로만 살 것이 아니라 하나님의 입에서 나오는 모든 말씀으로 살 것이다"고 대응하셨다.

그러한 예수는 공생애를 통해 '먹이시는 일'도 하셨다. 여기서는 성경에 나오는 예수의 먹이심을 정리한다.

(1) "무엇을 먹을까 걱정하지 말라"
(2) 떡 다섯 개와 물고기 두 마리로 5천 명을 먹이시다
(3) 떡 일곱 개와 물고기 몇 마리로 4천 명을 먹이시다

(1) "무엇을 먹을까 걱정하지 말라"

이집트를 빠져나와 광야를 헤매는 이스라엘 자손이 모세와 아론에게 '고기와 빵'을 달라고 외칠 때 하나님은 '메추라기와 만나'를 주셨다. 예수는 자신의 말씀을 듣고자 모여든 무리가 배고파 쓰러질까 염려하시어 '떡 2개와 물고기 5마리'로 5천 명을 배불리 먹이시고, 또 '떡 7개와 물고기 몇 마리'로 4천 명을 배불리 먹이셨다.

그러한 예수는 따르는 무리들에게 "무엇을 먹을까 걱정하지 말라"고 당부하셨다.(마6:25-34, 19-21; 눅12:22-34)

예수는 제자들과 무리에게 '산상수훈'을 비롯하여 '음욕과 간음', '원수를 사랑하라', '기도하는 방법' 등에 관해 집중적으로 가르치셨다. 그 가르침 가운데 '무엇을 먹을까 걱정하지 말라'가 포함되어 있다.

예수는 '무엇을 먹을까 걱정하지 말라'고 가르치시기 전에 '재물을 하늘에 쌓아두라'는 것부터 가르치셨다.

"너희는 스스로를 위하여 재물을 땅에다가 쌓아 두지 말아라. 땅에서는 좀이 먹고 녹이 슬어서 망가지며, 도둑들이 뚫고 들어와서 훔쳐 간다. 그러므로 너희 재물을 하늘에 쌓아 두어라. 거기에는 좀이 먹거나 녹이 슬어서 망가지는 일이 없고, 도둑들이 뚫고 들어와서 훔쳐 가지도 못한다. 너희의 재물이 있는 곳에, 너희의 마음도 있을 것이다."(마6:19-21)

그리고 나서 예수는 "목숨을 부지하려고 무엇을 먹을까 또는 무엇을 마실까 걱정하지 말라"고 당부하셨다. 예수의 말씀이다.

"그러므로 내가 너희에게 말한다. 목숨을 부지하려고 무엇을 먹을까 또는 무엇을 마실까 걱정하지 말고, 몸을 보호하려고 무엇을 입을까 걱정하지 말아라. 목숨이 음식보다 소중하지 않으냐? 몸이 옷보다 소중하지 아니하냐?

공중의 새를 보아라. 씨를 뿌리지도 않고, 거두지도 않고, 곳간에 모아들이지도 않으나, 너희의 하늘 아버지께서 그것들을 먹이신다. 너희는 새보다 귀하지 않으냐?

너희 가운데서 누가 걱정한다고 해서 제 수명을 한 순간인들 늘일 수 있느냐?

어찌하여 너희는 옷 걱정을 하느냐? 들의 백합꽃이 어떻게 자라는가 살펴보아라. 수고도 하지 않고, 길쌈도 하지 않는다.

그러나 내가 너희에게 말한다. 온갖 영화를 누린 솔로몬도 이 꽃 하나만큼 차려 입지 못하였다. 믿음이 적은 사람들아, 오늘 있다가 내일 아궁이에 들어갈 들풀도, 하나님께서 이와 같이 입히시거든 하물며 너희들을 입히시지 않겠느냐?

그러므로 무엇을 먹을까, 무엇을 마실까, 무엇을 입을까 하고 걱정하지 말아라.

이 모든 것은 이방 사람들이 구하는 것이요, 너희의 하늘 아버지께서는 이 모든 것이 너희에게 필요하다는 것을 아신다.

너희는 먼저 하나님나라와 그의 의를 구하여라. 그리하면 이 모든 것을 너희에게 더하여 주실 것이다.

그러므로 내일 일을 걱정하지 말아라. 내일 걱정은 내일이 맡아서 할 것이다. 한 날의 괴로움은 그 날로 족하다."(마6:25-34)

(2) 떡 다섯 개와 물고기 두 마리로 5천 명을 먹이시다

이스라엘 자손이 이집트 땅에서 나온 뒤 둘째 달 보름이 되던 날 신 광야에 이르렀다. 이스라엘 자손의 온 회중이 모세와 아론을 원망했다. "차라리 우리가 이집트 땅 거기 고기 가마 곁에 앉아 배불리 음식을 먹던 그 때에, 누가 우리를 주의 손에 넘겨주어서 죽게 했더라면 더 좋을 뻔했습니다. 그런데 당신들은 지금 우리를 이 광야로 끌고 나와서, 이 모든 회중을 다 굶어 죽게 하고 있습니다."(출16:1-4)

그러자 하나님은 이스라엘 자손에게 먹을 고기를 주셨다. 그 날 저녁부터 메추라기가 날아와서 진 친 곳을 뒤덮은 것이다. 이처럼 하나님은 이스라엘 자손을 굶주리게 하지 않으셨다. 예수도 그러하셨다.(요 6:1-14; 막6:30-44; 눅9:10-17; 마14:13-21)

예수가 갈릴리 바다, 곧 디베랴 바다 건너편으로 가시자 큰 무리가 뒤따랐다. 그것은 그들이 예수가 병자들을 고치신 표적들을 보았기 때문이다. 예수는 산에 올라가 제자들과 함께 앉으셨다. 마침 유대 사람의 명절인 유월절이 가까운 때였다.

예수: (큰 무리가 자기에게로 모여드는 것을 보시고, 빌립에게) "우리가 어디에서 빵을 사다가 이 사람들을 먹이겠느냐?" 예수가 이렇게 말씀하신 것은 빌립을 시험해 보시기 위해서였다. 예수는 자기가 하실 일을 잘 알고 계셨던 것이다.

빌립: "이 사람들에게 모두 조금씩이라도 먹게 하려면 빵 이백 데나리온 어치를 가지고서도 충분하지 못합니다."

안드레: "여기 한 아이가 보리빵 다섯 개와 물고기 두 마리를 가지고 있

습니다. 그러나 이렇게 많은 사람에게 그것이 무슨 소용이 있겠습니까?"

예수: "사람들을 앉혀라."

그 곳에는 잔디가 많았다. 사람들이 앉았는데, 그 수가 오천 명쯤 되었다.

예수는 빵을 들어서 감사를 드리신 다음 제자들을 시켜 앉은 사람들에게 빵을 나누어 주게 하셨다. 그리고 물고기도 그와 같이 해서 그들이 원하는 대로 주셨다. 그들이 배불리 먹었다.

예수: "남은 부스러기를 다 모으고, 조금도 버리지 말아라."

그래서 보리빵 다섯 개에서, 먹고 남은 부스러기를 모으니 열두 광주리에 가득 찼다.

사람들: "이분은 참으로 세상에 오시기로 된 그 예언자다."

(3) 떡 일곱 개와 물고기 몇 마리로 4천 명을 먹이시다

이스라엘 자손이 이집트 땅에서 나온 뒤 둘째 달 보름이 되던 날 신 광야에 이르렀다. 이스라엘 자손의 온 회중이 모세와 아론을 원망했다. "차라리 우리가 이집트 땅 거기 고기 가마 곁에 앉아 배불리 음식을 먹던 그 때에 누가 우리를 주의 손에 넘겨주어서 죽게 했더라면 더 좋을 뻔했습니다. 그런데 당신들은 지금 우리를 이 광야로 끌고 나와서, 이 모든 회중을 다 굶어 죽게 하고 있습니다."(출16:1-4)

그러자 하나님은 이스라엘 자손에게 배불리 먹을 빵을 주셨다. 아침에는 진 친 곳 둘레에 안개가 자욱했다가 안개가 걷히면 가는 싸라기 같은 것이 그 곳을 덮은 것이다. 이렇게 해서 굶어죽을까 염려했던 이스라엘 자손은 "이게 무엇이냐?"라는 뜻을 가진 '만나'를 먹게 되었다. '만나'는, 이스라엘 자손이 정착지에 이를 때까지 무려 사십 년 동안이나 먹었다.(출16:35)

예수는 갈릴리 바닷가로 가셔서 산에 올라가 앉으셨다. 많은 무리가 앉은뱅이와 맹인과 지체 장애자와 벙어리와 기타 병자들을 많이 데리고 와서 예수의 발 앞에 놓았다. 예수는 그들을 고쳐 주셨다.(막8:1-10)

그 무렵 다시 큰 무리가 모여 있었는데, 먹을 것이 없었다. 예수가 제자들을 가까이 불러 말씀하셨다.

예수: "저 무리가 나와 함께 있은 지가 벌써 사흘이나 되었는데, 먹을 것이 없으니 가엾다. 내가 그들을 굶은 채로 돌려보내면 길에서 쓰러질 것이다. 더구나 그 가운데는 먼 데서 온 사람들도 있다."

제자들: "이 빈 들에서, 어느 누가, 무슨 수로, 이 모든 사람이 먹을

빵을 장만할 수 있겠습니까?"

　예수: "너희에게 빵이 몇 개나 있느냐?"

　제자들: "일곱 개가 있습니다."

　예수는 무리에게 땅에 앉게 하셨다. 예수는 빵 일곱 개를 손에 드시고, 감사를 드리신 뒤 빵을 떼어서 제자들에게 주시면서 사람들에게 나누어 주게 하셨다. 제자들이 빵을 사람들에게 나누어 주었다.

　그들에게는 또 작은 물고기가 몇 마리가 있었다. 예수는 물고기를 축복하신 뒤 그것도 사람들에게 나누어 주게 하셨다. 그래서 사람들은 배불리 먹었다. 남은 부스러기를 주워 모으니 일곱 광주리에 가득 찼다.

　모인 사람은 사천 명쯤 되었다. 예수는 그들을 헤쳐 보내셨다. 그리고 곧 제자들과 함께 배에 올라 달마누다 지방으로 가셨다.

05

예수의 제자들과 사도들은
무슨 일을 했을까?

예수는 열 두 제자를 세워 그들을 가르치시고, 전도 훈련을 시키셨다. 부활하신 예수는 승천하시기 전 제자들에게 마지막으로 당부하셨다. "나는 하늘과 땅의 모든 권세를 받았다. 그러므로 너희는 가서, 모든 민족을 제자로 삼아 아버지와 아들과 성령의 이름으로 세례를 주고, 내가 너희에게 명한 모든 것을 그들에게 가르쳐 지키게 하여라."(마 28:18-19)

제자들은 예수의 말씀을 따르려고 사방으로 뿔뿔이 흩어져 목숨을 걸고 하나님나라를 선포하고, 예수님 말씀을 가르쳤다. 제자들의 헌신적인 선포와 전도로 기독교는 세계종교가 될 수 있었다.

다룰 이야기는 다음과 같다.

(1) 예수의 제자들과 사도들의 행적: 〈사도행전〉 요약

(2) 예수의 제자들과 사도들, 신약성경 27권을 쓰다

(3) 만민이 구원에 이르다: 바울의 구원론

(4) "행함이 없는 믿음은 죽은 것입니다": 야고보의 가르침

(5) 새로운 생활의 규범

(6) "하나님은 사랑이십니다"

(7) "믿음, 소망, 사랑, … 그 가운데 으뜸은 사랑입니다"

(1) 예수의 제자들과 사도들의 행적: 사도행전 요약

예수의 제자들과 사도들과 동역자들은 신약성경 27편을 썼다. 또 이들은 하나님나라 선포, 설교, 성령 베풂, 전도, 병 고침 등 많은 사역을 했다. 이들의 행적은 사도행전에 자세히 나타나 있다. 사도행전에 나타난 예수의 제자들과 사도들과 동역자들의 주요 행적을 간략히 요약한다.

• 예수가 승천하신 후 제자들과 120여 명의 신도들이 다락방에 모였다. 그들은 유다 후임으로 맛디아를 뽑았다. 이어 오순절에 그들이 한 곳에 모였을 때 "갑자기 하늘에서 세찬 바람이 부는 듯한 소리가 나더니, 불길이 솟아오를 때 혓바닥처럼 갈라지는 것 같은 혀들이 각 사람 위에 내려앉았다." 그들은 성령 충만하여 각각 다른 방언으로 말하기 시작했다.(행2:1-4)

• 이때 베드로가 일어나, 예수가 보여주신 기적과 무법자들의 손에 죽으신 것과 하나님이 예수를 살리신 것 등을 낱낱이 증언했다. 그날 신도가 약 3,000명이나 늘어났다.

• 못 걷는 사람이 구걸하자 베드로가 말했다. "은과 금은 내게 없으나 내게 있는 것을 그대에게 주니, 나사렛 예수 그리스도 이름으로 일어나 걸으시오."(행3:6) 사람들은 병자들을 메고 나와, 베드로가 지나갈 때 그 그림자라도 덮이기를 바랐다. 베드로는 병자들과 귀신들린 사람들과(행5:15-16) 8년간 중풍 걸린 애니아를 낫게 했고, 죽은 도르가를 살려냈다.(행9:36-41)

• 베드로는 환상 중에 '온갖 네 발 짐승들과 땅에 기어다니는 것들과 공중의 새들'을 "잡아먹어라"는 음성을 듣고, 이방인 고넬료를 만났

다. 베드로는 "유대인이 이방인과 가까이 하는 것은 불법"이라 말하고도, 고넬료 집에 머무르면서 설교했다. 그가 설교하는 동안 이방인들에게도 성령이 내렸다.(행10:1–48) 베드로가 고넬료를 만난 것은 이방인도 구원 받을 수 있게 하시려는 하나님의 뜻이었다. 그 후 베드로가 예루살렘에 갔을 때 유대인들이 "할례 받지 않은 사람들의 집에서 음식을 먹었다"고 베드로를 나무랐다. 이를 계기로 예루살렘 공의회가 열렸고, 베드로의 연설이 도움이 되어 '할례'가 폐지되었다.

• 빌립은 사마리아로 내려가 그리스도를 선포하고, 중풍병 환자와 지체장애인의 병을 고쳐주었다.(행8:5–7) 빌립은 광야에서 만난 에디오피아 내시에게 복음을 전도했다. 이 무렵 헤롯 왕이 교인들을 괴롭혔는데, 그는 열두 제자 가운데 하나인 요한의 형제 야고보를 칼로 죽였다.(행12:2)

• 이어 그리스도인들을 죽이기 위해 "살기를 띠고" 여기저기 쏘다니는 사울 (후에 바울이 됨) 이야기가 나온다. 그는 다마스쿠스에 이르렀을 때 "사울아, 사울아, 네가 왜 나를 핍박하느냐?" 하는 음성을 듣고, '기독교 핍박자에서 기독교 전도자'로 완전히 바뀌었다.

• 바울과 바나바는 안디옥에서 전도했다. 바울은 하나님이 하신 일들을 설명한 후 이렇게 말했다. "여러분이 모세의 율법으로는 의롭게 될 수 없던 그 모든 일에서 풀려납니다. 믿는 사람은 누구나 다 예수 안에서 의롭게 됩니다."(행13:39) 유대인들이 바울과 바나바를 비방했지만 바울이 말했다. "우리는 이제 이방인들에게로 갑니다."

• 바울이 바나바와 함께 루스드라에서 전도할 때 발을 못 쓰는 지체장애인에게 말했다. "그대의 발로 똑바로 일어서시오."(행14:10) 그가 벌떡 일어서서 걷기 시작했다.

(2) 예수의 제자들과 사도들, 신약성경 27권을 쓰다

예수의 제자들과 사도들의 행적 가운데 가장 뜻있는 일은 신약성경 27권을 쓴 것이다. 성경은 구약 39권, 신약 27권 모두 66권으로 이루어져 있다. 『새번역』을 기준으로 분량을 따지면 구약은 1,530쪽, 신약은 499쪽 모두 2,029쪽에 이른다.

예수의 제자들과 사도들이 쓴 신약성경을 간략히 소개한다.[35]

• 마태

12제자 가운데 하나로, 세리(稅吏) 출신인 마태는 〈마태복음〉을 썼다. 마태는 예수를 유대인의 왕이며 오랫동안 기다리던 메시아로 나타내려고 했다.

• 마가

마가는 '인자가 온 것은 섬김을 받으려 함이 아니라 도리어 섬기려 하고, 자기 목숨을 많은 사람의 대속물(代贖物)로 주려 함'이라는 메시지의 〈마가복음〉을 썼다. 사도행전을 보면, 마가는 전도사 바나바의 사촌이다. 베드로는 마가를 '나의 아들 마가'(벧전5:13)라고 불렀다. 바울도 마가를 언급했다.(딤후4:11)

• 누가

누가에 관해서 알려진 것은 거의 없는데, 그는 바울이 '사랑 받는 의사 바울'이라 했고(골4:14), 바울과 함께 여행했다.(딤후4:11) 누가는 〈누가복음〉을 썼고, 〈사도행전〉도 쓴 것으로 이야기된다.

• 요한

요한은 그의 형 야고보와 함께 12제자 가운데 하나로 4복음서의 하나인 〈요한복음〉을 썼다. 요한은 그리스도를 '하나님의 아들'로 묘사하여 그의 신성을 드러냈다. 요한은 또 세 편의 서신 〈요한일서〉, 〈요한이서〉, 〈요한삼서〉와 수수께끼 같은 〈요한계시록〉을 썼다.

• 바울

바울은 "사울아, 사울아, 네가 왜 나를 핍박하느냐?" 하는 예수의 음성을 듣고 유대교에서 기독교로 개종했고, 자신을 스스로 '사도'라고 불렀다. 신약성경에서 예수 다음으로 중요한 인물은 바울이다. 바울은 질의와 응답 형식을 취하면서 성경 교리를 가장 조직적으로 설명하는 〈로마서〉를 썼다. 바울은 3차에 이르는 전도여행을 하면서 다음과 같은 신약성경을 썼거나 썼을 것으로 이야기된다―〈고린도전서〉, 〈고린도후서〉, 〈갈라디아서〉, 〈에베소서〉, 〈빌립보서〉, 〈골로새서〉, 〈데살로니가전서〉, 〈데살로니가후서〉, 〈디모데전서〉, 〈디모데후서〉, 〈빌레몬서〉, 〈히브리서〉.

• 디도

디도는 사도행전에서는 전혀 언급되지 않았지만 바울 서신에서는 13번이나 언급되었다. 디도는 〈디도서〉를 썼을 것으로 이야기된다.

• 야고보

〈야고보서〉는 예수의 형제인 야고보가 쓴 것으로 이야기된다.

• 베드로

베드로는 〈베드로전서〉와 〈베드로후서〉를 썼다.

• 유다

〈유다서〉는 예수의 형제인 유다가 썼을 것으로 이야기된다.

(3) '만민이 구원에 이르는 길': 바울의 가르침

바울은 죄에 빠진 자신을 놓고, "아, 나는 비참한 사람입니다" 하고 절규한다. 그리고 나서 그는 "누가 이 죽음의 몸에서 나를 건져 주겠습니까?" 하고 구원을 갈구한다.(롬7:24) 마침내 그는 '만민이 구원에 이르는 길'을 제시한다.

- "나는 내가 하는 일을 도무지 알 수가 없습니다. 내가 해야겠다고 생각하는 일은 하지 않고, 해서는 안 되겠다고 생각하는 일을 하고 있으니 말입니다. 내가 그런 일을 하면서도 그것을 해서는 안 되겠다고 생각하는 것은, 곧 율법이 선하다는 사실에 동의하는 것입니다."

- "그렇다면 그와 같은 일을 하는 것은 내가 아니라 내 속에 자리를 잡고 있는 죄입니다. 나는 내 육신 속에 선한 것이 깃들어 있지 않다는 것을 압니다. 선을 행하려는 의지는 나에게 있으나 그것을 실행하지는 않으니 말입니다. 나는 내가 원하는 선한 일은 하지 않고 도리어 원하지 않는 악한 일을 합니다. 내가 해서는 안 되는 것을 하면 그것을 하는 것은 내가 아니라 내 속에 자리를 잡고 있는 죄입니다."

- "여기에서 나는 법칙 하나를 발견했습니다. 곧 나는 선을 행하려고 하는데 그러한 나에게 악이 붙어 있다는 것입니다. 나는 속사람으로는 하나님의 법을 즐거워하나 내 지체 속에는 다른 법이 있어서 내 마음의 법과 맞서서 싸우며, 내 지체에 있는 죄의 법에 나를 포로로 만드는 것을 봅니다."

- "아, 나는 비참한 사람입니다. 누가 이 죽음의 몸에서 나를 건져 주겠습니까? 우리 주 예수 그리스도를 통하여 나를 건져 주신 하나님께

감사를 드립니다. 그러니 나 자신은 마음으로는 하나님의 법을 섬기고, 육신으로는 죄의 법을 섬기고 있습니다."(롬7:15–24)

바울도 죄에서 벗어나기가 얼마나 어려운가를 실토한다! "아, 나는 비참한 사람입니다. 누가 이 죽음의 몸에서 나를 건져 주겠습니까?" 이 절규는 우리의 본래 모습을 보여주는 것은 아닐까? 그러나 바울의 절규는 '절규'로 끝나지 않는다. 바울은 만민을 향해 '우리는 죄에서 벗어나 구원의 길에 이를 수 있다'고 힘찬 목소리로 이렇게 가르친다.

● "당신이 만일 예수는 주님이라고 입으로 고백하고, 하나님께서 그를 죽은 사람들 가운데서 살리신 것을 마음으로 믿으면 구원을 얻을 것입니다. 사람은 마음으로 믿어서 의에 이르고, 입으로 고백해서 구원에 이르게 됩니다."(롬10:9–10)

그러나 바울이 보여준 구원에 이르는 길은 누구나 쉽게 따를 수 있을까? '입으로는 예수를 주님이라 말하고, 마음으로는 하나님이 예수를 죽은 사람들 가운데서 살리셨다고 믿는다'는 것은 며칠, 몇 년, 몇 십 년이 가야 받아들일 수 있을까?

구원은 어떻게 얻는 것일까? 십자가에 매달려 죽음을 당하시는 예수를 지켜보는 강도와 예수와의 대화가 답을 줄 수도 있다. 강도가 예수에게 말했다. "예수님, 예수님께서 주님의 나라에 들어가실 때에 나를 기억해 주십시오." 예수가 대답하셨다. "내가 진정으로 네게 말한다. 너는 오늘 나와 함께 낙원에 있을 것이다."(눅23:42–43)

(4) "행함이 없는 믿음은 죽은 것입니다": 야고보의 가르침

야고보는 우리 삶에서 교훈이 되는 이야기를 들려주면서 "행함이 없는 믿음은 죽은 것"이라고 강조한다. 그래서 『야고보서』는 계속해서 읽고, 또 읽고 싶어지는 책이다.

- "사람이 시험을 당하는 것은 각각 자기의 욕심에 이끌려서 꾐에 빠지기 때문입니다. 욕심이 잉태하면 죄를 낳고, 죄가 자라면 죽음을 낳습니다."(약1:14-15)
- "누구든지 듣기는 빨리 하고, 말하기는 더디 하고, 노하기도 더디 하십시오. 노하는 사람은 하나님의 의를 이루지 못하기 때문입니다."(약1:19-20)
- "하나님 아버지께서 보시기에 깨끗하고 흠이 없는 경건은, 고난을 겪고 있는 고아들과 과부들을 돌보아 주며 자기를 지켜서 세속에 물들지 않게 하는 것입니다."(약2:27)
- "믿음에 행함이 따르지 않으면 그 자체만으로는 죽은 것입니다. 사람은 행함으로 의롭게 되는 것이지 믿음으로만 되는 것이 아닙니다. 영혼이 없는 몸이 죽은 것과 같이 행함이 없는 믿음은 죽은 것입니다."(약2:17,24,25)
- "우리는 다 실수를 많이 저지릅니다. 누구든지 말에 실수가 없는 사람은 온 몸을 다스릴 수 있는 온전한 사람입니다. …. 혀는 불이요, 혀는 불의의 세계입니다. 혀는 우리 몸의 한 지체이지만 온 몸을 더럽히며, 인생의 수레바퀴에 불을 지르고, 결국에는 혀도 지옥 불에 타버립니다."(약3:2,6)

- "여러분은 욕심을 부려도 얻지 못하면 살인을 하며, 탐내어도 가지지 못하면 다투고 싸웁니다. 여러분이 얻지 못하는 것은 구하지 않기 때문이요, 구하여도 얻지 못하는 것은 자기가 쾌락을 누리는 데에 쓰려고 잘못 구하기 때문입니다."(약4:2-3)

- "오늘이나 내일 어느 도시에 가서 일 년 동안 거기에서 지내며 장사하여 돈을 벌겠다" 하는 사람들이여, 들으십시오. 여러분은 내일 일을 알지 못합니다. 여러분의 생명이 무엇입니까? 여러분은 잠깐 나타났다가 사라져 버리는 안개에 지나지 않습니다."(약4:13-17)

- "부자들은 들으십시오. 여러분에게 닥쳐올 비참한 일들을 생각하고 울며 부르짖으십시오. 여러분의 재물은 썩고, 여러분의 옷들은 좀먹었습니다. 여러분의 금과 은은 녹이 슬었으니, 그 녹은 장차 여러분을 고발할 증거가 될 것이요, 불과 같이 여러분의 살을 먹을 것입니다. 여러분은 세상 마지막 날에도 재물을 쌓았습니다. … 여러분은 이 땅 위에서 사치와 쾌락을 누렸으며, 살육의 날에 마음을 살찌게 하였습니다. 여러분은 의인을 정죄하고 죽였지만, 그는 여러분에게 대항하지 않았습니다."(약5:1-6)

- "맹세하지 마십시오. 하늘이나 땅이나 그 밖에 무엇을 두고도 맹세하지 마십시오. '예' 해야 할 경우에는 오직 '예' 라고만 하고, '아니오' 해야 할 경우에는 오직 '아니오'라고만 하십시오. 그렇게 해야 심판을 받지 않을 것입니다."(약5:12)

(5) 새로운 생활의 규범

바울이 쓴 것으로 이야기되는 『에베소서』에서, 바울은 "주님 안에서 갇힌 몸이 된 내가 권합니다"라고 말하고, 우리가 살아가는 데 지켜야 할 여러 가지 규범을 가르친다.(엡4:1-32)

● "오래 참으십시오."

"여러분은 부르심을 받았으니, 그 부르심에 합당하게 살아가십시오. 겸손함과 온유함으로 깍듯이 대하십시오. 오래 참음으로써 사랑으로 서로 용납하십시오. 성령이 여러분을 평화의 띠로 묶어서 하나가 되게 해주신 것을 힘써 지키십시오. 그리스도의 몸도 하나요, 성령도 하나입니다. 이와 같이 여러분도 받았을 때 그 부르심의 목표인 소망도 하나였습니다. 주님도 한 분이시요, 믿음도 하나요, 세례도 하나요, 하나님도 한 분이십니다."(엡4:1-6)

● "하나님은 각 사람에게 은혜를 주셨습니다."

"하나님께서는 각 사람에게, 그리스도께서 주시는 선물의 분량을 따라서 은혜를 주셨습니다. …. 그분이, 어떤 사람은 사도로, 어떤 사람은 예언자로, 어떤 사람은 복음 전도자로, 또 어떤 사람은 목사와 교사로 삼으셨습니다. 그것은 성도들을 준비시켜서, 봉사의 일을 하게 하고, 그리스도의 몸을 세우게 하시려는 것입니다. 그리하여 우리 모두가 하나님의 아들을 믿는 일과 아는 일에 하나가 되고, 온전한 사람이 되어, 그리스도의 충만하심의 경지에까지 다다르게 됩니다."(엡4:7-13)

- "썩어 없어질 옛 사람을 버리고, …."

"이제부터 여러분은 이방 사람들이 허망한 생각으로 살아가는 것과 같이 살아가지 마십시오. 그들은 자기들 속에 있는 무지와 자기들의 마음의 완고함 때문에 지각이 어두워지고, 하나님의 생명에서 떠나 있습니다. 그들은 수치의 감각을 잃고, 스스로를 방탕에 내맡기고, 탐욕을 부리며, 모든 더러운 일을 합니다. 그러나 여러분은 그리스도를 그렇게 배우지는 않았습니다. 여러분이 예수 안에 있는 진리대로 그분에 관해서 듣고, 또 그분 안에서 가르침을 받았으면, 여러분은 지난날의 생활방식대로 허망한 욕정을 따라 살다가 썩어 없어질 그 옛 사람을 벗어버리고, 마음의 영을 새롭게 하여, 하나님의 형상을 따라 참 의로움과 참 거룩함으로 지으심을 받은 새 사람을 입으십시오."(엡4:17-24)

- "서로 용서하십시오."

"여러분은 거짓을 버리고, 각각 자기 이웃과 더불어 참된 말을 하십시오. 우리는 서로 한 몸의 지체들입니다. 화를 내더라도 죄를 짓는 데까지 이르지 않도록 하십시오. 해가 지도록 노여움을 품고 있지 마십시오. 악마에게 틈을 주지 마십시오. …. 나쁜 말은 입 밖에 내지 말고, 덕을 세우는 데에 필요한 말이 있으면 적절한 때에 해서, 듣는 사람에게 은혜가 되게 하십시오. 하나님의 성령을 슬프게 하지 마십시오. 여러분은 성령 안에서 구속의 날을 위하여 인치심을 받았습니다. 모든 악독과 격정과 분노와 소란과 욕설은 모든 악의와 함께 내버리십시오. 서로 친절히 하며, 불쌍히 여기며, 하나님께서 그리스도 안에서 여러분을 용서하신 것같이, 서로 용서하십시오."(엡4:25-32)

(6) "하나님은 사랑이십니다"

요한이 쓴 『요한일서』는 "하나님은 사랑이십니다" 하고 직설적으로
강조한다.(요일4:4-21)

- "자녀 된 이 여러분, 여러분은 하나님에게서 난 사람들이며, 여러
분은 그 거짓 예언자들을 이겼습니다. 여러분 안에 계신 분이 세상에
있는 자보다 크시기 때문입니다. 그들은 세상에서 났습니다. 그런 까닭
에 그들은 세상에 속한 것을 말하고, 세상은 그들의 말을 듣습니다. 우
리는 하나님에게서 났습니다. 하나님을 아는 사람은 우리의 말을 듣고,
하나님에게서 나지 아니한 사람은 우리의 말을 듣지 아니합니다. 이것
으로 우리는 진리의 영과 미혹의 영을 알아봅니다."
- "사랑하는 여러분, 서로 사랑합시다. 사랑은 하나님에게서 난 것입
니다. 사랑하는 사람은 다 하나님에게서 났고, 하나님을 압니다. 사랑
하지 않는 사람은 하나님을 알지 못합니다. 하나님은 사랑이시기 때문
입니다."
- "하나님의 사랑이 우리에게 이렇게 드러났으니, 곧 하나님이 자
기 외아들을 세상에 보내 주셔서 우리로 하여금 그로 말미암아 살게
해주신 것입니다. 사랑은 이 사실에 있으니, 곧 우리가 하나님을 사
랑한 것이 아니라 하나님이 우리를 사랑하셔서 자기 아들을 보내어
우리의 죄를 위하여 화목 제물이 되게 하신 것입니다. 사랑하는 여러
분, 하나님께서 이렇게까지 우리를 사랑하셨으니, 우리도 서로 사랑
해야 합니다."
- "지금까지 하나님을 본 사람은 없습니다. 그러나 우리가 서로 사

랑하면 하나님이 우리 가운데 계시고, 또 하나님의 사랑이 우리 가운데서 완성되는 것입니다."

• "하나님이 우리에게 자기 영을 나누어 주셨습니다. 이것으로 우리가 하나님 안에 있고, 또 하나님이 우리 안에 계신다는 것을 압니다. 우리는 아버지께서 아들을 세상의 구주로 보내 주신 것을 보았고, 또 그것을 증언합니다. 누구든지 예수를 하나님의 아들로 시인하면 하나님이 그 사람 안에 계시고, 그 사람은 하나님 안에 있습니다. 우리는 하나님이 우리에게 베푸시는 사랑을 알았고, 믿었습니다."

• "하나님은 사랑이십니다. 사랑 안에 있는 사람은 하나님 안에 있고, 하나님도 그 사람 안에 계십니다. 사랑이 우리에게서 완성되었다는 사실은 이 점에 있으니, 곧 우리로 하여금 심판 날에 담대함을 가지게 하려는 것입니다. 우리가 이렇게 담대해지는 것은 그리스도께서 사신 대로, 우리도 이 세상에서 그렇게 살기 때문입니다."

• "사랑에는 두려움이 없습니다. 완전한 사랑은 두려움을 내쫓습니다. 두려움은 징벌과 맞물려 있습니다. 두려워하는 사람은 아직 사랑을 완성하지 못한 사람입니다."

• "우리가 사랑하는 것은 하나님이 우리를 먼저 사랑하셨기 때문입니다. 누가 하나님을 사랑한다고 하면서 자기 형제자매를 미워하면 그는 거짓말쟁이입니다. 보이는 자기 형제자매를 사랑하지 않는 사람이 보이지 않는 하나님을 사랑할 수 없습니다. 하나님을 사랑하는 사람은 자기 형제자매도 사랑해야 합니다. 우리는 이 계명을 주님에게서 받았습니다."

(7) "믿음, 소망, 사랑, … 그 가운데 으뜸은 사랑입니다"

예수는 '사랑'을 강조하셨다. 예수는 붙잡히시기 전 제자들에게 말씀하셨다. "나는 너희에게 새 계명을 준다. 서로 사랑하라. 내가 너희를 사랑한 것 같이 너희도 서로 사랑하라."(요13:34) 예수는 또 자신을 시험하는 율법 교사에게 '큰 계명'을 말씀하셨다. "율법에 '네 마음을 다하고 네 목숨을 다하고, 네 뜻을 다하여 주 너의 하나님을 사랑하라' 하셨으니 이것이 가장 중요하고, 으뜸가는 계명이다. 둘째 계명도 이것과 같은데 '네 이웃을 네 몸 같이 사랑하라' 한 것이다."(요22:37-39)

바울은 2차 전도여행 중에 고린도에 교회를 세웠다. 바울은 3차 전도여행 중에 고린도교회에 분쟁이 있다는 말을 듣고, 고린도교회의 문제와 그들의 질문에 대한 답변으로 고린도전서를 썼다. 바울은 고린도전서 13장에서 "내가 가장 좋은 길을 여러분에게 보여드리겠다"며 그 유명한 '사랑' 시를 썼다. 다음은 우리의 삶에서 훌륭한 '길잡이'가 되는 바울의 '사랑 시'다.(고전13:1-13)

내가 사람의 모든 말과 천사의 말을 할 수 있을지라도, 내게 사랑이 없으면 울리는 징이나 요란한 꽹과리가 될 뿐입니다.

내가 예언하는 능력을 가지고 있을지라도, 또 모든 비밀과 모든 지식을 가지고 있을지라도, 또 산을 옮길 만한 모든 믿음을 가지고 있을지라도, 사랑이 없으면 아무것도 아닙니다.

내가 내 모든 소유를 나누어줄지라도, 내가 자랑삼아 내 몸을 넘겨줄지라도, 사랑이 없으면 내게는 아무런 이로움이 없습니다.

사랑은 오래 참고, 친절합니다.

사랑은 시기하지 않으며, 뽐내지 않으며, 교만하지 않습니다.

사랑은 무례하지 않으며, 자기의 이익을 구하지 않으며, 성을 내지 않으며, 원한을 품지 않습니다.

사랑은 불의를 기뻐하지 않으며, 진리와 함께 기뻐합니다.

사랑은 모든 것을 덮어 주며, 모든 것을 믿으며, 모든 것을 바라며, 모든 것을 견딥니다.

사랑은 없어지지 않습니다. 그러나 예언도 사라지고, 방언도 그치고, 지식도 사라집니다.

우리는 부분적으로 알고, 부분적으로 예언합니다.

그러나 온전한 것이 올 때에는, 부분적인 것은 사라집니다.

내가 어릴 때에는, 말하는 것이 어린 아이와 같고, 깨닫는 것이 어린 아이와 같고, 생각하는 것이 어린 아이와 같았습니다. 그러나 어른이 되어서는 어린 아이의 일을 버렸습니다.

지금은 우리가 거울로 영상을 보듯이 희미하게 보지마는, 그 때에는 우리가 얼굴과 얼굴을 마주 볼 것입니다. 지금은 내가 부분밖에 알지 못하지마는, 그 때에는 하나님께서 나를 아신 것과 같이, 내가 온전히 알게 될 것입니다.

그러므로 믿음, 소망, 사랑, 이 세 가지는 항상 있을 것인데, 그 가운데서 으뜸은 사랑입니다.

기독교는 오늘날 세계종교로 우뚝 서 있다. 기독교는 어떻게 세계종교가 되었는가? 나는 이 질문을 오래 동안 생각해 왔다. 정답은 당연히 기독교의 우수성에서 찾아야 할 것이다. 이는 성경 연구가와 신학자들의 몫이다. 그런데 나는 '기업 CEO논(論)'을 적용하여 정답을 찾을 수도 있지 않을까 생각해 왔다. 내가 신학 배경이 없는 데다 경제학도이기 때문에 이런 생각을 하게 되었을 것이다.

기업의 경우에 CEO의 역할은 매우 중요하다. CEO는 위험을 무릅쓰고 기업을 성공의 길로 이끌어야 하기 때문이다. 기독교의 경우에도 CEO의 역할은 매우 중요하다. 나는 기독교의 CEO란 '기독교를 세계종교가 되게 한 성경 속의 최고경영자'로 정의한다. 그러면 기독교의 CEO는 어떤 역할을 했을까?

아브라함이 등장한 기원전 2090년경부터 바울이 죽은 기원후 65년경까지 무려 2,150여 년에 이르는 긴 기간에 걸쳐, 구약과 신약에 등장하는 성경 속의 10대 CEO를 이야기한다. 이들 10대 CEO는 위험을 무릅쓰고 혼자서 선정했다.

다룰 주제는 다음과 같다. 관련된 이야기는 3개의 〈부록〉을 제외하고 모두 4쪽으로 제한했다.

3장

성경 속 리더십과 기업가정신

— 기독교가 세계종교가 되는 데 기여한 10대 CEO

〈부록〉에 관한 설명.

하나님은 '자손이 별처럼 많아지게 하겠다'고 말씀하셨지만 성경에
는 출애굽 당시 이스라엘 자손 수가 '20살이 넘어 군대에 입대할 수 있
는 남자들은 603,550명이고, 야곱이 이집트로 이끌고 간 식구들은 모
두 70명'이라는 기록밖에 없다. 그래서 출애굽 당시 남녀노소를 합친
사람 수가 2백만 명을 넘었다는 것을 〈04 부록〉에서 추계했다.

성경은 어떤 대목은 소설만큼 재미있다. 이를 보여주기 위해 〈사무
엘상〉 17장에 있는 '다윗과 골리앗' 이야기를 〈06 부록〉으로 옮겼다.
'다윗과 골리앗 이야기'는 한 편의 완벽한 단편소설로, 성경이 얼마나
재미있는 책인가를 보여주는 대목이다.

'10대 CEO 이야기'에서, 솔로몬이 죽고 예수가 탄생할 때까지 926
년이라는 긴 시간이 흘렀다. 〈07 부록〉에서, 이 긴 시간 동안에 일어난
세계사적인 주요 사건들을 정리했다.

01

아브라함:
순종함으로 믿음의 조상이 되다

기독교는 하나님의 말씀에 순종한 아브라함으로부터 시작한다. 〈창세기〉에 따르면, 아브라함은 아담의 19대 손이다. 아브라함 이야기는 모세가 쓴 것으로 알려진 〈창세기〉에 주로 나온다.(창11:26-25:18) 기독교가 어떻게 시작했는가를 이야기한다.

지금으로부터 약 4100여 년 전. 하나님이 75세의 아브라함에게 나타나셨다. "너는 네가 살고 있는 땅과 네가 난 곳과 너의 아버지의 집을 떠나 내가 보여 주는 땅으로 가거라. 내가 너로 큰 민족이 되게 하고, 너에게 복을 주어 네가 크게 이름을 떨치게 하겠다. 너는 복의 근원이 될 것이다. … 모든 민족이 너로 말미암아 복을 받을 것이다."(창12:1-3)

아브라함이 가나안 땅으로 가려고 아버지 데라를 따라 1천 _km_쯤 떨어진 바빌로니아 우르[36]를 떠나 하란에 머물고 있던 중 아버지가 세상을 떠난 후에 일어난 일이다. 데라는 아브람[37], 손자 롯, 며느리 사래[38]를 데리고 우르에서 하란으로 왔었다. 데라는 왜 고향 우르를 떠나 머나먼 가나안 땅으로 가려고 했을까?

5백여 년이 지난 뒤 가나안을 정복한 여호수아가 그 이유를 밝혀주었다. "주 이스라엘의 하나님이 이렇게 말씀하셨습니다. '옛날에 아브라함과 나홀의 아비 데라를 비롯한 너희 조상은 유프라테스 강 건너에 살면서 다른 신들을 섬겼다. 그러나 내가 너희 조상 아브라함을 강 건너에서 이끌어 내어 그를 가나안 온 땅에 두루 다니게 하였으며, 자손을 많이 보게 하였다.'"(수24:2-3) 하나님은 아브라함을 끌어낼 계획이셨다.

아브라함은 망설이지 않고 하나님의 말씀을 따랐다. 그는 살고 있는 땅 하란을 떠나 8백km쯤 떨어진 가나안 땅으로 향했다.

아브라함은 천신만고 끝에 가나안에 도착했다. 그 땅에 기근이 들어 먹을 것이 없자 아브라함은 조카 롯과 함께 이집트로 갔다. 그는 어여쁜 아내를 누이로 속인 바람에 이집트 왕에게 큰 낭패를 당할 뻔했다. 그의 아내는 실제로 이복동생이었다. 이집트 왕은 아브라함에게 모든 짐을 싸들고 이집트를 떠나라고 명령했다. 가나안으로 돌아온 아브라함은 조카 롯을 소돔에 살게 하고, 자신은 헤브론에 자리를 잡았다.

어느 날 하나님이 아브라함에게 나타나셨다. "아브람아, … 나는 너의 방패다"

아브라함이 물었다. "주님께서는 저에게 무엇을 주시렵니까? 저에게는 자식이 아직 없습니다. 이제 저의 종이 저의 상속자가 될 것입니다."

하나님이 말씀하셨다. "너의 몸에서 태어날 아들이 너의 상속자가 될 것이다. …. 너의 자손이 저 별처럼 많아질 것이다. …. 너의 자손이 다른 나라에서 나그네살이를 하다가 마침내 종이 되어서 사백 년 동안 괴로움을 받을 것이다. …. 내가 이 땅을, 이집트 강에서 큰 강 유프라테스에 이르기까지를 너의 자손에게 준다."(창15:1–18)

아브라함이 99세 때 하나님이 또 나타나셨다. "나와 너 사이에 내가 몸소 언약을 세워 너를 크게 번성하게 하겠다. …. 이제부터는 너의 이름이 아브람이 아니라 아브라함[39]이다. …. 네가 지금 나그네로 사는 이 가나안 땅을 너와 네 뒤에 오는 자손에게 영원한 소유로 모두 주고, 나는 그들의 하나님이 될 것이다."(창17:2–8) 하나님은 하나님의 언약을 지킨다는 증거로, 대대로 모든 남자는 태어난 지 8일 만에 할례를 받아야 한다고 말씀하셨다.(창17:23) 그 날 아브라함은 자신이 앞장서고, 몸종 하갈이 낳은 아들 이스마엘과 집안의 모든 남종들이 할례를 받게 했다.

그 후 할례는 이스라엘 자손이 하나님의 거룩한 백성임을 인정받는 증거로 신약시대까지 존속하다가 예루살렘회의[40]에서 폐지되었다. 세례 요한과 예수도 태어난 지 8일 만에 할례를 받으셨다.

하나님이 아브라함에게 말씀하셨다. "너의 아내 사래를 이제 사라라고 하여라. 내가 그에게 복을 주어 너에게 아들을 낳아주게 하겠다. 내가 너의 아내에게 복을 주어 여러 민족의 어머니가 되게 하고, 백성들을 다스리는 왕들이 그에게서 나오게 하겠다."(창17:15-16)

하나님은 아브라함에게 아들을 약속하시면서 아브라함을 선택한 이유를 밝히셨다. "내가 아브라함을 선택한 것은 그가 자식들과 자손들을 잘 가르쳐서 나에게 순종하게 하고, 옳고 바른 일을 하도록 가르치라는 뜻에서 한 것이다. 그의 자손이 아브라함에게서 배운 대로 하면 나는 아브라함에게 약속한 대로 다 이루어 주겠다."(창18:19)

드디어 아브라함이 100세, 사라가 90세 때 아들이 태어났다. 아브라함은 아들 이름을 '그가 웃다'라는 뜻을 가진 '이삭'이라고 지었다. 아브라함은 하나님과의 언약대로 8일 만에 이삭에게 할례를 베풀었다.

어느 날 하나님이 아브라함을 부르셨다. "너의 아들, 네가 사랑하는 외아들 이삭을 데리고 모리아 땅으로 가거라. 내가 너에게 일러주는 산에서 그를 번제물로 바쳐라."(창22:2) 청천벽력(靑天霹靂)이었다. 아브라함은 복받치는 감정을 가까스로 가다듬고 나서 하나님의 말씀을 따르기로 했다. 아브라함은 하나님이 말씀하신 곳에 이르러 제단을 쌓고, 제단 위에 장작을 올려놓고, 그 위에 이삭을 묶어 올려놓았다. 그는 칼을 들고 귀하고 귀한 아들 이삭을 잡으려고 했다.

그 순간 하나님의 목소리가 들렸다. "그 아이에게 손을 대지 말아라! … 네가 너의 아들, 너의 외아들까지도 나에게 아끼지 아니하니, 네가 하나님 두려워하는 줄을 내가 이제 알았다."(창22:12) 하나님의 목소리가 또 들렸다. "네가 이렇게까지 너의 아들, 너의 외아들까지 아끼지 않았으니 내가 반드시 너에게 큰 복을 주고, 너의 자손이 크게 불어나서 하늘의 별처럼 바닷가의 모래처럼 많아지게 하겠다."(창22:16–17)

기독교는 순종을 강조한다. 아브라함은 하나님의 말씀에 순종하는 삶을 살았다. 아브라함은 하나님의 말씀을 따라 '살고 있는 집을 떠났고, 하나님과의 언약을 지킨다는 증거로 할례를 했고, 100세에 얻은 아들을 하나님에게 번제물로 바치려고까지 했다.'

하나님은 아브라함에게 세 가지 약속을 하셨다: '자손이 별처럼 많아지게 하고, 자손이 다른 나라에서 430년간 종살이를 하게 되고, 가나안 땅을 주겠다.' 이들 약속은 뒤이어 야곱, 요셉, 모세, 그리고 여호수아를 통해 모두 이루어졌다.

이들 약속은 오늘날 기독교가 세계종교가 됨으로써 확실하게 이루어졌다.

02

야곱:
자손이 별처럼 많아지게 할
12지파의 아버지가 되다

하나님은 아브라함에게 '자손이 별처럼 많아지게 하겠다'고 약속하셨다. 아브라함의 손자 야곱이 그 기반을 마련했다. 야곱이 이스라엘 12지파의 아버지가 된 것이다.

이삭은 아들 쌍둥이를 낳았다. 동생 야곱은 팥죽 한 그릇으로 형 에서로부터 장자권을 샀고, 눈이 잘 보이지 않는 아버지를 속여 장자 축복까지 받았다. 이를 안 에서가 야곱을 죽이려 하자 부모는 야곱을 8백 *km*쯤 떨어진 하란의 외삼촌댁으로 피신시켰다.

여기서는 야곱이 12지파의 아버지가 되고, 하나님과의 관계가 어떠했는가를 이야기한다.

야곱이 외삼촌댁으로 가다가 어떤 곳에서 하룻밤을 지내게 되었다. 그는 돌 하나를 주워 베개로 삼고 누워 자다가 꿈을 꾸었다. 꿈에 하나님이 말씀하셨다.

"나는 주, 너의 할아버지 아브라함을 보살펴 준 하나님이요, 너의 아버지 이삭을 보살펴 준 하나님이다. 네가 지금 누워 있는 이 땅을 내가 너와 너의 자손에게 주겠다. 너의 자손이 땅의 티끌처럼 많아질 것이고, 동서남북 사방으로 퍼질 것이다. 이 땅 위의 모든 백성이 너와 너의 자손 덕에 복을 받게 될 것이다. 내가 너와 함께 있어서 네가 어디로 가든지 너를 지켜 주며 내가 너를 다시 이 땅으로 데려 오겠다. 내가 너에게 약속한 것을 다 이루기까지 너를 떠나지 않겠다."(창28:13-15)

야곱은 다음날 아침 일찍 일어나 베개 삼아 벤 그 돌을 가져다가 기둥으로 세우고, 그 위에 기름을 붓고, 그 곳 이름을 베델이라고 불렀다. 야곱이 서원했다.

"하나님께서 저와 함께 계시고, 제가 가는 이 길에서 저를 지켜 주시

255

고, 먹을 것과 입을 것을 주시고, 제가 안전하게 저의 아버지의 집으로 돌아가게 해주시면, 주님이 저의 하나님이 되실 것이고, 제가 기둥으로 세운 이 돌이 하나님의 집이 될 것이며, 하나님께서 저에게 주신 모든 것에서 열의 하나를 하나님께 드리겠습니다."(창28:20-22)

야곱이 멀고 먼 외삼촌 라반의 집에 도착했다. 한 달 후 라반이 야곱에게 일을 시키기로 하고, 원하는 보수를 물었다. "제가 칠 년 동안 외삼촌 일을 해 드릴 터이니, 그 때 가서 외삼촌의 작은 딸 라헬과 결혼하게 해주십시오."(창29:15-18) 라반은 두 딸 레아와 라헬을 두었는데, 야곱은 작은 딸 라헬을 좋아했다.

7년 후 야곱이 장가들었다. 그런데 외삼촌은 첫날밤에 라헬 대신 레아를 방에 들여보냈다. 다음날 아침 야곱은 외삼촌에게 항의했다. "큰 딸을 두고 작은 딸부터 시집보내는 것은 이 고장의 법이 아닐세. 그러니 이레 동안 초례(醮禮) 기간을 채우게. 그런 다음에 다른 아이도 자네에게 주겠네. 그 대신 자네는 또 칠 년 동안 내가 맡기는 일을 해야 하네."(창29:26-27) 이렇게 해서 야곱은 외삼촌댁에서 외삼촌의 두 딸을 아내로 삼는 조건으로 14년 동안 머슴살이를 했다.

큰딸 레아는 동생 라헬보다 야곱의 사랑을 덜 받았지만 아들은 펑펑 낳았다. 레아는 첫째 아들 르우벤, 둘째 아들 시므온, 셋째 아들 레위, 넷째 아들 유다를 계속해서 낳았다. 이를 보다 못해 라헬은 죽어버리겠다고 앙탈을 부리며 몸종 빌하를 야곱과 동침시켰다. 그래서 야곱의 다섯째 아들 단, 여섯째 아들 납달리가 태어났다. 그러자 아기를 더 낳을 수 없다고 생각한 레아가 질투심이 치솟아 몸종 실바를 야곱과 동침시켰다. 그래서 야곱의 일곱째 아들 갓과 여덟째 아들 아셀이 태어났다. 어느 날 라헬은 레아의 큰 아들 르우벤이 들에서 가져온 자귀나

무가 탐이나 그것을 조금 얻는 대가로 레아에게 야곱과의 동침을 허락했다. 그래서 레아는 야곱의 아홉째 아들 잇사갈과 열째 아들 스블론을 낳았다. 이어 레아는 야곱의 고명딸 디나도 낳았다. 이 무렵 라헬은 운 좋게도 야곱의 열한째 아들 요셉을 낳았다. 라헬은 또 야곱이 형 에서를 만난 후 가나안 땅으로 가는 도중에 야곱의 열둘째 아들 베냐민을 낳았다.

이렇게 하여 야곱은 두 아내와 두 아내의 두 몸종으로부터 열 두 명의 아들과 한 명의 딸을 낳았다. 열 두 명의 아들들이 훗날 이스라엘 민족의 12지파를 이루었다.

야곱은 장인의 집에서 20년 동안 살았다. 처음 14년은 처가 머슴살이를 했고, 나머지 6년은 장인 살림을 돌보면서 자신의 살림을 챙겼다. 그렇게 하여 야곱은 하란으로 갈 때는 지팡이 하나뿐이었지만 20년 후 고향으로 돌아올 때는 "가축 떼뿐만 아니라 남종과 여종, 낙타와 나귀도 많이 가진 큰 부자가 되었다."(창30:43)

야곱은 고향으로 돌아오는 길에 형 에서를 만나는 일이 큰 걱정이었다. 야곱은 형 에서에게 먼저 심부름꾼을 보내 '동생을 너그럽게 보아 달라'고 부탁했다. 그런데 심부름꾼이 돌아와 에서가 부하 사백 명을 거느리고 야곱을 치려고 오고 있다고 알렸다. 두려움에 사로잡힌 야곱은 "자기 일행과 양 떼와 소 떼와 낙타 떼를 두 패로 나누었다. 에서가 와서 한 패를 치면 나머지 한 패라도 피하게 해야겠다는 속셈이었다." 야곱은 절박한 심정이었다. "부디 제 형의 손에서, 에서의 손에서, 저를 건져 주십시오. 형이 와서 저를 치고, 아내들과 자식들까지 죽일까 두렵습니다."(창32:11) 야곱은 형 에서에게 줄 선물을 따로 골랐다. 야곱은 형에게 줄 선물을 앞세워 보낸 후 두 아내와 두 여종과 열한 아들을 데리고 얍복 나루를 건넜다. 야곱은 뒤에 홀로 남았다.

어떤 사람이 나타나 야곱을 붙잡고 동 틀 때까지 씨름을 했다. 그 사람은 야곱을 이길 수 없다는 것을 알고 야곱의 엉덩이뼈를 쳤다. 야곱이 엉덩이뼈를 다쳤다. 그 사람이 날이 샐 무렵 놓아 달라고 했지만 야곱은 자기에게 축복해 주지 않으면 보내지 않겠다고 떼를 썼다. 그 사람이 물었다. "너의 이름이 무엇이냐?" 야곱이 대답했다. "야곱입니다." 그 사람이 말했다. "네가 하나님과도 겨루어 이겼고, 사람과도 겨루어 이겼으니, 이제 너의 이름은 야곱이 아니라 이스라엘이다.[41]"(창 32:28)

에서가 장정 사백 명을 거느리고 오고 있었다. 야곱은 맨 앞으로 나가 일곱 번이나 땅에 엎드려 절을 했다. 에서의 마음이 풀렸다. 에서는 자기가 살던 세일로 돌아갔고, 야곱은 하나님 말씀에 따라 베델에 자리를 잡았다. 베델은 야곱이 하란으로 가는 도중에 꿈에서 하나님을 만난 곳이다.

이렇게 하여 하나님은 아브라함과 맺은 언약을 야곱과도 맺었다. "너는 생육하고 번성할 것이다. 한 민족과 많은 갈래의 민족이 너에게서 나오고, 너의 자손에게서 왕들이 나올 것이다. 내가 아브라함과 이삭에게 준 땅을 너에게 주고, 그 땅을 내가 너의 자손에게도 주겠다."(창 35:10-12)

03

요셉:
4백30년 동안 이집트 종살이를 통한
믿음의 연단(鍊鍛) 기회를 마련하다

하나님은 아브라함에게 '자손이 다른 나라에서 430년간 종살이를 하게 된다'고 말씀하셨다. 그 기회는 아브라함의 증손자요, 야곱의 열두 아들 중 열한째 아들인 요셉이 마련했다. 야곱의 자손 12지파는 이집트에서 430년간 종살이를 했는데, 이는 하나님이 이스라엘 자손을 위해 계획하신 '믿음의 연단'이었다.

요셉은 야곱이 사랑하는 아내 라헬에게서 늘그막에 낳은 아들이다. 야곱은 요셉을 무척 귀여워해 그에게 색동옷을 입혔다. 야곱의 사랑을 독차지한 요셉이 어느 날 형들에게 꿈 이야기를 했다. "우리가 밭에서 곡식단을 묶고 있었어요. 그런데 갑자기 내가 묶은 단이 우뚝 일어서고, 형들의 단이 나의 단을 둘러서서 절을 했어요."(창37:7) 요셉이 또 형들에게 꿈 이야기를 했다. "이번에는 해와 달과 별 열한 개가 나에게 절을 했어요."(창37:9) 아버지의 사랑을 독차지한 데다 자신을 뽐내는 요셉을 그의 형들은 무척 미워했다.

어느 날 야곱이 요셉을 양 떼 치는 형들에게 심부름을 보냈다. 형들은 요셉을 죽일 수 있는 좋은 기회라고 생각하여 그를 구덩이에 던져버렸다. 그랬다가 그들은 요셉을 구덩이에서 꺼내어 이집트 상인에게 팔아넘겼다. 요셉의 나이 17세. 그들은 숫염소 한 마리를 죽여 요셉의 옷에 피를 묻히고, 피 묻은 옷을 아버지에게 가져갔다. 야곱은 슬픔에 겨워 옷을 찢고, 베옷을 입고, 여러 날을 서글프게 울었다.

요셉은 이집트에서 보디발이라는 이집트 관리에게 팔려갔다. 요셉은 보디발의 두터운 신임을 얻어 집안일도 돌보았다. 그런데 보디발의 음탕한 아내가 용모가 뛰어난 요셉을 끈질기게 유혹했다. 어느 날 요셉이 침실로 가자는 그녀의 유혹을 단호하게 거절하자, 그녀는 요셉이

자신을 강간하려 했다고 소리쳤다. 요셉은 2년간 감옥에 갇혔다.[42]

요셉은 감옥에서 죄수 두 명의 꿈을 해몽해 주었다. 그 가운데 한 사람은 이집트 왕의 신하였다. 그 신하는 풀려나 다시 왕의 시종을 들게 되었다. 어느 날 왕이 꿈을 꾸었는데, 아무도 왕의 꿈을 해몽하지 못했다. 그러자 감옥에서 요셉이 해몽해준 그 신하가 왕에게 요셉을 추천했다.

요셉이 왕 앞에 불려갔다. 요셉은 왕의 꿈을 놓고, 7년 동안 풍년이 들다가 다시 7년 동안 흉년이 들 것이라고 예언했다. 요셉은 흉년 대비책도 제시했다. 왕은 요셉의 해몽을 듣고, 무릎을 치며 좋아했다. 왕은 30살 요셉을 이집트 총리로 임명했다. 요셉의 해몽대로 이집트는 7년 동안 풍년이 든 다음 7년 동안 흉년이 들었다. 요셉의 훌륭한 관리로 이집트는 흉년을 극복할 수 있었다.

그 무렵 야곱이 살던 가나안에 흉년이 들어 야곱은 곡식을 사오라고 아들 열 명을 이집트로 보냈다.(창42:2) 이집트로 온 그들은 요셉 총리 앞에 엎드려 절했다. 요셉은 형들을 곧바로 알아봤지만 짐짓 모른 척했다. 요셉은 그들이 이집트를 정탐하러 왔다고 겁주고, 사흘 동안 감옥에 가뒀다. 사흘 후 요셉이 말했다.

"나는 하나님을 두려워하오. 당신들은 이렇게 하시오. 당신들이 정직한 사람이라면 당신들 형제 가운데 한 사람만 여기에 갇혀 있고, 나머지는 나가서 곡식을 가지고 돌아가서 집안 식구들이 허기를 면하도록 하시오. 그러나 당신들은 반드시 막내아우를 나에게로 데리고 와야 하오."(창42:18-20) 요셉은 곡식을 나귀에 가득히 실어 보내면서 시므온을 인질로 붙잡고, 이어 자신의 친동생 베냐민을 반드시 데려와야 한다고 지시했다.

그들은 가나안 땅으로 돌아가 아버지에게 그동안에 일어난 일들을 얘기했다. 야곱은 이집트에서 인질로 붙잡혀 있는 시므온이 걱정되었다. 게다가 반드시 베냐민을 이집트로 데려가야 한다는 아들들의 주장에 잠을 이룰 수 없었다. 가나안 땅에 기근이 더욱 심해 갔다. 그들이 이집트에서 가지고 온 곡식이 다 떨어지자 아버지는 아들들에게 이집트에 다시 가라고 말했다. 마음은 아팠지만 베냐민도 형들을 따라가게 했다.

형들이 다시 이집트로 가 요셉을 만났다. 요셉은 복받치는 감정을 억누르지 못하고 끝내 자신을 밝히고 말았다. "내가 요셉입니다! 아버지께서 아직 살아 계시다고요?"(창45:3)

형제들이 놀라 어리둥절했다. 그들은 한참 동안 울었다. 그 울음소리가 어찌나 컸던지 바로의 궁까지 들렸다. 요셉이 형들에게 말했다. "나를 이리로 보낸 것은 형님들이 아니라 하나님이십니다. 하나님이 나를 이리로 보내셔서 … 이집트 온 땅의 통치자로 세우신 것입니다."(창45:8)

소문이 바로의 궁에 전해졌다. 바로가 요셉에게 말했다. "그대의 형제들에게 나의 말을 전하시오. 가나안 땅으로 돌아가서 그대의 부친과 가족을 내가 있는 곳으로 모시고 오게 하시오. 이집트에서 가장 좋은 땅을 드릴 터이니 그 기름진 땅에서 나는 것을 누리면서 살 수 있다고 이르시오."(창45:17-18)

야곱 가족은 이집트로 옮겨갔다. 이집트 왕의 배려로, 요셉은 아버지와 형들에게 가장 좋은 땅 라암셋 지역을 소유지로 주었다.

야곱은 죽기 전 요셉에게 말했다. "하나님이 나에게 이르시기를 '내가 너에게 수많은 자손을 주고, 그 수가 불어나게 하겠다'고 하셨다."(창48:4) 야곱은 죽기 전 훗날 열두 지파가 될 아들들을 앞에 놓고 하나하나 예언이 섞인 축복을 내렸다. 야곱은 이집트에서 죽었다. 그 후 요셉은 아버지의 가족과 함께 살면서 110세까지 살았다.

　요셉이 죽고 새 왕들이 들어섰다. 요셉을 기억하지 못하는 새 왕들은 이스라엘 자손이 번성하는 것을 보고, 몹시 겁을 먹고 탄압하기 시작했다. 이렇게 해서 야곱의 자손들은 하나님이 진즉 아브라함에게 말씀하신 대로 430년간 종살이를 하게 되었다. 종살이의 고달픔은 감당하기 어려웠다. 그런데 이는 하나님이 이스라엘 민족의 믿음을 연단하기 위해 마련하신 계획이었다.

　야곱 자손들은 430년 동안 종살이를 하다가 모세의 인도로 이집트를 탈출했다. 성경에는 이집트로 간 야곱의 가족이 며느리들을 뺀 직계가 66명, 이집트에서 요셉이 낳은 아들 2명을 합해 70명으로 나타나 있다.(창46:26~27) 그런데 430년 후 이집트를 빠져나온 이스라엘 자손은 (내 계산으로) 2백만 명을 훌쩍 넘었다.[43] (이집트를 빠져 나올 때의 자손 수 추계는 267쪽 '(04) 부록' 참조)

　이렇게 해서 '자손이 별처럼 많아지게 해주겠다'는 하나님의 약속은 확실하게 이뤄졌다. 이 약속은 오늘날 기독교가 세계종교가 됨으로써 더욱 확실하게 이뤄졌다.

04

모세:
이스라엘 민족의 이집트 탈출을 이끌고,
법치(法治)의 기틀을 마련하다

이스라엘 자손은 하나님이 아브라함에게 말씀하신 대로 이집트에서 430년간 종살이를 했다. 종살이는 모세의 '출애굽' 인도로 끝났다. 출애굽은 하나님이 아브라함에게 나타나신 지 650여 년 후에 이루어진 일이다.[44] 모세는 또 이스라엘 자손이 앞으로 살아가는 데 필요한 법치(法治)의 기틀도 다졌다.

총리가 되어 이집트를 좌지우지하던 요셉이 죽고 시간이 꽤 흘렀다. 왕들은 요셉을 기억하지 못했다. 그동안 이스라엘 자손은 크게 번성했다. 이를 겁낸 이집트 왕이, 이스라엘 자손이 아들을 낳으면 모두 죽이라고 산파들에게 명령했다.(출1:16)

한 레위 가문이 아들을 낳았는데, 죽임을 당할까 봐 갈대 상자에 넣어 갈대 사이에 놓아두었다. 이를 발견한 이집트 왕의 딸이 아이를 데려다가 왕궁에서 길렀다.(출2:1-10) 이 아이가 모세다. '모세'는 "내가 그를 물에서 건졌다"라는 뜻이다.(출2:10)

모세가 어른이 되어 어느 날 왕궁 밖으로 나갔다. 동족 히브리 사람이 이집트 사람에게 매 맞고 있는 것을 본 모세는 이집트 사람을 죽여 모래 속에 파묻어버렸다. 이 사건이 들통이 났다. 이집트 왕이 모세를 죽이려 하자 그는 멀고 먼 미디안 땅으로 도망쳤다. 모세는 그곳에서 결혼하여 80세까지 양치기로 살았다.

어느 날 하나님이 불붙은 떨기나무로 나타나 모세에게 말씀하셨다. "나는 이집트에 있는 나의 백성이 고통 받는 것을 똑똑히 보았다. 이제 내가 내려가 이집트 사람의 손아귀에서 그들을 구하여 이 땅으로부터 저 아름답고 넓은 땅, 젖과 꿀이 흐르는 가나안 사람의 땅으로 데려가려고 한다. 이제 나는 너를 이집트 왕에게 보내어 나의 백성 이스라엘

자손을 이집트에서 이끌어내게 하겠다."(출3:7-10)

하나님은 모세가 지도자로 나설 것을 권유하셨다. 그러나 모세는 능력이 없다며 듣지 않았다. 하나님은 모세가 지팡이로 뱀 만드는 능력까지 주셨다. 그런데도 모세는 "저는 입이 둔하고 혀가 무딘 사람"이라며 뒷걸음질 쳤다. 하나님이 화를 내셨다. "누가 사람의 입을 지었느냐? 바로 나 주가 아니더냐? 가라. 내가 돕겠다." 하나님은 말 잘하는 형 아론의 입을 빌리라고까지 당부하셨다.

드디어 모세가 머리를 숙였다. 모세는 아내와 아들들을 데리고 고향 이집트 땅으로 돌아갔다.

모세가 80세, 형 아론이 83세 때 두 형제는 이집트 왕 앞에 나아가 당돌하게 요구했다. "주 이스라엘의 하나님이 말씀하시기를 '나의 백성을 보내라. 그들이 광야에서 나의 절기를 지켜야 한다'고 하셨습니다."(출5:1) 이집트 왕이 들을 리가 없었다. 이집트 왕은 이스라엘 자손에게 짚도 주지 않은 채 더 많은 벽돌을 만들라며 강제노동을 더해 갔다. 이스라엘 자손은 강제노동을 더 이상 견딜 수 없다며 모세에게 거세게 항의했다. 모세가 하나님에게 간절히 호소했다.

하나님은 모세를 통해 열 가지 재앙으로 이집트 왕을 압박했다.(출 7:8-12:36) 열 번째 재앙으로, 이집트 각 가정의 첫 아이들이 죽고 나서야 이집트 왕은 이스라엘 자손에게 이집트를 떠나라고 했다. 이스라엘 자손은 홍해가 갈라지면서 무사히 이집트를 빠져나왔다.

이집트 탈출 후 2년이 되던 해 모세는 레위 지파를 제외하고 20세가 넘은 남자 수를 조사했는데, 모두 60만 3,550명이었다.(민1:46) 430년 전 이집트에 정착한 야곱 가족 수는 며느리를 뺀 직계만 70명이었으나,(창 46:26-7) 267쪽 〈04 부록〉에서 내가 추계한 바로는, 광야를 걷고 있던 이스라엘 자손 수는 200만 명을 넘었다. 모세는 이처럼 어마어마하게 많은 사람들을 이끌고 가나안 땅으로 가기 위해 광야 42곳에 진을 쳐 가며 이동했다.[45]

하나님은 지중해변의 블레셋 땅을 거치는 것이 가까운데도, 전쟁이 일어나면 이스라엘 자손이 마음이 바뀌어 이집트로 되돌아가지 않을까 염려하여 홍해로 가는 길을 택하게 하셨다. 주님은 이스라엘 자손이 밤낮으로 행군할 수 있도록 낮에는 구름기둥으로 앞서 가시며 길을 인도하시고, 밤에는 불기둥으로 앞길을 비춰주셨다.(출13:21) 모세는 광야생활에서 이스라엘 자손의 반란과 불만에 끊임없이 시달렸다. 그 때마다 하나님은 바위 사이에서 물이 나오게 하시고, 만나와 메추라기를 주시는 등 여러 가지 은혜를 베풀며 그들의 불만을 잠재우셨다.

가나안 땅에 가까이 이르자 모세는 12지파의 지도자를 한 사람씩 뽑아 가나안 땅을 정탐하게 했다. 그들은 40일 만에 돌아와 보고했다. "그 곳은 정말 젖과 꿀이 흐르는 곳"이지만 그곳 주민들은 거인들이라고 겁주었다. 그러자 이스라엘 자손은 이집트로 되돌아가자며 울부짖었다. 그러나 여호수아와 갈렙은 달랐다. "주께서 우리를 사랑하신다면 그 땅으로 우리를 인도하실 것입니다. …. 그들은 우리의 밥입니다."(민14:7-9)

이집트로 되돌아가자며 울부짖는 이스라엘 자손을 놓고 하나님이 벌을 내리셨다. "너희가 그 땅을 사십 일 동안 탐지했으니 그 날 수대로 하루를 일 년으로 쳐서 사십 년 동안 너희의 죄의 짐을 져야 한다."(민14:34) 그래서 그들은 11일이면 가나안 땅으로 갈 수 있었는데도 40년 동안 광야에서 헤맸다. 뿐만 아니라 하나님은 여호수아와 갈렙만을 제외하고는 '스무 살이 넘어 인구조사를 받은 모든 남자들은' 가나안 땅에 들어가지 못하고 죽게 하셨다. 모세도 예외가 아니었다. 하나님은 가데스 바네아의 물 사건 때 모세가 '하나님의 거룩한 권능을 신뢰하지 않았다'는 이유로,[46] 그가 가나안 땅에 들어가는 것을 허락하지 않으셨다.(민27:12-14) 모세는 요단강 동쪽에서 가나안 땅을 바라보기만 하고 세상을 떠났다.

이집트를 나온 뒤 이스라엘 자손은 시내 산에 이르러 광야에 장막을 쳤다. 모세는 시내 산에 올라가 하나님이 돌판에 새겨 주신 십계명을 받았다. 십계명 외에도 모세는 제단에 관한 법, 종에 관한 법, 폭력에 관한 법, 배상에 관한 법, 도덕과 종교에 관한 법, 정의와 복지에 관한 법, 안식년과 안식일에 관한 법, 무교절·맥추절·수장절 등에 관한 법 등 수많은 법을 하나님으로부터 전수받았다. 이렇게 하여 하나님은 모세를 통해, 기독교가 세계종교가 될 수 있도록 법치의 기틀을 마련하셨다. 하나님과 이스라엘 자손과의 약속은 〈신명기〉에 기록되어 있다. 그 메시지는 한 마디로, 순종이 미덕이라는 내용이다.

하나님은 전에 아브라함에게 '자손이 별처럼 많아지게 하고, 자손이 다른 나라에서 430년 동안 종살이를 하게 되고, 가나안 땅을 주겠다'고 약속하셨다. 앞의 두 약속은 지켜졌다. '가나안 땅을 주겠다'는 하나님의 약속은 여호수아에 의해 이뤄졌다.

출애굽 당시 이스라엘 자손 수는 얼마나 되었을까?[47]

하나님은 아브라함에게 약속하셨다. 그것은 '자손이 별처럼 많아지게 하고, 자손이 다른 나라에서 430년 동안 종살이를 하게 되고, 가나안 땅을 주겠다'는 것이었다. 그러면 430년간 종살이를 한 후 출애굽했을 때 이스라엘 자손의 수는 과연 얼마나 될 것인가?

이와 관련해 성경에는 두 가지 자료밖에 없다. 하나는 요셉을 따라 이집트로 간 '야곱의 식구는 70명'(출1:5)이고, 다른 하나는 430년간 종살이를 하다가 이집트를 빠져나온 후 이듬해에 조사한 이스라엘 자손의 수는 '스무 살이 넘어 군대에 입대할 수 있는 남자들은 레위 지파를 제외하고 모두 603,550명.'(민1:46)

출애굽 당시 이스라엘 자손의 수를 알기 위해서는 이 두 가지 자료와 몇 가지 가정을 바탕으로 추산해야 한다.

1. 야곱이 130세에[48] 가족을 데리고 이집트로 갔을 때 며느리를 뺀 가족의 수는?

성경에 따르면, "야곱과 함께 이집트로 들어간 사람들은, 며느리를 뺀 그 직계 자손이 모두 66명이다. 이집트에서 요셉이 낳은 아들 둘까지 합하면, 야곱의 식구는 모두 70명이다."(창46:26~27, 출1:5) 당시에 인구에 관한 공식적인 집계는 성인 남자들의 숫자만 포함시켰다.

그런데 이 수치에 문제가 있다. 이집트에서 요셉은 2명의 아들을 낳았으므로 요셉을 포함해 야곱의 직계 자손들은 69명이 되기 때문이다. 또 〈칠십인역〉과 〈사도행전〉은 '70명' 아닌 '75명'으로 쓰고 있기 때문이다.(행7:14) 그렇지만 '야곱과 함께 이집트로 들어간, 며느리를 뺀 직계 자손들의 수는 (성경 내용대로) 70명'으로 본다.

2. 출애굽 당시 '스무 살이 넘어 군대에 입대할 수 있는 이스라엘 남자들의 수'는?

출애굽 다음 해 모세와 아론은 각 지파별로 인구조사를 실시했다. '20살이 넘어 군대에 입대할 수 있는 남자들은(민1:3) 레위 지파를 제외하고 모두 603,550명'이었다.(민1:46) 인구조사에서 레위 지파는 등록되지 않았기 때문에(민1:47) '20살이 넘은 레위 지파 남자들의 수'는 별도로 추산해야 한다.

20살이 넘은 레위 지파 남자들의 수는, 레위 지파가 제외된 12지파의[49] '20살이 넘은 남자들 603,550명의 평균치 50,296명과 같다'고 본다. 따라서 출애굽 당시 '이스라엘 자손들 중 20살이 넘은 남자들의 수는 모두 653,846명이 된다.'

3. 출애굽 다음 해 실시된 인구조사를 바탕으로 추산된 이스라엘 자손의 수는?
   이를 추산하기 위해서는 몇 가지 가정이 필요하다.

① 당시 남녀 성비(性比)는 같고, 20세가 넘은 남자는 결혼했고, (야곱은 아내가 4명이었지만) 야곱 아들들은 일부일처제(一夫一妻制)를 따랐다고 가정한다.

② 20세 이상의 딸과 손녀들은 결혼하여 야곱과 동행하지 않았다고 본다.

③ 당시의 인구구조를 알아야 한다. 인구구조는 1970년 한국 농촌의 경우와 같다고 가정한다. 1970년 한국 농촌의 인구구조는 1~19세가 38%, 20세 이상이 62%다.

남녀 성비가 같고, 20세 이상 남자는 결혼했다고 가정하면, 20세가 넘은 남녀의 수는 남자 653,846명의 두 배인 1,307,692명이다. 이 수에다 인구 구성비를 적용하면, 1~19세 남녀의 수는 801,489명이다. 따라서 출애굽 이듬해에 실시된 인구조사에서 이스라엘 자손들의 수는 모두 2,109,181명으로 추산된다.

4. 출애굽 당시 이스라엘 자손의 수는?

인구조사는 출애굽 다음 해에 실시되었으므로 출애굽 해에 태어난 자손들은 제외되어야 한다. 이를 위해서는 연평균 인구증가율을 알아야 한다.

① 연평균 인구증가율 공식은 다음과 같다: $A(1+r)430=B$ (A: 이집트로 들어갈 때 가족의 수, r: 연평균 인구 증가율, 430: 이집트 체류 햇수, B: 430년 후

인구 수).

② 위 공식에서 '이집트로 들어갈 때 가족의 수'를 알아야 한다. 앞에서, 이집트로 들어간 야곱의 직계 가족의 수는 70명으로 보았다. 그런데 이 수에는 '며느리들'이 제외되어 있다. 며느리들이 빠지면 이집트에서 출산은 이루어질 수 없다. 그래서 며느리가 포함된 가족의 수를 추산해야 한다.

앞에서 가정한 내용을 다시 언급한다. 인구 구성비는 1~19세가 38%, 20세 이상이 62%다. 20세 이상의 딸과 손녀들은 결혼하여 야곱과 동행하지 않았다고 본다. 20세 이상의 남자들은 결혼했고, 남녀 성비는 같다고 본다.

먼저 다음 수식을 푼다: $x+2y=70$ (x: 며느리를 뺀 20세 이상 남자의 수, 2y: 1~19세 남녀의 수, x=(62%/38%)y, 70: 이집트로 갈 때 며느리를 뺀 직계 가족의 수)

위 수식을 풀면, 성비가 같다는 가정에서 20세 이상 남녀 가족의 수는 62명, 1~19세 남녀의 자손은 38명, 합하면 100명이다. 다시 말하면, 이집트로 간 야곱의 가족 수는 며느리까지 포함해 모두 100명이다.

③ 출애굽 다음해에 인구조사를 했으므로 인구 증가율 공식에서 햇수는 431년이 된다. 연평균 인구 증가율 공식 $100(1+r)431=2,109,181$을 풀면, 연평균 인구 증가율은 2.3%가 된다.

④ 출애굽 당시 인구 수는 1년간의 인구 증가를 빼면 된다. 이 결과 출애굽 당시 이스라엘 자손들의 수는 약 2,061,000명이다.

● 추산에 대한 자평(自評)

1. 야곱이 살았던 때 '남녀 성비는 같고, 20세 넘은 남자는 결혼했고, 일부일처제였고, 인구구성비는 1970년의 한국 농촌과 같았다'는 가정은 현실적일까?

현실적이라고 보기 어렵다. 특히 '20세 넘은 남자는 결혼했고, 일부일처제를 따랐다'는 가정은 비현실적이다. 그러나 추산을 위해서는 어쩔 수 없이 이 같은 가정이 필요하다.

2. 이집트에서의 연평균 인구 증가율 2.3%는 적절할까?

google 인터넷 자료에 따르면, 세계 인구는 기원전 1750년경부터 증가하기 시작했다. 출애굽 연도는 기원전 1445년경이므로, 출애굽 당시 세계는 이미 인구 증가기에 들어서 있었다. 또 출애굽기는 이스라엘 자손의 번성을 이렇게 썼다. "이스라엘 자손은 자녀를 많이 낳고 번성하여 그 수가 불어나고 세력도 커졌으며, 마침내 그 땅에 가득 퍼졌더라."(출1:7) 이로 인해 이집트 왕은 겁을 먹고 이스라엘 자손을 종으로 부렸다.

이런 점들을 감안할 때 (독자의 판단에 맡기지만) 연평균 인구 증가율 2.3%는 순(純: net)증가율로, 크게 낮거나 크게 높지 않고, '적절하다'고 생각된다.

〈출애굽기〉에 따르면, 출애굽 당시 '그밖에도 다른 여러 민족들이 많이 그들을 따라 나섰다'라고 쓰여 있는데,(출12:38) 이는 이 추계에서 고려되지 않았다는 것을 감안할 필요가 있다.

3. 어떻든 430년간 종살이 후 이집트를 탈출해 가나안 땅으로 가기 위해 광야를 행군한 이스라엘 자손들의 수는 아무리 적게 잡아도 2백만 명은 넘었을 것 같다. 그래서 '자손이 별처럼 많아지게 해주겠다'는 하나님의 약속은 이루어졌다고 봐도 될 것이다.

4. 나의 추계에는 치명적 결함이 있다. '20살이 넘어 군대에 갈 수 있는 남자 수 조사'에서 본래 레위 지파 수는 빠져 있기 때문에 나는 레위 지파 수를 다른 지파의 평균치로 가정했다. 그런데 〈민수기 3:14-39〉에는 '태어난 지 1달이 넘은 레위 지파 남자 수 조사가 있는데, 그 수는 22,000명이고'(주: 성경 내용대로 계산하면 22,300명), 〈민수기 4:34-49〉에는 '30-50세 레위 지파 남자 수 조사가 있는데, 그 수는 8,580명'으로 나타나 있다. 이 두 조사는 나의 추계에 도움이 되지 않는다. 이 문제 해결을 위해서는 구약학 전공자의 도움이 필요하다고 생각된다.

5. 이 같은 추계가 계속 시도되기를 기대한다.

05

여호수아:
가나안 땅을 정복하고,
땅 분배를 마무리하다

하나님은 아브라함을 비롯하여 야곱, 모세 등에게 '젖과 꿀이 흐르는 가나안 땅을 주겠다'고 약속하셨다. 이집트 탈출을 이끈 모세를 이어 받아 여호수아가 가나안 땅 정복에 성공하고, 땅 분배를 마무리함으로써 하나님의 이 약속은 이뤄졌다.

이로써 하나님이 아브라함에게 말씀하신 '자손이 별처럼 많아지게 하고, 자손이 다른 나라에서 430년 동안 종살이를 하게 되고, 가나안 땅을 주겠다'는 세 가지 약속은 모두 이루어졌다.

모세의 부관인 여호수아는 모세가 가나안 땅을 정탐하라고 보낸 12지파 가운데 에브라임 지파의 대표였다. 그는 모세가 죽기 전 모세로부터 후계자 안수를 받았다.

모세가 죽자 하나님이 여호수아에게 말씀하셨다. "나의 종 모세가 죽었으니 이제 너는 이스라엘 자손 곧 모든 백성과 함께 일어나 요단강을 건너서 내가 그들에게 주는 땅으로 가거라. …. 내가 이 백성의 조상에게 주기로 맹세한 땅을, 이 백성에게 유산으로 물려줄 사람이 바로 너다. 오직 너는 크게 용기를 내어 나의 종 모세가 너에게 지시한 모든 율법을 다 지키고, 오른쪽으로나 왼쪽으로나 치우치지 않도록 하여라. 그러면 네가 어디를 가든지 성공할 것이다."(수1:2–7)

여호수아는 백성에게 명령을 내리고, 가나안 땅 정복 길에 나섰다. 가나안 땅에 이르기 위해서는 반드시 거쳐야 할 성, 여리고 성이 눈앞에 있었다. 여호수아는 여리고에 정탐꾼을 보냈다. 창녀 라합의 도움으로 유익한 정보를 얻었다. 예수님의 계보에 네 명의 여자가 등장하는데, 그 가운데 하나가 라합이다.(마1:1–16)

가나안 땅에 이르는 데는 장벽이 또 하나 있었다. 요단강을 건너는 일이었다. 여호수아가 백성에게 말했다. "온 땅의 주권자이신 주님의 궤를 멘 제사장들의 발바닥이 요단 강 물에 닿으면 요단 강 물, 곧 위에서부터 흘러내리는 물줄기가 끊기고, 둑이 생기어 물이 고일 것입니다."(수3:13) 제사장들의 발이 요단 강 물가에 닿았을 때 흐르던 물이 멈추었다. 그들은 여리고 쪽으로 마른 요단 강을 건넜다.

요단 강을 건넌 이스라엘 백성은 여리고 동쪽 변두리 길갈에 진을 쳤다. 하나님은 길갈에서 여호수아에게 이스라엘 백성이 할례를 받게하라고 말씀하셨다. 그 이유는, 이집트에서 나온 백성 가운데 전투할수 있는 남자들은 광야를 지나는 동안 여호수아와 갈렙만 빼고 모두죽었고, 새로운 세대의 남자들은 할례를 받지 않았기 때문이다.

여리고 성 함락을 놓고, 하나님이 말씀하셨다. "너희 가운데서 전투를 할 수 있는 모든 사람은 엿새 동안 그 성 주위를 날마다 한 번씩 돌아라. …. 이레째 되는 날에 너희는 제사장들이 나팔을 부는 동안 성을 일곱 번 돌아라."(수6:3-4) 이렇게 해서 여리고 성이 함락되었다. 이어가나안 땅 정복은 큰 어려움 없이 대부분 마무리되었다.

가나안 땅 정복에 성공하자 땅 분배가 이루어졌다. 땅 분배를 위해광야 생활 40년째 되던 해에 2차 인구조사가 실시되었다.[50] "이스라엘자손 가운데 스무 살부터 그 위로, 군대에 나갈 수 있는 이들을 모두조상의 가문별로 센" 결과 그 수는 601,730명이었다.[51](민26:2) 땅 분배에서 요셉은 빠지고, 요셉의 두 아들 므낫세와 에브라임이 포함되었다. 레위 지파는 하나님을 섬길 직책을 맡아 각 지파가 내는 십일조로 살아가기로 해 땅 분배에서 제외되었다.(신10:8-9) 이렇게 해서 땅 분배를위한 12지파가 새롭게 구성되었다.

땅 분배를 놓고 일찍이 하나님은 모세에게 많은 말씀을 하셨다. 여기서는 '지파 간 땅 분배, 가족 간 땅 분배, 땅

상속'으로 나누어 정리한다.

지파 간 땅의 분배. "땅은 사람 수에 따라서 그들의 유산으로 나누어 주어야 한다. …. 유산으로 받는 땅은 오직 제비를 뽑아 나누어야 하고,[52] 그들은 그것을 조상 때부터 내려오는 지파의 이름으로 물려받아야 한다."(민26:53-55)

가족 간 땅의 분배. "땅은 주사위를 던져 가족별로 나누어 가지도록 하라. 큰 쪽에는 큰 땅덩어리를 유산으로 주고, 작은 쪽에는 작은 땅덩어리를 유산으로 주라. 주사위를 던져 나오는 대로 각자 자기 것으로 삼도록 하라. 땅을 나눌 때에는 같은 조상을 둔 지파들끼리 나누어 가지도록 하라."(민33:54)

땅의 상속. 하나님은 가나안 땅을 아브라함 자손에게 '영원한 소유'로 준다고 약속하셨다. 땅이 '영원한 소유', 곧 '상속'으로 이어지려면 갖춰야 할 조건이 있다. 레위기 25장은 이와 관련된 내용을 명확히 밝혀준다.

"땅을 아주 팔지는 못한다. 땅은 나의 것이다. 너희는 다만 나그네이며, 나에게 와서 사는 임시 거주자일 뿐이다."(레25:23)

"안식년을 일곱 번 세어라. 칠 년이 일곱 번이면 안식년이 일곱 번 지나 사십구 년이 끝난다. …. 너희는 오십 년이 시작되는 이 해를 거룩한 해로 정하고, 전국의 모든 거민에게 자유를 선포하라. 이 해는 너희가 희년으로 누릴 해이다. 이 해는 너희가 유산, 곧 분배받은 땅으로 돌아가는 … 해이다. …. 이렇게 희년이 되면 너희는 저마다 유산 곧 분배

받은 땅으로 돌아가야 한다."(레25:8–13)

이처럼 하나님은 희년이 되면 땅은 본래의 주인에게 돌아가게 하셨다. 그러면 '땅의 희년제'에 관한 하나님의 명령은 지켜졌을까? 인간의 탐욕 때문에 한 번도 지켜지지 않았다.[53]

땅에 관한 하나님의 말씀은 더 있다.

"너희는 유산으로 받은 땅 어디에서나 땅 무르는 것을 허락하여야 한다. …. 그가 그 땅을 되돌려 살 힘이 없을 때는 그 땅은 산 사람이 희년이 될 때까지 소유한다. 희년이 되면 땅은 본래의 임자에게 되돌아간다."(레25:24–28) "너는 그들의 아버지가 받을 유산이 그 딸들에게 돌아가게 하라."(민27:7) "유산을 그의 가문에서 그와 가장 가까운 친족에게 주어서 그가 그것을 물려받게 하라."(민27:11)

요단강 서쪽 지역 분할이 모두 이루어진 다음에 갈렙이 여호수아를 찾아갔다. 갈렙은 전에 여호수아와 함께 가나안 땅을 정탐했었다. 갈렙은 여호수아에게 나이가 85세이지만 건강하다고 말하면서, "주께서 나와 함께 하시기만 한다면" 거인들이 사는 헤브론을 정복할 수 있다고 제안했다. 여호수아는 갈렙에게 헤브론을 유산으로 주었다. 갈렙이 헤브론을 정복하자 드디어 가나안 땅은 평화가 깃들게 되었다.(수14:6–15)

가나안 땅 정복과 땅 분배가 끝나자 유목민이었던 이스라엘 백성은 드디어 정착생활을 할 수 있게 되었다.

06

다윗:
이스라엘을 통일하여
기독교 국가의 기틀을 다지다

다윗은 최초로 이스라엘을 통일한 왕이다. 다윗은 최초로 성전을 건축하려다 하나님의 만류로 그만두고, 성전 건축 준비만 마무리한 왕이다. 아들 솔로몬이 성전을 건축했다.

다윗은 이스라엘의 위대한 왕이요, 73~75편에 이르는 시편의 저자요,[54] 군사 지도자였다. 다윗은 간통을 범한 왕이요, 지나치게 관대한 왕이요, 몇 가지 면에서 실패한 왕이었다. 성경에 나오는 사람 가운데 다윗처럼 인간의 희로애락(喜怒哀樂) 감정을 골고루 나타낸 사람은 없을 것이다.

성경에서 '다윗' 이름은 한 사람뿐이다. '다윗'은 성경의 영향을 받아 영어권에서 'David'이라는 이름으로 많이 쓰인다. 다윗은 구약에서 600번 이상, 신약에서 60번 이상 등장한다.[55] 다윗 이야기는 구약 1,367쪽 가운데 무려 316쪽을 차지한다.

다윗에 관한 수많은 이야기 가운데 여기서는 그가 이스라엘을 어떻게 통일했고, 하나님의 성전 건축을 어떻게 준비했는가에 초점을 맞춘다.

이스라엘 장로들이 사사 사무엘에게 찾아가 다른 민족처럼 왕을 세워달라고 졸랐다. 하나님은 마지못해 사무엘에게 사울을 왕으로 세우도록 지시하셨다. 밭에서 소를 몰던 사울이 제비뽑기를 통해 이스라엘 최초의 왕이 되었다.(삼상10:17-21) 사울은 많은 업적을 쌓았다. 사울은 왕이 되자 주변의 원수들과 전쟁을 해 늘 이겼다.(삼상14:47-48) 사울은 30세에 왕이 되어 42년 동안 이스라엘을 다스렸다.

그런데 하나님은 사울이 순종하는 대신 '약탈에만 마음을 쏟았다'는 이유로 그를 버리셨다.(삼상15:19) 하나님은 사무엘에게 이새의 막내아들 다윗을 새로운 왕으로 세우도록 지시하셨다. 하나님이 사울을 버리자 사울은 악한 영에 시달렸다. 그래서 사울은 수금을 잘 타는 사람을 찾고 있었는데, 다윗에게 사울을 섬기는 기회가 주어졌다.

이 무렵 블레셋의 거인 골리앗이 이스라엘에 싸움을 걸어왔다. 이스라엘 군인들 가운데 어느 누구도 거인 골리앗과 싸우겠다고 나서는 사람이 없었다. 소년 다윗이 당돌하게 거인 골리앗과 싸우겠다고 나섰다. 다윗은 돌을 무릿매로 던져서 골리앗의 이마를 맞췄다. 골리앗이 쓰러졌다.(삼상17:49) 소년 다윗은 영웅이 되었다. (이 이야기는 한 편의 단편소설처럼 짜임새 있고, 흥미진진하여 000쪽 〈06 부록〉으로 첨부했다.)

사울은 다윗을 시기하여 줄곧 그를 죽이려고 했다. 그러한 사울을 피해 다윗은 적국 블레셋까지 도망갔고, 들통이 나자 침을 흘리며 미친 척까지 했다. 다윗은 사울을 죽일 기회가 두 번이나 있었지만 '하나님이 기름 부어 세운 왕'은 죽여서는 안 된다는 생각을 갖고 있었다. 결국 사울은 블레셋과 싸우다 "자기의 칼을 뽑아 그 위에 엎어져서" 죽고 말았다.(삼상31:4)

사울이 죽자 다윗이 남쪽의 유다 왕이 되었고, 사울의 아들 이스보셋이 북쪽의 이스라엘 왕이 되었다. 이후 이스라엘 민족은 2년 동안 둘로 나뉘어 싸웠다. 이스보셋에게는 아브넬이라는 장군이 있었다. 아브넬이 사울의 후궁을 범한 일이 있었는데, 이스보셋이 이를 책망하자 아브넬은 이스보셋을 배반하고 다윗 편에 섰다. 그런데 다윗의 부하들이 다윗 몰래 아브넬을 죽여버렸다. 이스보셋이 아브넬이 죽었다는 소식을 듣고 맥이 풀려 낮잠을 자다가 두 명의 군 지휘관에게 살해되었다. 드디어 이스라엘 통일이 이뤄졌다.

통일 국가 이스라엘의 왕 다윗은 예루살렘으로 올라가 시온을 수도로 삼았다. 다윗은 블레셋, 모압, 암몬, 아말렉 등 주변국들과 싸워 모두 이겼다.

이스라엘을 통일한 다윗은 하나님을 모시는 데 마음을 쏟았다. 다윗은 하나님의 언약궤를 모실 계획을 세웠다. 왕궁에서 편안하게 살아가던 다윗은 어느 날 예언자 나단에게 말했다. "나는 백향목 왕궁에서 살고 있는데, 주님의 언약궤는 아직도 휘장 밑에 있습니다."(삼하7:2) 이 말을 듣고 나단은 다윗에게 하나님을 위한 일이니 언약궤를 모실 성전을 지으라고 말했다. 그런데 그 날 밤 하나님이 나단의 꿈에 나타나셔서, 다윗 대신 다윗의 아들 가운데 하나가 성전을 짓게 하겠다고 말씀하셨다.

다윗은 성전 건축 준비에 온갖 노력을 쏟았다. 성전 건축 준비를 마친 뒤 어느 날 다윗은 아들 솔로몬에게 말했다. "아들아, 나는 주 나의 하나님의 이름을 위해 성전을 지으려고 했다. 그러나 주님께서 나에게 말씀하셨다. '너는 많은 피를 흘려 가며 큰 전쟁을 치렀으니, 나의 이름을 위해 성전을 건축할 수 없다. …. 너에게 한 아들이 태어날 것인데, … 그의 이름을 솔로몬56)이라고 지어라. …. 그가 내 이름을 위하여 성전을 건축할 것이다.'"(대상22:8–16) 다윗은 솔로몬을 위해 성전 건축에 필요한 자재를 갖춰놓고, 성전 터도 잡아두었다.

다윗의 행적은 모두 하나님과 관련된다. 다윗은 이를 수많은 시로 나타냈다. 다윗이 하나님에 대한 감정을 시로 나타낸 것이 성경에 나타나 있고, 이는 다시 〈시편〉에 정리되어 있다. 시편은 135쪽으로(『새번역』 기준) 성경 66권 가운데 가장 길고, 〈시편〉에는 150편의 시가 실려 있는데 그 가운데 다윗이 약 절반을 쓴 것으로 이야기된다.

다윗 이야기에서는 그가 쓴 시를 빠뜨릴 수 없다. 여기서는 일반적으로 많이 읽히는 시 〈시편 23장 '선한 목자'〉(번역판은 개역개정판임)를 인용한다.

선한 목자

여호와는 나의 목자시니 내게 부족함이 없으리로다.
그가 나를 푸른 풀밭에 누이시며 쉴 만한 물 가로 인도하시는도다.
내 영혼을 소생시키시고 자기 이름을 위하여
의의 길로 인도하시는도다.
내가 사망의 음침한 골짜기로 다닐지라도
해를 두려워하지 않을 것은 주께서 나와 함께 하심이라.
주의 지팡이와 막대기가 나를 안위하시나이다.
주께서 내 원수의 목전에서 내게 상을 차려 주시고
기름을 내 머리에 부으셨으니 내 잔이 넘치나이다.
내 평생에 선하심과 인자하심이 반드시 나를 따르리니
내가 여호와의 집에 영원히 살리로다.

다윗과 골리앗: 한 편의 완벽한 단편소설

> 다음은 잘 알려진 〈다윗과 골리앗〉 이야기다. 이 내용은 그 자체가 한 편의 소설이다. 성경이 재미있는 책이라는 것을 소개하기 위해 〈사무엘기상 17:1-58〉을 그대로 옮긴다.

블레셋 사람들이 또 전쟁을 일으키려고 군인을 모두 모아 유다의 소고에 집결시키고, 소고와 아세가 사이에 있는 에베스담밈에 진을 쳤다. 사울도 이스라엘 군인들을 집결시켜 엘라 평지에 진을 친 뒤에 블레셋 군인들과 맞서서 싸울 전열을 갖추었다. 그리하여 블레셋과 이스라엘이 골짜기를 사이에 두고 이쪽저쪽 산 위에서 맞서서 버티고 있었다.

블레셋 진에서 가드 사람 골리앗이라는 장수가 싸움을 걸려고 나섰다. 그는 키가 여섯 규빗 하고도 한 뼘이나 더 되었다. 머리에는 놋으로 만든 투구를 쓰고, 몸에는 비늘 갑옷을 입었는데, 그 갑옷의 무게는 놋 오천 세겔이나 되었다. 다리에는 놋으로 만든 각반을 차고, 어깨에는 놋으로 만든 창을 메고 있었다. 그의 창자루는 베틀의 용두머리만큼 굵었고, 그 창날의 무게는 쇠 육백 세겔이나 되었다. 그의 앞에서는 방패를 든 사람이 걸어 나왔다.

골리앗이 나와서 이스라엘 전선을 마주 보고 고함을 질렀다. "너희는 어쩌자고 나와서 전열을 갖추었느냐? 나는 블레셋 사람이고, 너희는 사울의 종들이 아니냐? 너희는 내 앞에 나설 만한 사람을 하나 뽑아서 나에게 보내어라. 그가 나를 쳐 죽여 이기면 우리가 너희의 종이 되겠다. 그러나 내가 그를 쳐 죽여 이기면 너희가 우리의 종이 되어서 우리를 섬겨야 한다."(삼상17:8-9) 이 블레셋 사람이 다시 고함을 질렀다. "내가 오늘 이스라엘 군대를 이처럼 모욕하였으니 너희는 어서 나에게 한 사람을 내보내어 나하고 맞붙어 싸우게 하여라." 사울과 온 이스라엘은 그 블레셋 사람이 하는 말을 듣고 놀라서 떨기만 했다.

다윗은 유다 땅 베들레헴에 있는 에브랏 사람 이새의 아들이다. 이새에게는 모두 아들이 여덟 명 있었는데, 사울이 다스릴 무렵에 이새는 이미 나이가 매우 많은 노인이었다. 이새의 큰 아들 셋은 사울을 따라 싸움터에 나가 있었다. 군대에 가 있는 그 세 아들의 이름은 맏아들이 엘리압이요, 둘째가 아비나답이요, 셋째가 삼마였다. 다윗은 여덟 형제 가운데서 막내였다. 위로 큰 형들 셋만 사울을 따라 싸움터에 나가 있었고, 다윗은 사울이 있는 곳과 베들레헴 사이를 오가며 아버지의 양 떼를 치고 있었다.

그 블레셋 사람은 아침저녁으로 가까이 나아와서 계속 싸움을 걸어 왔고, 그런 지가 벌써 사십 일이나 되었다.

이 때 이새가 자기 아들 다윗에게 일렀다. "여기에 있는 볶은 곡식 한 에바와 빵 열 덩어리를 너의 형들에게 갖다 줘라. 너는 그것을 가지고 빨리 진으로 가서 너의 형들에게 주어라. 그리고 이 치즈 열 덩이는 부대장에게 갖다 드리고, 너의 형들의 안부를 물은 뒤에 형들이 잘 있다는 증거물을 가지고 오너라." 그 무렵 사울은 다윗의 형들을 비롯하여 이스라엘 군인을 모두 거느리고 엘라 평지에서 블레셋 사람과 싸우고 있었다.

다음날 아침에 다윗은 일찍 일어나서 양 떼를 다른 양치기에게 맡기고, 아버지 이새가 시킨 대로 짐을 가지고 길을 떠났다. 그가 진영에 이르렀을 때에 군인들은 마침 전선으로 나아가면서 전투 개시의 함성을 올리고, 이스라엘과 블레셋 군인이 전열을 지어 서로 맞서 있었다. 다윗은 가지고 온 짐을 군수품 담당자에게 맡기고, 전선으로 달려가 자기의 형들에게 이르러 안부를 물었다. 다윗이 형들과 이야기하고 있는 동안에 마침 블레셋 사람 쪽에서 가드 사람 골리앗이라는 장수가 그 대열에서 나와서 전과 똑같은 말로 싸움을 걸어왔다. 다윗도 그 소리를 들었다. 이스라엘 사람들은 그를 보고 무서워하며 모두 그 사람 앞에서 달아났다.

"저기 올라온 저 자를 좀 보게." 군인들이 서로 말하였다. "또 올라와서 이스라엘을 모욕하고 있어. 임금님은 누구든지 저 자를 죽이면 많은 상을 내리실 뿐 아니라 임금님의 사위로 삼으시고, 그의 집안에는 모든 세금을 면제해 주시겠다고 하셨네."(삼상17:25)

다윗이 곁에 서 있는 사람들에게 물었다. "저 블레셋 사람을 죽이고 이스라엘이 받는 치욕을 씻어내는 사람에게는 어떻게 해준다구요? 저 할례도 받지 않은 블레셋 녀석이 무엇이기에 살아 계시는 하나님을 섬기는 군인들을 이렇게 모욕하는 것입니까?"(삼상17:26)

군인들은 앞에서 말한 내용과 같이 저 자를 죽이는 사람에게는 이러이러한 상이 내릴 것이라고 대답해 주었다.

다윗이 군인들과 이렇게 이야기하는 것을 맏형 엘리압이 듣고 다윗에게 화를 내며 꾸짖었다. "너는 어쩌자고 여기까지 내려왔느냐? 들판에 있는 몇 마리도 안 되는 양은 누구에게 떠맡겨 놓았느냐? 이 건방지고 고집 센 녀석, 네가 전쟁 구경을 하려고 내려온 것을 누가 모를 줄 아느냐?"

다윗이 대들었다. "내가 무엇을 잘못하였다는 겁니까? 물어 보지도 못합니까?" 그런 다음에 다윗은 몸을 돌려 형 가까이에서 떠나 다른 사람 앞으로 가서 똑같은 말로 또 물어 보았다. 거기에서도 사람들이 똑같은 말을 하였다. 다윗이 한 말이 사람들에게 알려지고, 누군가가 그것을 사울에게 알렸다. 그러자 사울이 그를 데려오게 하였다.

다윗이 사울에게 말하였다. "누구든지 저 자 때문에 사기를 잃어서는 안 됩니다. 임금님의 종인 제가 나가서 저 블레셋 사람과 싸우겠습니다."

그러나 사울은 다윗을 말렸다. "그만두어라. 네가 어떻게 저 자와 싸운단 말이냐? 저 자는 평생 군대에서 뼈가 굵은 자이지만 너는 아직 어린 소년이 아니냐?"

그러나 다윗은 굽히지 않고 사울에게 말하였다. "임금님의 종인 저는 아버지의 양 떼를 지켜 왔습니다. 사자나 곰이 양 떼에 달려들어 한 마리라도 물어 가면 저는 곧바로 뒤쫓아가서 그 놈을 쳐 죽이고, 그 입에서 양을 꺼내어 살려 내곤 하였습니다. 그 짐승이 저에게 덤벼들면 그 턱수염을 붙잡고 때려 죽였습니다. 제가 이렇게 사자도 죽이고 곰도 죽였으니 저 할례 받지 않은 블레셋 사람도 그 꼴로 만들어 놓겠습니다. 살아 계시는 하나님의 군대를 모욕한 자를 어찌 그대로 두겠습니까?" 다윗은 말을 계속하였다. "사자의 발톱이나 곰의 발톱에서 저를 살려 주신 주께서 저 블레셋 사람의 손에서도 틀림없이 저를 살려 주실 것입니다." 그제서야 사울이 다윗에게 허락하였다. "그렇다면 나가도 좋다. 주께서 너와 함께 계시길 바란다."

사울은 자기의 군장비로 다윗을 무장시켜 주었다. 머리에는 놋투구를 씌워 주고, 몸에는 갑옷을 입혀 주었다. 다윗은 허리에 사울의 칼까지 차고, 시험 삼아 몇 걸음 걸어 본 다음에 사울에게 "이런 무장에는 제가 익숙하지 못합니다. 이렇게 무장을 한 채로는 걸어갈 수도 없습니다"하고는 그것을 다 벗었다. 그렇게 무장을 해 본 일이 없었기 때문이다. 그런 다음에 다윗은 목동의 지팡이를 들고, 시냇가에서 돌 다섯 개를 골라서 자기가 메고 다니던 목동의 도구인 주머니에 집어넣은 다음, 자기가 쓰던 무릿매를 손에 들고 그 블레셋 사람에게 가까이 나아갔다.

그 블레셋 사람도 방패 든 사람을 앞세우고 다윗에게 점점 가까이 다가왔다. 그 블레셋 사람은 다윗을 쳐다보고 나서 그가 다만 잘생긴 홍안 소년에 지나지 않는다는 것을 알고는 그를 우습게 여겼다. 그 블레셋 사람은 다윗에게 "막대기를 들고 나에게로 나아오다니, 네가 나를 개로 여기는 것이냐?"하고 묻고는 자기 신들의 이름으로 다윗을 저주하였다. 그 블레셋 사람이 다윗에게 말하였다. "어서 내 앞으로 오너라. 내가 너의 살점을 공중의 새와 들짐승의 밥으로 만들어 주마."

그러자 다윗이 그 블레셋 사람에게 말하였다. "너는 칼을 차고 창을 메고 투창을 들고 나에게로 나왔으나 나는 네가 모욕하는 이스라엘 군대의 하나님, 곧 만군의 주의 이름을 의지하고 너에게로 나왔다. 주께서 너를 나의 손에 넘겨주실 터이니 내가 오늘 너를 쳐서 네 머리를 베고, 블레셋 사람의 주검을 모조리 공중의 새와 땅의 들짐승에게 밥으로 주어서 온 세상이 이스라엘의 하나님을 알게 하겠다. 또 주께서는 칼이나 창 따위를 쓰셔서 구원하시는 것이 아니라는 것을 여기에 모인 이 온 무리가 알게 하겠다. 전쟁에서 이기고 지는 것은 주께 달린 것이다. 주께서 너희를 모조리 우리 손에 넘겨주실 것이다."

드디어 그 블레셋 사람이 몸을 움직여 다윗에게 점점 가까이 다가오자 다윗은 재빠르게 그 블레셋 사람이 서 있는 대열 쪽으로 달려가면서 주머니에 손을 넣어 돌을 하나 꺼낸 다음 그 돌을 무릿매로 던져서 그 블레셋 사람의 이마를 맞히었다. 골리앗이 이마에 돌을 맞고 땅바닥에 쓰러졌다.

이렇게 다윗은 무릿매와 돌 하나로 그 블레셋 사람을 이겼다. 그는 칼도 들고 가지 않고 그 블레셋 사람을 죽였다.

다윗이 달려가서 그 블레셋 사람을 밟고 서서, 그의 칼집에서 칼을 빼어 그의 목을 잘라 죽였다. 블레셋 군인들은 자기들의 장수가 이렇게 죽는 것을 보자 모두 달아났다. 이스라엘과 유다 사람들이 일어나 함성을 지르며 블레셋 사람들을 쫓아서 가이를 지나 에그론 성문에까지 이르렀다. 그리하여 칼에 찔려 죽은 블레셋 사람의 주검이 사아라임에서 가드와 에그론에 이르기까지 온 길에 널렸다. 이스라엘 자손은 블레셋 군대를 쫓다가 돌아와서 블레셋 군대의 진을 약탈하였다. 다윗은 그 블레셋 사람의 머리는 예루살렘으로 가지고 갔으나 그의 무기들은 자기 장막에 간직하였다.

사울은, 다윗이 그 블레셋 사람에 맞서서 나가는 것을 보면서 군사령관 아브넬에게 물었다. "아브넬 장군, 저 소년이 누구의 아들이오?" 아브넬이 대답하였다. "임금님, 황공하오나 저도 잘 모릅니다."

왕이 명령하였다. "저 젊은이가 누구의 아들인지 직접 알아보시오."

마침내 다윗이 그 블레셋 사람을 죽이고 돌아오자 아브넬이 그를 데리고 사울 앞으로 갔다. 다윗의 손에는 여전히 그 블레셋 사람의 머리가 들려 있었다.

사울이 다윗에게 물었다. "너는 누구의 아들이냐?" 다윗이 대답했다. "베들레헴 사람, 임금님의 종 이새의 아들입니다."

07

>>>>>>>>

솔로몬:
성전(聖殿)을 건축하여
기독교의 기틀을 다지다

솔로몬(B.C. 1040?~B.C. 990)은 이스라엘을 통일한 다윗의 아들로, 왕권을 이어받은 후 성전을 건축하여 기독교의 기틀을 다졌다. 특히 솔로몬은 '지혜로운 왕'으로 일컫는다. 솔로몬은 〈잠언〉, 〈전도서〉, 〈아가서〉를 썼다.

솔로몬은 다윗이 전쟁터에서 죽게 만든 우리야의 아내인 밧세바의 넷째 아들, 다윗의 열째 아들로 태어났다.(왕상1:1–53) 솔로몬은 다윗으로부터 왕권을 물려받았다.

솔로몬은 지혜로운 왕으로 일컫는다. 솔로몬이 왕이 된 후 하나님이 꿈에 나타나셨다. "내가 너에게 무엇을 주기를 바라느냐? 나에게 구하라"(왕상3:5) 솔로몬이 대답했다. "주님의 종에게 지혜로운 마음을 주셔서 주님의 백성을 재판하고, 선과 악을 분별할 수 있게 해주시기를 바랍니다."(왕상3:9) 이렇게 해서 지혜를 얻은 솔로몬은 그 유명한 '솔로몬의 재판'[57]을 남겨, 지혜로운 왕으로 일컫는다.

어느 날 두 여자가 솔로몬 왕을 찾아왔다. 그들은 각각 아이가 있었는데, 한 여자가 잠을 자다가 잘못하여 자기 아이를 깔아뭉개 죽게 했다. 두 여자는 살아 있는 아이를 놓고, 서로가 자기 아이라고 우겨댔다. (왕상3:16–28) 솔로몬 왕은 '좋은 수'를 생각해냈다.

솔로몬 왕은 신하들에게 칼을 가져 오게 한 뒤 명령을 내렸다. "살아 있는 이 아이를 둘로 나누어서 반쪽은 이 여자에게 주고, 나머지 반쪽은 저 여자에게 주어라."(왕상3:25) 그러자 살아 있는 아이의 어머니가 애원했다. "제발, 임금님, 살아 있는 이 아이를 저 여자에게 주시어도 좋으니 아이를 죽이지는 말아 주십시오." 다른 여자는 이렇게 말했다. "어차피, 내 아이도 안 될 테고, 네 아이도 안 될 테니 차라리 나누어 가지자." 그 때 솔로몬 왕이 명령을 내렸다. "살아 있는 아이를 죽이지 말고, 아이를 양보한 저 여자에게 주어라."

솔로몬의 업적은 하나님의 성전(聖殿)을 건축한 데 있다. 성전은 언약궤를 모시는 곳이다. 하나님은 광야 생활 중 모세에게 성소를 지으라고 하시면서 언약궤 모형을 일러주셨다.(출25:10-22)

언약궤에는 십계명이 새겨진 돌판 두 개가 들어 있었다. 언약궤는 신성한 것이어서 아무도 만질 수 없었다. 언약궤는 출애굽부터 기적을 보여주며 이스라엘 민족의 역사와 함께 했다. 언약궤는 성전이 세워지기 전까지는 성막의 한쪽 구석에 보관되어 있었다. 다윗이 왕권을 잡기 전 언약궤는 한 때 블레셋 사람들이 탈취해 7개월 동안이나 갖고 있다가 하나님의 재앙을 받게 되자 돌려주었다. 그 후 언약궤는 마지막 사사 사무엘 때 20년 동안 아비나답의 집에 머물러 있었다. 다윗은 왕권을 잡자 언약궤를 오벳에돔의 집에 3개월 동안 두었다가 다윗성으로 옮겨왔다. 다윗은 이스라엘 통일을 위해 전쟁을 해야 했으므로 하나님은 다윗 대신 솔로몬이 성전을 짓게 하셨다. 다윗은 성전 짓는 데 필요한 자재를 정성껏 마련했다.

솔로몬이 성전을 짓기 시작하자 하나님이 말씀하셨다. "드디어 네가 성전을 짓기 시작했구나. 네가 내 법도와 율례를 따르고 또 나의 계명에 순종하여 그대로 그것을 지키면 내가 네 아버지 다윗에게 약속한 바를 네게서 이루겠다."(왕상6:12-13) 솔로몬은 성전을 짓기 시작하여(기원전 959년) 이스라엘 왕이 된지 11년째 되는 8월에(기원전 952년) 끝마쳤다. 7년 걸렸다.

성전 건축을 완공한 뒤 솔로몬은 주님의 언약궤를 다윗 성에서 성전으로 옮겼다. 언약궤 속에는 호렙에서 모세가 넣어 둔 두 개의 돌판 말고는 아무것도 없었다. 이 두 돌판은 이스라엘 자손이 이집트 땅에서 나온 뒤 하나님이 호렙에서 그들과 언약을 세울 때 모세가 거기에 넣어둔 것이다. 솔로몬은 언약궤를 성전으로 옮겨 놓고, 이스라엘 온 회중 앞에서 연설했다.

"주 이스라엘의 하나님을 찬양하십시오. 주님께서는 나의 아버지 다윗에게 친히 말씀하신 것을 모두 그대로 이루어 주셨습니다. ···. 내 아버지 다윗은 주 이스라엘의 하나님의 이름을 기릴 성전을 지으려고 생각하셨으나 주님께서 나의 아버지 다윗에게 이르시기를 '네가 내 이름을 기릴 성전을 지으려는 마음을 품은 것은 아주 좋은 일이다. 그런데 그 집을 지을 사람은 네가 아니다. 네 몸에서 태어날 네 아들이 내 이름을 기릴 성전을 지을 것이다' 하셨습니다. ···. 주님께서는 이집트 땅에서 우리의 조상을 이끌어 내실 때 그들과 언약을 세우셨는데, 나는 주님의 언약이 들어 있는 궤를 놓아 둘 장소를 이렇게 마련하였습니다."(왕상8:15-21)

솔로몬의 명성을 듣고 스바 여왕이 솔로몬을 찾아왔다. 여왕은 솔로몬이 온갖 지혜를 갖추고 있는 것을 확인하고, 그가 지은 궁전을 살펴보고, ··· 그만 넋을 잃고 말았다.(왕상10:1-5)

솔로몬은 40년간 다스리다가 기원전 931년경 세상을 떠났다. 솔로몬이 죽자 이스라엘은 북왕국(또는 이스라엘)과 남왕국(또는 유대)으로 나뉘어 210여 년 동안 싸웠다. 북왕국은 기원전 721년 앗시리아 의해 망하고 말았다.(왕하17:7-8)

북왕국이 망한 뒤 기원전 605년 남왕국의 예루살렘이 바빌로니아의 공격을 받았다. 기원전 597년 예루살렘이 바빌로니아의 두 번째 공격을 받았다. 기원전 586년 예루살렘이 바빌로니아의 세 번째 공격을 받고, 성전이 불타고 말았다. 포로로 잡혀간 유대인들은 70여 년 동안 바빌로니아에서 노예 생활을 했다.(대하36:17-21)

기원전 539년 페르시아 왕 고레스가 바빌로니아를 정복하고, 기원전 538년 '고레스 칙령'을 선포하여 유대인들을 유대 땅으로 돌려보냈다. 귀환한 포로들은 기원전 516~535년간 스룹바벨의 지휘로 솔로몬이 제1 성전을 지었던 장소에 제2 성전을 재건축했다. 그 후 약 150년간(기원전 516~331년) 유다는 페르시아의 지배를 받았다.

뒤이어 이스라엘은 로마의 지배를 받았다. 헤롯 왕은 유대인들을 달래기 위해 제2 성전을 보수했다. 예수 시대에 있었던 성전이 바로 제2 성전이다. 예수는 아기 때 봉헌을 위해 이 성전에 오셨고, 열두 살 때도 오셨으며, 생애 마지막 주에는 성전 안뜰에서 장사하던 환전상들을 쫓아내셨다.

예수는 장차 성전 자리에 돌멩이 하나 남지 않게 되리라고 예언하셨는데,(막13:2) 이는 기원 후 70년에 이루어졌다. 유대인들이 로마의 지배에 항거해 반란을 일으키자 로마가 성전을 파괴하고, 단 한 군데 벽만 남겨놓은 것이다. 이 벽이 오늘날 전 세계 기독교인들의 성지순례 대상이 된 '통곡의 벽'이다.

솔로몬의 성전이 불탄 후 기독교는 오히려 세계종교로 가는 길이 순탄해졌다. 전 세계로 흩어진 기독교인들이 여기저기서 수많은 교회 곧, 수많은 '성전'을 세우게 되었기 때문이다.

솔로몬 사후 예수 탄생 때까지 일어난 사건들

솔로몬은 기원전 931년경에 죽었고, 예수는 기원전 5년에 탄생했다. 이 사이에 926년이라는 긴 세월이 놓여 있다. 이 기간 가운데 구약 마지막 예언서 말라기(B.C.539~333년경에 쓴 것으로 추정) 이후 예수 탄생까지의 기간, 곧 '신구약 중간시대'인 약 400년 동안에 일어난 사건은 성경에 기록이 없다. 그런데 이 기간에 일어난 역사적인 사건들은 기독교에 많은 영향을 미쳤다. 그래서 솔로몬부터 예수까지 926년이라는 기간을 둘로 나누어, 하나는 '솔로몬 사후 말라기 사역까지: 성경 속의 사건', 또 하나는 '신구약 중간시대: 성경 밖의 역사적인 사건'을 이야기한다.

성경과 『뉴톰슨 관주 주석성경』(475-479쪽)을 참조했다.

(1) 솔로몬 이후 말라기 사역까지: 성경 속의 사건

솔로몬 왕이 죽고 말라기 선지자의 사역이 끝날 때까지 약 530년이라는 긴 세월이 흘렀다. 이 기간 동안에 일어난 사건은 역사서 〈열왕기상〉, 〈열왕기하〉, 〈역대지상〉, 〈역대지하〉를 비롯하여 예언서, 시가서 등에 기록되어 있다. 이제 성경을 중심으로, 솔로몬 사후 말라기 사역까지의 주요 사건들을 간추린다.

솔로몬은 40년간 통치한 후 기원전 931년경 세상을 떠났다. 솔로몬이 죽자 이스라엘은 북왕국(또는 이스라엘)과 남왕국(또는 유대)으로 나뉘어 210여 년 동안 싸웠다. 그 후 북왕국은 기원전 721년 앗시리아 의해 망했다. 망한 이유는 '이스라엘 백성이 다른 신들을 섬겼고, 역대 왕들이 잘못한 것을 그대로 따랐기 때문'이다.(왕하17:7-8)

북왕국이 망한 뒤에도 남왕국은 남아 있었지만 하나님 섬기기와 우상 섬기기를 되풀이한 탓에 이미 멸망의 길을 걷고 있었다. 기원전 605년 남왕국의 예루살렘이 바빌로니아의 공격을 받고, 예언자 다니엘이 포로로 끌려갔다. 기원전 597년 예루살렘이 바빌로니아의 두 번째 공격을 받고, 선지자 에스겔이 포로로 끌려갔다. 유대가 바빌로니아를 배반하고 이집트에 붙었다는 이유로, 바빌로니아가 기원전 586년 예루살렘을 세 번째 공격하여 성전이 불탔다. 남왕국이 망한 이유는 하나님이 '동족인 히브리 종은 6년 종살이 후 몸값 없이 자유의 몸으로 풀어주라'고 했는데도(출21:2) 이스라엘 민족이 이 언약을 지키는 척했다가 돌아섰기 때문이다. 포로로 잡혀간 유대인들은 70여 년 동안 바빌로니아에서 노예 생활을 했다.(대하36:17-21)

유대인들이 노예 생활에서 풀려나게 된 것은 페르시아 고레스 왕이 기원전 558년에 돌린 조서 덕분이었다. "페르시아의 고레스 왕은 다음과 같이 선포한다. 주 하늘의 하나님께서 나에게 이 땅 위의 모든 나라를 주셔서 다스리게 하시고, 유다의 예루살렘에 그의 성전을 지으라고 명하셨다. 이 나라 사람 가운데 하나님을 섬기는 모든 백성에게 하나님께서 함께 계시기를 빈다. 그들을 모두 올라가게 하여라."(대하36:22-23)

바빌로니아에 포로로 끌려갔던 유대 민족이 기원전 536년~기원전 445년간에 예루살렘으로 돌아왔다. 이렇게 하여 구약시대는 기원전 437년에 시작한 말라기 사역을 끝으로 기원전 약 400년경에 막을 내렸다.

(2) 신구약 중간시대: 성경 밖의 역사적인 사건

말라기 선지자의 사역을 끝으로 구약시대가 막을 내리고 '신구약 중간시대'가 시작했다. 신구약 중간시대는 기원전 약 400년부터 예수가 탄생하신 기원전 5년까지로, 이 기간 동안에 일어난 사건은 성경에 기록은 없지만 기독교에 많은 영향을 미쳤다.

신구약 중간시대 400여 년은 기원전 400~331년간의 페르시아(바사) 시대, 기원전 331~63년간의 그리스(헬라) 시대, 기원전 63~예수 탄생까지의 로마 시대로 나뉜다.

① 페르시아 시대 (기원전 400~331년)

기원전 626년 바빌로니아 제국이 예루살렘을 함락하고, 유대인들을 포로로 끌어갔다. 뒤이어 기원전 539년 페르시아 왕 고레스가 바빌로니아를 정복하고, 기원전 538년 '고레스 칙령'을 선포하여 유대인들을 유대 땅으로 돌려보냈다. 귀환한 포로들은 기원전 516~535년간 스룹바벨의 지휘로 성전을 재건축했다. 그 후 약 150년간(기원전 516~331년) 유다는 페르시아의 지배를 받았다.

② 그리스 시대 (기원전 331~63년)

알렉산더의 아버지 필립은 마케도니아 왕으로서 그리스를 통일했다. 그 뒤를 이어 알렉산더가 기원전 334년 아시아를 침공하여 기원전 333년 소아시아와 시리아를 점령했고, 기원전 332년 이집트에 이어 기원전 331년 페르시아를 정복했다.

알렉산더가 기원전 323년 33세로 갑자기 죽자, 그리스는 알렉산더를 따랐던 장군들에 의해 분할되었다. 알렉산더의 장군들은 정권 장악을 위해 투쟁을 계속했다. 이 결과 기원전 312년 이집트의 알렉산드리아를 중심으로 프톨레마이오스 왕조(기원전 323~198년)가, 뒤이어 시리아의 안티옥을 중심으로 셀레우코스 왕조(기원전 198~167년)가 등장했다.

기원전 320년 예루살렘을 지배한 프톨레마이오스 1세는 이집트 유대인들을 알렉산드리아에 안주시켰다. 프톨레마이오스 2세는 알렉산드리아에 안주한 유대인들에게 히브리어 성경을 헬라어(그리스어)로 번역하게 했다. 각 지파에서 6명씩, 12지파에서 72명이 선임되어 히브리어 성경을 헬라어로 번역했다. 이 성경이 〈70인 성경〉이다.

기원전 198년 안티오쿠스 왕이 프톨레마이오스 왕조를 무너뜨리고 셀레우코스 왕조가 등장하여 유대를 50년 이상 지배했다. 셀레우코스 왕조가 강압적인 헬라화정책을 추진했다. 셀레우코스 왕조가 기원전 64년 로마에 망하자 약 270년간 계속된 그리스 시대는 막을 내렸다.

③ 로마 시대 (기원전 63년 이후)

셀레우코스 왕조가 붕괴될 무렵 로마와 폰투스(옛 바사 지역)는 패권을 놓고 격돌했다. 패권 다툼은 기원전 63년 로마 장군 폼페이우스의 승리로 끝났다. 폼페이우스는 기원전 63년 예루살렘을 정복했다.

로마는 유대로부터 조공을 받으면서 유대인의 종교예식은 허락했다. 안티파테르가 로마의 세력을 이용해 유대를 통치한 헤롯 왕가의 선조가 되었다. 그가 기원전 43년 암살되자 그의 아들들이 유대의 봉분왕으로 임명되었다. 기원전 40년 파르티아(바대)인이 시리아를 정복할 때 예루살렘도 정복되었다. 이 때 헤롯은 로마로 도망쳤다가 로마 황제가 '유대인의 왕'으로 추대하자 기원전 37년 예루살렘을 통치하기 시작했다. 기원전 5년 예수가 탄생했다.

08

예수:
인간의 영혼을 구원하러
이 세상에 오시다

예수는 인간의 영혼을 구원하러 이 세상에 오셨다. 3여 년에 걸친 예수의 공생애(公生涯)는 '하나님나라 선포하심, 가르치심, 병 고치심, 먹이심' 등으로 요약된다. 이는 2장에서 자세히 다뤘다. 여기서는 4복음서를 중심으로 예수 탄생부터 공생애 이전까지의 행적만 다룬다.

유대 왕 헤롯 때 사가랴라는 제사장이 있었다. 그의 아내 이름은 엘리사벳이었다. 그들은 주의 계명과 규율을 잘 지켰다. 그들은 나이가 많은 데다 자녀가 없었다. 어느 날 사가랴가 성소에서 분향을 하고 있을 때 천사가 나타났다. "네 아내 엘리사벳이 너에게 아들을 낳아 줄 것이니 그의 이름을 요한이라고 하여라. 그는 … 이스라엘 자손 가운데서 많은 사람을 주 하나님께로 돌아오게 할 것이다."(눅1:13–16) 사가랴가 받아들이지 않자 천사는 그를 벙어리가 되게 했다. 엘리자벳이 임신했다.

엘리자벳이 임신 6개월이 되었을 때 천사가 요셉과 약혼한 마리아를 찾아갔다. "그대가 잉태하여 아들을 낳을 터이니 그의 이름을 예수라고 하여라. 그는 위대하게 되고, 더없이 높으신 분의 아들이라고 불릴 것이다."(눅1:31–32) 천사는 마리아의 친척 엘리자벳도 임신했다고 알려주었다. 마리아는 천사의 말을 따르겠다고 했다.(눅1:38)

얼마 후 마리아가 엘리자벳을 찾아갔다. 엘리자벳이 마리아를 맞았을 때 아기가 뱃속에서 뛰놀았다. 엘리자벳이 큰소리로 말했다. "내 주님의 어머니께서 내게 오시다니, 이것이 어찌 된 일입니까?"(눅1:43) 마리아는 엘리자벳 집에서 석 달간 머물다가 돌아갔다.

엘리자벳이 아들을 낳았다. 벙어리가 된 사가랴가 서판에 아들의 이름을 '요한'이라고 쓰자 그는 입이 열려 예언하기 시작했다. "아가야,

너는 더없이 높으신 분의 예언자라 불릴 것이니, 주님보다 앞서 가서 그의 길을 예비할 것이다." 요한은 자라서 이스라엘 백성 앞에 나타날 때까지 광야에서 살았다.

마리아는 요셉과 약혼한 후 함께 살기 전에 성령으로 잉태한 사실이 드러났다. 요셉은 파혼하려 했다. 천사가 요셉의 꿈에 나타났다. "두려워하지 말고 마리아를 네 아내로 맞아들여라. 그 태중에 있는 아기는 성령으로 말미암은 것이다. 마리아가 아들을 낳을 것이니 너는 그의 이름을 예수라고 하여라. 그가 자기 백성을 죄에서 구원하실 것이다."(마1:20–21) 이는 "동정녀가 잉태하여 아들을 낳을 것이니, 그의 이름을 임마누엘[58]이라고 할 것이다"고 한 이사야의 예언을 이룬 것이다.(사7:14)

그 무렵 아우구스투스 황제가 칙령을 내려 모든 사람들에게 호적등록을 하게 했다. 요셉은 다윗 가문의 자손이어서 살고 있던 나사렛에서 다윗 동네인 베들레헴으로 마리아와 함께 올라갔다. 마리아가 해산할 날이 되었다. 여관에는 그들이 들어갈 방이 없었다. 마리아는 아기를 낳아 포대기에 싸서 구유에 눕혀두었다.(눅2:1–7)

그 지역 목자들이 밤새워 양 떼를 지키고 있었는데, 천사가 그들에게 나타났다. "두려워하지 말아라. 나는 온 백성에게 큰 기쁨이 될 소식을 너희에게 전하여 준다. 오늘 다윗의 동네에서 너희에게 구주가 나셨으니, 그는 곧 그리스도 주님이시다. 너희는 한 갓난아기가 포대기에 싸여 구유에 뉘어 있는 것을 볼 터인데, 이것이 너희에게 주는 표징이다." 그 때 갑자기 천사와 함께 많은 하늘 군대가 나타나 하나님을 찬양했다. "더없이 높은 곳에서는 하나님께 영광이요, 땅에서는 주님께서 좋아하시는 사람들에게 평화로다."(눅2:10–14) 목자들은 서둘러 베들레헴으로 가 마리아와 요셉과 구유에 누워 있는 아기를 찾아냈다.

또 동방에서 온 박사들이 헤롯 왕을 찾아갔다. "유대인의 왕으로 나신 이가 어디에 계십니까? 우리가 동방에서 그의 별을 보고 그에게 경배하러 왔습니다."(마2:1-2) 왕은 당황했다. 그는 부하들에게 그리스도가 어디서 태어났는지 물어보았다. 그들은 베들레헴이라고 대답했다. 왕은 동방박사들에게 아기를 찾거든 알려달라고 당부했다.

동방박사들은 별의 인도를 따라 그 집에 들어가 아기가 마리아와 함께 있는 것을 보고, 엎드려 경배했다. 그들은 아기에게 황금과 유향과 몰약을 예물로 드렸다. 그들은 꿈에 헤롯에게 돌아가지 말라는 지시를 받고, 다른 길로 자기 나라로 돌아갔다.

동방박사들이 돌아간 뒤 천사가 요셉의 꿈에 나타났다. "헤롯이 아기를 찾아서 죽이려고 하니 일어나서 아기와 그 어머니를 데리고 이집트로 피신하여라. 내가 너에게 말해줄 때까지 거기에 있어라."(마2:13) 헤롯은 박사들에게 속은 줄 알고, 가까운 지역에 사는 2살 이하의 사내아이들을 모조리 죽였다.

8일째가 되는 날 요셉과 마리아는 아기에게 할례를 행하고, 천사의 말대로 이름을 예수라고 지었다.(눅2:21)

헤롯이 죽었다. 천사가 요셉의 꿈에 나타났다. "아기와 그 어머니를 데리고 이스라엘 땅으로 가거라. 그 아기의 목숨을 노리던 자들이 죽었다." 요셉은 나사렛 동네로 가서 살았다. 아기는 자라며 튼튼해졌고, 지혜로 가득 찼고, 하나님의 은총을 받았다.

성경은 예수가 탄생해서 서른 살에 세례 받기까지 열두 살 때의 일 한 가지만 보여준다. 예수의 부모는 유월절이 되면 해마다 예루살렘에 갔다. 그들이 절기를 마치고 돌아올 때 예수는 예루살렘에 그대로 머물러 있었다. 예수는 성전에서 선생들과 토론했는데, 그들은 예수의 슬기와 대답에 경탄했다.(눅2:42–47)

일행 가운데 예수가 없는 것을 알고 부모는 예수를 찾아 예루살렘으로 되돌아갔다. 예수가 부모에게 말했다. "어찌하여 나를 찾으셨습니까? 내가 내 아버지의 집에 있어야 할 줄을 알지 못하셨습니까?" 부모는 예수가 자기들에게 한 그 말이 무슨 뜻인지 깨닫지 못했다. 예수는 부모와 함께 나사렛으로 돌아와서, 부모에게 순종하며 지냈다. 예수는 지혜와 키가 자라며, 하나님과 사람에게 더욱 사랑을 받았다.(눅2:48–52)

시간이 지나 세례 요한이 나타났다. 그는 광야에서 선포했다. "회개하라. 하늘나라가 가까이 왔다."(마3:2) 이는 "광야에서 외치는 이의 소리가 있다. '너희는 주님의 길을 예비하고, 그의 길을 곧게 하라'"고 한 이사야의 예언을 이룬 것이다.(사40:3) 요한은 외쳤다. "나는 너희를 회개시키려고 물로 세례를 준다. 내 뒤에 오시는 분은 나보다 더 능력이 있는 분이시다. 나는 그의 신을 들고 다닐 자격조차 없다. 그는 너희에게 성령과 불로 세례를 주실 것이다."(마3:11) 요한은 예수의 공생애를 위해 길을 닦았다.

예수의 공생애는 약 30세에 시작하여 십자가에 못 박혀 돌아가신 33세까지 계속되었다.

09

예수의 열 두 제자:
예수의 가르침을 사방에 전도하다

하나님은 요한을 미리 보내 예수의 길을 닦게 하셨다. 예수는 요한에게서 세례를 받으시고, 곧 물에서 올라오셨다. 그 때 하늘에서 소리가 났다. "이는 내가 사랑하는 아들이다. 내가 그를 좋아한다."(마3:13-17) 드디어 예수의 공생애가 시작되었다.

요한에게서 세례를 받으신 후 예수는 광야에서 40일 동안 악마에게 시험을 받으셨다. 그 후 예수는 "회개하라. 하늘나라가 가까이 왔다" 하고 선포하기 시작하셨다.(마4:17)

이어 예수는 제자 삼기를 시작하셨다.

어느 날 예수는 갈릴리 바닷가를 걸어가시다가 베드로라 하는 시몬과 그의 동생 안드레가 그물을 던지고 있는 것을 보고 말씀하셨다.[59] "나를 따라 오너라. 나는 너희를 사람 낚는 어부로 삼겠다." 그들은 곧 그물을 버리고 예수를 따라갔다. 예수는 거기서 조금 더 가시다가 그물을 깁고 있는 야고보와 그의 동생 요한을 보시고 제자 삼으셨다. 베드로를 만난 다음날 예수는 갈릴리로 떠나려 하시다가 빌립을 만나셨다. "나를 따라오너라." 빌립은 안드레, 베드로와 한 고향 사람이었다. 그 후 빌립은 나다나엘을 만나 예수를 소개했다. 예수는 중풍병자를 고치신 후 길을 가시다가 레위(주: 마태의 별명)가 세관에 앉아 있는 것을 보시고 말씀하셨다. "나를 따라 오너라."(막2:14)

성경은 예수가 이들 여섯 명을 제자로 삼으신 이야기는 보여주지만 나머지 여섯 명에 관해서는 이야기가 없다.

예수의 열 두 제자들은 처음에는 예수의 가르침보다는 예수가 이스라엘의 왕이 되었을 때 한 자리 얻는 데 관심이 있었다. 제자들은 예수를 따라 다닐 때도 그랬지만 부활한 예수가 나타나셨을 때도 "주님,

주님께서 이스라엘을 위하여 나라를 되찾아 주실 때가 바로 지금입니까?" 하고 물었다.(행1:6) 그러나 제자들은 오순절에 한 자리에 모여 성령 충만을 받고 나서야 모두들 완전히 딴 사람으로 바뀌었다. 부활하신 예수는 승천하시기 전 제자들에게 다음과 같이 당부하셨다.

"나는 하늘과 땅의 모든 권세를 받았다. 그러므로 너희는 가서, 모든 민족을 제자로 삼아 아버지와 아들과 성령의 이름으로 세례를 주고, 내가 너희에게 명한 모든 것을 그들에게 가르쳐 지키게 하여라. 보아라, 내가 세상 끝 날까지 항상 너희와 함께 있을 것이다."(마28:18-20)

12제자들의 행적을 간략히 소개한다.

● 베드로(Peter)

그는 어부로 본명이 시몬이었으나 예수를 "살아계신 하나님의 아들 그리스도"라고 받아들인 후 예수가 "너는 베드로다. 나는 이 반석 위에다가 내 교회를 세우겠다"(마16:16-18) 하고 말씀하신 후 베드로[60]가 되었다. '최후의 만찬' 후 베드로는 예수를 위해 목숨을 바치겠다고 맹세했다. 그러나 예수는 베드로가 닭이 울기 전 세 번 부인하리라고 말씀하셨다. 그렇게 되었다. 베드로는 예수 부활 후 오순절에 "예수를 하나님께서 살리셨습니다. 우리는 모두 이 일의 증인입니다" 하고 힘 있게 설교하여 많은 사람들이 세례를 받았다. 베드로는 로마로 가서 기독교 집단을 이끌다가 네로 황제에 의해 죽임을 당했다고 전한다. 베드로는 〈베드로 전·후서〉 두 편의 서신을 썼다.

● 안드레(Andrew)

그는 베드로의 동생으로 예수의 첫 번째 제자였는데, 베드로에 가려 행적이 두드러지지 않다. 그는 그리스에서 전도활동을 하다가 처형당했다고 한다.

● 세베대의 아들 야고보(James)

요한의 형으로 최초로 순교한 사도다. 헤롯 아그립바 1세 때 칼에 찔려 죽었다.

● 세베대의 아들 요한(John)

요한은 마태처럼 예수의 생애를 〈요한복음〉으로 썼다. 요한은 또 〈요한 일·이·삼서〉라는 세 편의 서신과 수수께끼 같은 〈요한계시록〉을 썼다. 요한복음에서 가장 유명한 구절은 "하나님이 세상을 이처럼 사랑하셔서 독생자를 주셨으니, 누구든지 그를 믿으면 멸망하지 않고 영생을 얻을 것이다"(요3:16)인데, 이는 신약의 전체 내용을 훌륭하게 요약한 것으로 이야기된다. 예수가 체포되었을 때 사도들은 도망갔으나 요한만은 십자가에 매달린 예수 곁에 있었고, 예수는 요한에게 어머니 마리아를 돌봐달라고 부탁하셨다.

● 마태(Matthew)

마태는 당시 열심당의 증오 대상이었던 세리(稅吏) 출신이었는데, 예수의 부름을 받고 제자가 되었다. 마태는 〈마태복음〉을 썼다. 마태는 예수를 유대인들이 오랫동안 바랐던 메시아로 보았다. 마태복음의 대단원은 부활한 예수가 제자들에게 '모든 민족을 제자로 삼아 전도하라'는 당부로 끝난다.

• 도마(Thomas)

도마는 예수가 십자가에 못 박힐 때 생긴 상처를 보아야만 예수의 부활을 믿겠다고 말했을 정도로 의심이 많았다. 그래서 도마는 '의심 많은 도마'로 불린다. 부활한 예수는 도마에게 말씀하셨다. "네 손을 내 옆구리에 넣어 보아라."(요20:27) 그는 인도까지 복음을 전했다고 한다. 카톨릭교회는 1972년 도마에게 '인도에 간 사도'라는 직함을 부여했다.

• 빌립(Philip): 특별한 행적이 없다.

• 바돌로매(Bartholomew): 특별한 행적이 없다.

• 알패오의 아들 야고보(James): 특별한 행적이 없다.

• 다대오(Thaddaeus): 특별한 행적이 없다.

• 가나안 사람 시몬(Simon): 특별한 행적이 없다.

• 가룟 유다(Judas Iscariot): 유다는 은 30에 예루살렘의 제사장들에게 예수를 팔았다. 이를 후회하고, 은을 성소에 던져 넣고 물러가 목매어 죽었다. 사도행전에 따르면, 유다는 배가 터져 창자가 흘러나와 죽었다고 한다.

• 맛디아(Matthias): 맛디아는 가룟 유다가 자살한 후 유다 자리를 대신 채우기 위해 발탁된 제자다. 특별한 행적이 없다.

열 두 제자들의 목숨을 건 전도활동의 결과로 기독교는 세계종교가될 수 있었다.

10

바울:
로마 전도에 성공하여 기독교가
세계종교가 되는 길을 닦다

신약성경에서 예수 다음으로 중요한 사람은 바울(Paul)이다. 그는 유대인으로서 기독교인을 핍박하다가 예수를 만나 기독교인이 되어 이방인을 대상으로 기독교 전도에 결정적으로 기여한 사람이다. 그는 신약성경 27편 가운데 10여 편의 서신을 썼다. 특히 바울은 이방인 나라 로마 전도에 성공하여 기독교가 세계종교가 되는 길을 닦았다.

바울은 이름이 본래 사울이었다. 사울은 다소의 유대인 가정에서 태어나 석학 가말리엘로부터 율법을 배운 열렬한 유대교도였다. 사울은 기독교인들을 붙잡아 예루살렘으로 끌고 가는 임무를 열성적으로 수행했다. 스데반이 설교 후 돌에 맞아 순교했을 때 "증인은 옷을 벗어서 사울이라는 청년의 발 앞에 두었고, … 사울은 스데반이 죽임 당한 것을 마땅하게 여겼다."(행7:59, 8:1) "사울은 교회를 없애려고 … 집집마다 찾아들어가서 남자나 여자나 가리지 않고 끌어내서 감옥에 넘겼다."(행8:3)

사울이 그리스도인들을 예루살렘으로 잡아오려고 예루살렘에서 213km나 떨어진 다마스쿠스 가까이 이르렀을 때 갑자기 하늘에서 환한 빛이 비추었다. 그는 땅에 엎어졌다. 한 음성이 들렸다. "사울아, 사울아, 네가 왜 나를 핍박하느냐?" 그가 물었다. "주님, 누구십니까?" "나는 네가 핍박하는 예수다. 일어나서 성 안으로 들어가거라. 네가 해야 할 일을 일러줄 사람이 있을 것이다."(행9:3–6)

사울은 일어나서 눈을 떴으나 아무것도 볼 수 없었다. 사람들이 그의 손을 끌고 다마스쿠스로 데리고 갔다. 주님은 환상 가운데서 다마스쿠스에 있는 아나니아라는 제자에게 사울을 만나도록 하셨다. 아나니아는 사울이 성도들을 핍박했다는 이유를 들어 사울 만나기를 꺼려

하다가 마지못해 그에게로 갔다. "그대에게 나타나신 주 예수께서 나를 보내셨소. 그것은 그대가 시력을 회복하고 성령으로 충만하게 되도록 하시려는 것이오."(행9:17) 그러자 사울의 눈에서 비늘 같은 것이 떨어져 나가고, 사울은 시력을 회복했다. 그는 일어나서 세례를 받았다. 이를 계기로 사울은 하루아침에 박해자에서 선교자로 바뀌었다.

이름이 '사울'에서 '바울'로 바뀐 것은, 바울이 1차 전도여행 중 구브로 섬에서 바예수라고 하는 거짓 예수를 맹인이 되게 한 것을 기록한 사도행전 13장 9절 "바울이라고 하는 사울이 …."에서다.(행13:9) 사도행전 13장 9절 앞까지는 '사울', 13장 9절부터는 '바울'이라는 이름이 일관되게 쓰였다.

이제 바울의 전도 여행과 행적을 요약한다.

• 1차 전도여행(행13:4-14:28)

바울은 바나바와 마가를 데리고 안디옥→구보로 섬→소아시아 중남부지방에 이르러 유대인 회당을 중심으로 전도했다. 이 전도에서 이방인 회심자와 유대인의 율법 간에 문제가 생겨 예루살렘 회의가 이루어졌다.(행15:1-21)

• 2차 전도여행(행15:40-18:22)

바울은 실라와 함께 안디옥→소아시아→에베소로 갔다가 방향을 바꿔 드로이→에게해→빌립보→데살로니가→아덴→고린도에 이르러 여기에서 1년간 머물렀다. 그 후 에베소→예루살렘→안디옥으로 돌아왔다. 바울은 데살로니가에 교회를 세웠고, 전도여행 후 데살로니가 교회에 보낸 서신이 〈데살로니가전·후서〉다.

• 3차 전도여행(행 18:23-21:14)

바울은 갈라디아→브루기아→에베소로 가 여기에서 3년간 머물렀다가 다시 유럽으로 건너가 마게도니아→고린도→예루살렘으로 왔다. 3차 전도여행 중 지중해 연안에 몇몇 교회를 세웠고, 이들 교회에 보낸 서신이 〈갈라디아서〉, 〈고린도전·후서〉이다. 바울은 로마 기독교인들에게도 편지를 보냈는데 이것이 〈로마서〉다.

바울이 로마 전도에 성공하여 기독교가 세계종교로 발전하게 된 과정을 보자.

바울은 고린도에서 로마서를 쓰면서 "로마에도 꼭 가 보아야 하겠습니다"(행19:21) 말하고 로마 전도의 꿈을 가졌다.

바울의 로마 전도는 죄인 신분으로 이루어졌다. 바울은 에베소에서 전도를 하다가 잠깐 감옥에 갇혔다가 풀려난 뒤 예루살렘으로 갔다. 성도들은 바울이 예루살렘으로 가지 말라고 간곡하게 말렸으나 바울은 듣지 않았다. "다만 내가 아는 것은 성령이 내게 일러주시는 것뿐인데, 어느 도시에서든지 투옥과 환난이 나를 기다리고 있다는 것입니다. 그러나 내가 나의 달려갈 길을 다 달리고, 주 예수께 받은 사명, 곧 하나님의 은혜의 복음을 증언하는 일을 다 하기만 하면 나는 내 목숨이 조금도 아깝지 않습니다."(행20:23-24)

바울은 예루살렘에서 바로 붙잡혔다. 그는 채찍질을 당하려 하자 백부장에게 말했다. "로마 시민을 유죄판결도 내리지 않고 매질하는 법이 어디 있소?" 하고 항의한 다음 이렇게 말했다. "나는 지금 황제의 법정에 서 있습니다. 나는 여기서 재판을 받아야 합니다. …. 나는 황제에게 상소합니다."(행25:10-11) 당시 세계를 지배하던 로마는 '법치 국가'였다. 바울은 로마시민이었다. 로마시민은 반드시 로마에 있는 황제의 법정에서 재판을 받게 되어 있었다. 천신만고 끝에 바울은 로마에 도착했다.

바울은 로마에서 그를 지키는 병사 한 사람과 따로 지내도 된다는 허락을 받았다. 사흘 뒤에 바울은 유대인 지도자들을 불러놓고 말했다. "나는 죄수가 되어서 예루살렘에서 로마 사람의 손에 넘겨졌습니다. 로마 사람은 나를 신문하여 보았으나 사형에 처할 만한 아무런 근거가 없으므로 나를 놓아주려고 하였습니다. 그러나 유대 사람이 반대하는 바람에 하는 수 없이 내가 황제에게 상소한 것입니다."(행28:17-19)

바울의 로마 전도는 성공했다. 드디어 그는 이렇게 선포했다. "그러므로 여러분은 하나님의 이 구원의 소식이 이방 사람들에게 전파되었음을 알아야 합니다."(행28:28)

이렇게 하여 기독교는 이방인 나라 로마에서 뿌리내리게 되었다. 기독교는 로마에서 처음에는 심한 박해를 받았다. 네로 황제(A.D. 54~68)의 기독교 박해는 역사에 기록되어 있다. 그 후 콘스탄티누스Ⅰ세(306~337)가 313년 기독교를 공인함으로써 기독교는 세계로 전파되어 갔고, 마침내 세계종교가 되었다.이는 아브라함으로부터 약 2,400여 년 후에 일어난 일이다.

1) 손봉호(2011), 『잠깐 쉬었다가』, 홍성사, pp.128-131.

2) '민세상'(民世賞)은 민세 안재홍(安在鴻·1891~1965) 선생의 '민족 통합 정신 과 나라 사랑'을 기리고자 '민세안재홍기념사업회'가 2010년에 설립한 상이다.

3) 시오노 나나미(2006), 『또 하나의 로마인 이야기』, 한성래 역(2007), 브엔리브로.

4) Hayek, Friedrich(1988), *The Fatal Conceit: The Errors of Socialism*, Routledge, p.137.

5) 이 같은 방법으로 양이 새끼를 많이 낳게 되리라고는 과학적으로 증명되지 않는다고 한다. 이 같은 방법은 야곱이 '최선을 다했다'는 것을 뜻한다고 보면 될 것이다.

6) Buchholz, Todd G.(1989), *New Ideas from Dead Economists*, Penguin Books.

7) Pipes, Richard(1999), *Property And Freedom*, 서은경 역(2008), 『소유와 자유』, 나남, p.27.

8) '이스라엘'은 주로 종교적·사회적 개념으로, '히브리'는 주로 민족적·인종적 개념으로 사용되었다.

9) 이상규(2006), 『헬라 로마적 상황에서의 기독교』, 한들출판사.

10) Pipes, Richard(1999), *Property and Freedom*, The Wylie Agency. (서은경 역 (2008), 『소유와 자유』, 나남)

11) Pipes, Richard(1999), *Property and Freedom*, The Wylie Agency. (서은경 역 (2008), 『소유와 자유』, 나남), pp.199-254.

12) Pipes, Richard(1999), *Property and Freedom*, The Wylie Agency. (서은경 역 (2008), 『소유와 자유』, 나남), pp.255-326.

13) 에버하르트 아놀드 지음·토마스 머튼 해제(2011), *Why We Live in Community*.(안정임 옮김(2012), 『공동체로 사는 이유』, 예수전도단.

14) 송병락(1998), 『자본주의의 웃음, 자본주의의 눈물』, 김영사.

15) 막스 베버(1904-5), 『프로테스탄티즘의 윤리와 자본주의 정신』, 박성수 역 (1988), 문예출판사.

16) 전게서, 에버하르트 아놀드 지음·토마스 머튼 해제(2011).

17) Blomberg, Craig L.(1999), *Neither Poverty Nor Riches*(박규태 역(2012), 『가 난하게도 마옵시고 부하게도 마옵소서』(Ivp).

18) Hayek, Friedrich(1944), *Road to Serfdom*, University of Chicago.(1994년 판), 9장.

19) Friedman, M&R., *Free to Choose*, Harcourt Brace Jovanovich, p.97.

20) Thatcher, Margaret(2002), *Statecraft*, HarperCollinsPublishers Ltd.(김승욱 역 (2004), 『국가경영』, 작가정신. pp.563-4.)

21) Hayek, Friedrich(1988), *The Fatal Conceit: The Errors of Socialism*, Routledge, p.137.

22) 삼강(三綱)은 다음과 같다: 父爲子綱(부위자강: 아들은 아버지를 섬겨야 한다), 君爲臣綱(군위신강: 신하는 임금을 섬겨야 한다), 夫爲婦綱(부위부강: 아내는 남편을 섬겨야 한다). 오륜(伍倫)은 다음과 같다: 君臣有義(군신유의: 임금과 신하 사이에는 의리가 있어야 한다), 父子有親(부자유친: 아버지와 아들 사이에는 친함이 있어야 한다), 夫婦有別(부부유별: 남편과 아내 사이에는 분별이 있어야 한다), 長幼有序(장유유서: 어른과 어린이 사이에는 차례가 있어야 한다), 朋友有信(붕우유신: 벗과 벗 사이에는 믿음이 있어야 한다).

23) 야곱은 죽기 전 아들들에게 축복 어린 유언을 했다.(창49:1-27) 이 유언에서 넷째 아들 유다가 장자권을 갖게 된 것이 밝혀진다. "르우벤아(주: 첫째 아들), … 네가 아버지의 침상에 올라와서 네 아버지의 침상을 더럽혔으므로 네가 으뜸이 되지는 못할 것이다. 시므온(주: 둘째 아들)과 레위(주: 셋째 아들)는 …, 화가 난다고, 사람을 죽이고, 장난삼아 소의 발목 힘줄을 끊었다. 그 노여움이 혹독하고, 그 분노가 맹렬하니, 저주를 받을 것이다. …. 유다(주: 넷째 아들)야, …. 너의 아버지의 아들들이 네 앞에 무릎을 꿇을 것이다. …."

24) 아브라함은 아들이 없자 사라가 몸종 하갈과 동침할 것을 권해 이스마엘을 낳았다. 그로부터 13년 후 사라는 이삭을 낳았다. 사라가 죽은 후 아브라함은 그두라와 재혼하여(창25:1-6) 6명의 자녀를 더 두었다. 하갈과 그두라를 첩이라고 부를 수는 없을 것 같다.

25) 그런데 이 비유의 배경을 이해하면 도움이 될 것 같다. 팔레스타인에서는 9월 말경에 포도를 수확하는데 이 시기는 우기(雨期)가 시작되기 직전이므로 포도를 서둘러 수확해야 한다고 한다. 따라서 포도원 주인은 일꾼들이 무조건 필요했을 것이고, 일꾼들은 늦게라도 일감이 나오기를 기다렸을 것이다. 그래

서 늦게라도 일감이 생기지 않을까 고대하던 어떤 일꾼들은 늦게라도 일감을 얻게 되자 열심히, 정말 열심히 일했을 것이다. 품꾼들이 열심히 일해준 덕분에 계획대로 수확을 마무리한 포도원 주인은 곳간 문을 닫으면서 한 시간 동안이라도 열심히 일한 품꾼에게도 한 데나리온을 주고 싶었을 것이다. 그래서 포도원 주인은 "내 것을 가지고 내 뜻대로 할 수 없다는 말이오?" 하고 의기양양하게 말했을 것이다.

26) Friedman, M&R.(1978), *Free to Choose*, Harcourt Brace Jovanovich.

27) 나실인들은 포도주를 마시지 않고, 시체에 손을 대지 않고, 머리털과 수염을 깎지 않음으로써 하나님에게 특별히 헌신할 목적으로 '자신의 몸을 구별한' 사람들이었다.

28) 언약궤를 빼앗아간 블레셋 사람들은 하나님이 내린 재앙으로 벌을 받고 약 7개월 후에 되돌려 주었다.

29) 로마서 13:7의 '관세'를 영어성경 NIV는 revenue로 표기하고 있는데 이는 tariff와는 달라 '관세'라는 표현은 오역인 것 같다. 필자에게 보내온 이상규 고신대 교수의 해석을 곁들인다. "로마서 13:7의 세금과 관련된 두 그리스어 φόρον를 한글판 '개역성경'에서는 '공세'로, τέλος를 '국세'로 번역하고 있으나, '개역개정판'에서는 전자를 '조세'로, 후자를 '관세'로 번역하고 있다. 또 한국성경공회의 '바른성경'도 개역개정판의 번역을 따르고 있다. 그러나 영어성경 KJV에서는 전자를 tax로 후자를 tribute로, NIV에서는 전자를 tax로 후자를 revenue로 번역하고 있다. 즉 그리스어 τέλος를 영어성경에서는 tribute 혹은 revenue로 번역하고 있는데 이것은 관세를 의미하지 않는다. 특히 τέλος가 신약이 기록될 당시나 187년 4월 8일 기록된 파피루스문서에서 토지 양도세라는 의미로 사용된 용례를 고려해 볼 때(S. R. Llewelyn, *New Documents Illustrating Early Christianity*, Eerdmans, 1997, 47쪽) 한글 개역개정판의 '관세'라는 번역은 적절치 못한 것으로 보인다."

30) Pipes, Richard(1999), *Property And Freedom*, 서은경 역(2008), 『소유와 자유』, 나남, p.42 참조.

31) 4복음서는 예수를 붙잡으러 온 무리 가운데 한 사람의 귀가 예수 곁에 있는 사람의 칼에 잘렸다고 쓰고 있다.(마26:51; 막14:47; 눅22:50; 요18:10) 4복음서

가운데 요한복음만 칼을 꺼낸 사람이 '베드로'이고, 누가복음만 '예수가 잘린 귀를 만져서 붙여주셨다'고 쓰고 있다. 그런데 어느 복음서도 예수가 "칼을 쓰는 사람은 칼로 망한다"는 말씀을 '베드로에게 하셨다'는 것을 보여주지 않는다. 그렇지만 "예수와 함께 있던 사람들 가운데 한 사람"은 요한복음에 명시된 베드로일 것으로 보여, 본문에서 "그 때 예수가 베드로에게 말씀하셨다"로 썼다.

32) '사사(士師, judge)'는 중국어 성경의 영향을 받아 쓰인 용어로, 그 본 뜻은 '재판관'이면서 '정치적·군사적 지도자'이고, '적으로부터 부족을 해방시키는 해방자, 구원자'라고 한다.

33) '하나님나라'는 대부분의 경우 '하나님 나라'로 쓰고 있다. 그런데 필자는 '하나님나라'로 쓴다. 그 이유는 나라에는 여러 종류가 있는데, 예를 들면 '우리나라'처럼 한글 복합명사 형태가 있는가하면 '미국'처럼 한자 복합명사 형태도 있다. 따라서 '하나님나라'는 '우리나라'처럼 한글 복합명사 형식으로 써야 영어(주: 영어는 모든 단어를 띄는 것을 원칙으로 함)의 'Kingdom of God'의 의미를 살릴 수 있다고 생각한다. 논의가 필요하다.

34) 당시 유대 사람은 왜 사마리아 사람과 상종하지 않았을까? 역사적인 배경을 보자. 이스라엘은 기원전 913년 솔로몬의 아들 르호보암 왕 때 남북으로 나뉘었다. 10지파로 구성된 북왕국 이스라엘은 기원전 722년 아시리아에 정복당했다. 아시리아는 많은 이스라엘인들을 죽이거나 추방하고, 외국인들을 끌어들여 그 지역에서 살게 했다. 이 외국인들이 그곳에 남아 있던 이스라엘인들과 결혼하여 '혼혈인(混血人)'을 낳았는데, 이들은 이스라엘의 신뿐만 아니라 외국의 신들도 섬겼다. 이들은 북왕국 이스라엘의 수도 '사마리아' 이름을 따서 '사마리아인'이라고 불렸다.

35) 이는 『뉴 톰슨 관주 주석성경』을 참조했다.

36) 우르는 유프라테스 강과 티그리스 강이 흘러들어가는 메소포타미아 지역 남부의 페르시아 만 하구에 위치한 지역인데, 수메르문명 시기에 세워진 역사상 가장 오래된 도시의 하나다.

37) 하나님이 이름을 '아브라함'으로 바꿔주기 이전의 이름.

38) 하나님이 이름을 '사라'로 바꿔주기 이전의 이름.

39) 아브라함은 '많은 사람의 아버지'를 뜻하므로, 사라는 '많은 사람의 어머니'를 뜻한다고 볼 수 있다.

40) 바울의 1차 전도여행 중에 '이방인도 할례를 받아야 할 것인가' 이슈와 관련하여 예루살렘에서 열린 회의.

41) '이스라엘'은 '하나님과 겨루다'를 뜻하는데, 야곱은 이 이름을 하나님으로부터 이미 얍복 나루에서 얻었다.

42) 이는 성경에 등장하는 최초의 무고죄(誣告罪: 허위 사실 신고로 성립하는 죄)라고 한다. (박영식(2009), 「법률연습」, 『駱山의 만남과 友情 반세기-서울대 법대 입학 50주년 기념논문』.)

43) 박동운(2009), 『성경과 함께 떠나는 시장경제 여행』, FKI미디어, pp.152-3.

44) 하나님이 아브라함에게 나타나신 해가 아브라함(기원전 2165년에 출생)이 75세인 기원전 2090년쯤이었고, 여호수아가 가나안 땅을 정복한 해가 기원전 1397년으로 기록되어 있어 그 사이는 약 690년쯤 된다.

45) 이스라엘 자손이 이집트를 나와 가나안 땅을 향해 행군하다가 요단 강 동쪽 모압 평원에 이를 때까지 진을 친 곳은 모두 42곳으로, 다음과 같다(민 33:1-49): 라암셋→숙곳→에담→믹돌 부근→마라→엘림→홍해 부근→신 광야→돕가→알루스→르비딤→시내 광야→기브롯핫다아와→하세롯→릿마→림몬베레스→립나→릿사→그헬라다→세벨 산→하라다→막헬롯→다핫→데라→밋가→하스모나→모세롯→브네야아간→홀하깃갓→욧바다→아브로나→에시온게벨→신 광야의 가데스→호르 산→살모나→부논→오봇→이예아바림→디본갓→알몬디블라다임→느보 앞 아바림 산→모압 평야

46) 이스라엘 백성이 가데스 바네아에 머무를 때 마실 물이 없자 그들은 모세와 아론을 비방했다. 모세와 아론이 얼굴을 땅에 대고 하나님께 기도했다. 모세는 하나님의 말씀대로 팔을 높이 들고 지팡이로 바위를 두 번 쳤다. 물이 솟아 나왔다. 이 사건을 놓고 하나님은 "너희는 이스라엘 자손이 보는 앞에서 나의 거룩함을 나타낼 만큼 나를 신뢰하지 않았다. 그러므로 너희는 내가 주기로 한 그 땅으로 가지 못할 것이다"고 말씀하셨다.(민 20:12)

47) 〈04 부록〉은 필자의 저서 『성경과 함께 떠나는 시장경제 여행』(FKI미디어, 2009) 152-3쪽 내용을 보완한 것이다.

48) 야곱은 이집트에서 17년을 살고 147세에 죽었으니 130세에 이집트로 들어간 셈이다.(창47:28)

49) 민수기 1장 20-43장은 레위 지파를 제외한 12지파의 자손 수를 보여준다. 요셉의 아들 에브라임과 므낫세가 각각 지파를 이루었으므로 레위 지파를 제외하고도 12지파가 이루어질 수 있었다.

50) 1차 인구조사는 출애굽 2년 후에 실시되었는데, 레위족을 제외하고 '20살이 넘어 군대에 갈 수 있는 남자' 수는 603,550명이었다.(민1:46)

51) 12지파의 인구 수는 다음과 같다. ① 르우벤 지파: 43,730명(46,500명) ② 시므온 지파: 22,200명(59,300명) ③ 갓 지파: 40,500명(45,650명) ④ 유다 지파: 76,500명(74,600명) ⑤ 잇사갈 지파: 64,300명(54,400명) ⑥ 스불론 지파: 60,500명(57,400명) ⑦ 요셉의 둘째 아들 에브라임 지파: 32,500명(40,500명) ⑧ 요셉의 첫째 아들 므낫세 지파: 52,700명(32,200명) ⑨ 베냐민 지파: 45,600명(35,400명) ⑩ 단 지파: 64,400명(62,700명) ⑪ 아셀 지파: 53,400명(41,500명) ⑫ 납달리 지파: 45,400명(53,400명) 등록된 자손 수는 모두 601,730명이었다.

52) 하나님이 땅 분배에서 추첨 방식을 제시하신 것은 사람의 마음이 개입하는 것을 막기 위해서다.

53) Pipes, Richard(1999), *Property And Freedom*, 서은경 역(2008), 『소유와 자유』, 나남, p.42 참조.

54) 이 가운데 29편이 『성경전서 개역개정』의 교독문(총 137편)에, 33편이 NIV성경의 교독문(총 76편)에 포함되어 있다.

55) Eugene H. Peterson(1997), *Leap over a Wall: Earthy Spirituality for Everyday Christians*, 이종태 역(1999), 『다윗: 현실에 뿌리박은 영성』, 홍성사, p.38.

56) 솔로몬은 '평화'를 뜻한다.

57) 한 아이를 놓고 두 여인이 자기 자식이라고 우겼을 때 솔로몬이 내린 판결에 붙여진 이름이다(왕상3:16-28).

58) 임마누엘은 '하나님이 우리와 함께 계신다'를 뜻한다.

59) 예수가 베드로를 제자 삼는 이야기가 성경에 따라 차이가 있다. 본문은 마태복음을 근거로 쓴 것인데 요한복음은 다르다. 다음은 요한복음을 근거로 쓴

이야기다.

요한은 두 제자와 함께 서 있다가 예수가 지나가시는 것을 보고 말했다. "보아라, 하나님의 어린 양이다."(요1:36) 이 말을 듣고 두 제자는 예수를 따라갔다. 두 제자 가운데 하나는 시몬 베드로의 동생 안드레였다. 안드레는 형 베드로에게 메시아를 만났다고 말하고 그를 예수에게로 데리고 왔다. 다음날 예수는 갈릴리로 떠나려 하시다가 빌립을 만나 말씀하셨다. "나를 따라오너라." 빌립은 안드레와 베드로와 한 고향 사람이었다. 그 후 빌립은 나다나엘을 만나 예수를 소개했다.

60) 베드로는 '바위'를 뜻한다.

The Bible, Jesus

And

Entrepreneurialspirit